投資大進擊

2017-2019

THE SALE OF A LIFETIME

HOW THE GREAT BUBBLE BURST OF 2017-2019 CAN MAKE YOU RICH

哈利・鄧特二世 *Harry S. Dent, Jr.* ——— 著

陳琇玲、劉道捷、吳慕書 ——— 譯

作者簡介

哈利・鄧特二世（Harry S. Dent, Jr.）

鄧特公司（HS Dent）創辦人及總裁。鄧特公司出版《鄧特預測》（*HS Dent Forecast*）與《鄧特觀點》（*HS Dent Perspective*），並監督鄧特財經顧問網（HS Dent Financial Advisors Network）。

鄧特為《紐約時報》暢銷書作者，著有《二〇一四－二〇一九經濟大懸崖》、《二〇一二大蕭條》、《二〇一〇大崩壞》、《榮景可期》（*The Great Boom Ahead*）等書。當多數經濟預測家大發一九九〇年代景氣衰退警語的同時，他藉《榮景可期》一書獨排眾議，準確預測即將出現意想不到的經濟榮景，也因此讓他成為最受矚目的預測家，在同行中備受尊崇，獲譽為「最準確的長期趨勢預測家」。

鄧特為哈佛企管碩士，兼具《財星》（*Fortune*）百大企業的顧問、新事業投資人、知名演說家等身分，受到投資顧問領域的尊崇。

譯者簡介

陳琇玲（Joyce Chen，前言、第一章至第八章）

美國密蘇里大學工管碩士，曾任大學講師、軟體中文化暨影片翻譯譯者、Alcatel Telecom主任稽核師。已出版譯作百餘冊並多次獲得金書獎殊榮，現以翻譯為樂並習畫自娛，重要譯作包括：《杜拉克精選：個人篇》《歐巴馬勇往直前》《二〇一〇大崩壞》《小眾，其實不小》《物聯網革命》《引爆會員經濟》《從管理企業到管理人生的終極MBA》《人工智慧的未來》等。

劉道捷（第九章至第十五章）

台大外文系畢業，曾任國內財經專業報紙國際新聞中心主任，現專事翻譯。曾獲中國時報、聯合報年度十大好書獎及其他獎項。翻譯作品包括：《二〇一四－二〇一九經濟大懸崖》《資本家的冒險》《下一個社會》《打敗大盤的獲利公式》《梅迪奇效應》《投機：貪婪的智慧》《大逃稅》等。

吳慕書（第十六章至附錄）

政治大學畢業，曾任職國內、外金融機構、《華爾街日報》與科技產業專刊。現為財經雜誌研究員。

推薦序

驚人的洞察力與顛覆性的觀點

我十分榮幸能推薦世界知名經濟學家暨研究者哈利．鄧特二世的新書。

二〇一一年，我到雪黎機場歡迎鄧特首度造訪澳洲參加「保障未來」（Secure the Future）活動，從那之後，他就成為媒體瘋狂追逐的對象。他對世界經濟前景提出驚人的見解（而且通常與主流觀點背道而馳），讓世人趨之若鶩。

鄧特在我面前坦率直言，不接受任何誘因去改變自己的觀點。他唯一的興趣就是講實話，而且是以經濟和人口統計的深入研究為依據。

我發現鄧特的預測通常是正確的，這就是為什麼他每次到澳洲演說時，還是有許多人前來傾聽他的高見。他言之有物又有個人魅力，讓人們願意坐上幾個小時聽他侃侃而談。沒有人會在他發言時離席。

二〇一五年時，我們為即將推動的「保障未來」活動舉辦網路研討會。結果竟然引起轟動，有高達四千人參與。這麼多人同時湧入，讓網路研討會的系統當機，事後人們紛紛抱怨他們無法登入。當時我犯了一個錯誤，我請大家若有任何問題，就以電子郵件告訴我們。後來鄧特根本忙到應接不暇，沒辦法一一回覆所有信件！這件事大大地證明鄧特的高見正在引發迴響。

鄧特讓我印象深刻的另一件事是：有些人前來聽他的演講，是因為他們認為鄧特大錯特錯！結果他們買票入場聽完演說後，卻對鄧特大為改觀，認為他的論點是對的。也許鄧特跟拳王阿里（Muhammad Ali）有一些共同點！以往，世界各地的人們買票來看阿里比賽，是因為他經常口出狂言，大家想看他出洋相。所以，他出賽時總是場場爆滿，座無虛席！

事實上，哈利・鄧特二世不是你心目中那種典型的經濟學家。

以我對鄧特的瞭解與深厚的友誼，我覺得這傢伙確實有真本事。

——喬治・歐文（Greg Owen）

澳洲雪黎GOKO Management執行長、

「保障未來」活動創辦人暨推動者

謹以本書獻給日前辭世的家母Betty E. Dent（一九三二—二〇一五）。

並獻給《經濟與市場》（*Economy & Markets*）投資分析報告的三十一萬名訂戶，感謝他們在比以往更加動盪險峻的關頭，有勇氣傾聽現實。

感謝Teresa van den Barselaar在這麼短的時間內，完成如此出色的彙整與編輯！讀者也該對她的卓越表現致上由衷的謝意，我相信你在閱讀時馬上就會發現，這本書跟前幾本書有所不同。

感謝David Okenquist為本書努力不懈地鑽研最好、最準確的研究，光是他提供的圖表就讓本書物超所值。

【目錄】

第三篇　我們的預測能力

第四篇　一生難逢的最大泡沫和重開機

第五篇　把握這輩子最好的投資機會

前言

為什麼我們從未發現泡沫存在？

有人說我是人口統計學家，也有人說我是「瘋狂的傢伙」。但是說穿了，我就是個研究週期的傢伙。而我們正處於極端週期中，真正瘋狂的是這些週期，不是我！

打從有記憶以來，我就一直活在週期裡。一九七六年第一次參觀巴黎羅浮宮時，我在裡面走了一整天。大多數人會注意數千年來藝術家和繪畫風格有什麼不同（羅浮宮的藝術品是按照年代陳列），但我卻發現截然不同的地方：透過這些畫作，我看到時代的黑暗與光明、人類的放縱與悔改、經濟的榮景與衰退等等週期變化。

回想這一切時，我才恍然大悟，原來我**當時**就是個觀察週期的傢伙。對我而言，深入分析週期是一生中最興奮、最充實也最有生產力的時光。

當我針對一九八〇年代的週期進行更深入的研究，包括對影響力漸增的嬰兒潮世代做大規模研究之後，我偶然發現現代歷史上最大的週期：世代消費潮（Generational Spending Wave）。這也是我被貼上「研究人口統計的傢伙」標籤的原因。

在新世代加入勞動人口，而且在他們的子女長大離家前賺得多也花得多的情況下，在經濟中創造出可預測得到的長期繁榮與蕭條，這表示我們能夠提前預測將近五十年的經濟循環！

事實證明，在二〇〇九年以前，世代消費潮是市場與經濟趨勢最好的領先指標。後來，聯準會和各國中央銀行開始拚命要脫離這種週期的操控，最後還是徒勞無功。如同我的預測，景氣在二〇〇八年大幅衰退，而且會一路回到一九八〇年代後期的水準。

這樣的努力只有活絡市場，卻沒有改變人口趨勢對經濟的影響。在未來幾年，人口趨勢對於經濟產生的巨大逆襲只會變本加厲。現在我們已經到達這種緊要關頭：股市跟現實經濟不再有任何邏輯關係，這使得股市變成一頭極其危險的野獸（這部分我會在本書詳述）。

我提出的世代消費潮，以人口出生潮（將移民列入計算）為依據，並針對嬰兒潮世代往未來推算四十六年，這樣我們就能知道人們會在何時達到消費高峰。對於鮑伯．霍伯（Bob Hope）世代[1]來說，這個神奇的數字是四十四；對千禧世代而言，這個神奇的數字很可能是四十八。

連這都能預測真是不可思議。但我們並不喜歡這樣，畢竟我們彼此都有點不同，可是到頭來，身為世代的一員，我們還是遵循這種可預測到的平均消費模式。

一般來說，我們五歲開始上學，十八歲高中畢業。之後許多人繼續接受某種程度的高等教育，大概在二十歲左右進入職場。我們大約會在二十七歲結婚，不久就生養小孩。三十二歲左右買下第一間房子，四十二歲換房。到了四十七歲到五十四歲之間，兒女開始離家自立門戶。我們在四十七歲達到消費高峰，但是在五十四歲左右是最有錢的時期。從五十四歲到六十四歲，我們開始大幅減少支出並增加存款。平均在六十三歲退休，因為要仰賴先前的積蓄生活，所以更加節制開銷。

這些推論並不是猜測，這是科學！這是根據每年美國勞工統計局（Bureau of Labor Statistics）的數據所得出的科學。如此詳盡的數據讓我們能夠準確得知花最多錢買洋芋片的年紀（答案是：四十二歲）！

雖然稍後會分享一些我的人口統計學研究，但這不是我寫這本書的宗旨。我會寫這本書是因為，我們人類還有些行為可以預測：我們製造泡沫，卻對泡沫視而不見。

事實上，我們剛剛看到幾個世紀以來最大的泡沫，我會在後續章節中證明這件事，但大多數經濟學家和權威人士卻否認它的存在。否認並不會讓泡沫不見！

1 鮑伯．霍伯是美國著名的演員，一九〇三年出生，在這裡指的是嬰兒潮世代的上一代。

他們說，債務目前沒有泡沫。

他們說，房市目前沒有泡沫。

他們說，股市目前沒有泡沫。

他們說，黃金先前沒有泡沫化。

我說，他們都在否認事實，你應該質疑他們說的一切，因為沒有任何當權者希望自己任內有泡沫破滅，就連你的股票營業員也是這麼想！

誠如我在後續章節所言，我們正在被泡沫淹沒，也正在目睹美國從一八三五年中西部拓荒以來，最大泡沫破滅前的最後時刻。

如果你聽信那些保證「這裡沒有泡沫」的白痴，那麼你不但會在泡沫全都破滅時被擊垮，也會錯失此生僅有一次撿便宜的大好時機。

你會看到，雖然泡沫在短短兩、三年內發生，但是後續影響卻會持續很久，有時甚至長達十多年。這讓我們有機會以「跳樓大拍賣」的價格買進股票，以真正便宜的價格買進房地產，並以折扣價收購企業。這部分詳見第二十一章到第二十四章。

一生只會遇到一次的大泡沫

我研究週期超過三十五年，在我看來，不管哪種週期都有相同的特性。

週期都有等級之別。

週期都有四季之分。

而且週期都會製造泡沫，並以一次可怕的破滅結束。

如同二〇〇八年，我以另一個週期模型「八十年的四季經濟週期」來看，當時我們正處在經濟寒冬。在這段期間，我們以一場毀滅性的崩潰和虛弱的通貨緊縮來收拾殘局。經濟和市場消除先前秋季泡沫榮景期間產生的過度擴張，為進入創新和春季榮景的新發展做好準備。

在咆哮的一九二〇年代後，大蕭條隨之出現。

在興旺的二〇〇〇年代後，同樣出現大衰退。

在二〇〇九年到二〇一五年暴漲的多頭之後，我們正準備面臨一場前所未見、更加棘手的股市大崩盤。我們經歷七年史無前例的政府刺激經濟和印鈔救市，讓泡沫膨脹到超乎想像，也使得這次泡沫破滅比以往更為痛苦。

秋天結束，冬天必定來臨（我會在後續章節證明這件事）。雖然泡沫榮景熱力十足，但在眾人毫無戒心的情況下，寒冬趁機到來，誰也無法阻擋。而且這一切將會耗盡我們擁有的資源。

同樣地，歷史清楚地告訴我們，每個債務泡沫都會導致金融資產泡沫破滅。泡沫膨脹得愈大，破滅的衝擊就愈大，沒有例外。

近期唯一的特殊狀況是，各國央行為拯救金融危機而印鈔超過十兆美元，讓銀行不致於像一九三〇年代初期那樣無法運作。但這其實無法打破舊例，只是讓泡沫晚一點破滅而已。

在過去十七年裡，我們目睹現代歷史上最大也最全球化的泡沫逐漸形成。數百兆美元的債務正在阻礙世界金融的正常運作。不久後，這種狀況將導致一次大規模的全球金融癱瘓。

在本書編輯期間，警告債務泡沫開始破滅的文章愈來愈多。法國興業銀行（Société Générale）的分析師警告說，美國這個大企業即將因為過去消費所累積的債務而窒息！

情況是如此危急，我們在這條路上走了那麼久，各國央行和政府現在設法躲開自食惡果的任何作為，只會讓無法避免的後果更加惡化。

在二〇〇九年以前，我提出的世代消費潮一直是最好的領先指標，當時央行正試圖拯救二〇〇八年後的金融危機。有人說：「我們是政府人員，我們到這裡幫忙大家。」沒有什麼比這種說法更讓人恐懼也更具破壞力。這就像聽到吸毒的人說：「我只是需要再一針就不會繼續沉淪，然後我就會變好，也會戒毒。」

全都是因為各國央行和政府的努力，阻礙無可避免的經濟週期由秋季轉入冬季，也阻礙無可避免的世代行為從消費轉為儲蓄。現在，我們有一個如此失控的債務泡沫讓全球經濟籠罩在陰霾中，不見天日。

這完全要歸咎於那些把干預股市當成自身職責的人，他們的作為讓泡沫在過去七年內愈吹愈大，完全與現實脫節。

但歷史告訴我們明確的事實：**每個**債務泡沫都會引發金融資產泡沫（例如：股票、房地產和商品），而且**每個**金融資產泡沫最後都會破滅。而且是劇烈的破滅！泡沫愈大，破滅的威力就愈大。

通常，如同波浪理論專家羅伯特・普萊克特（Robert Prechter）的圖表所示（見圖I-1），

圖I-1 1700年迄今的股價走勢

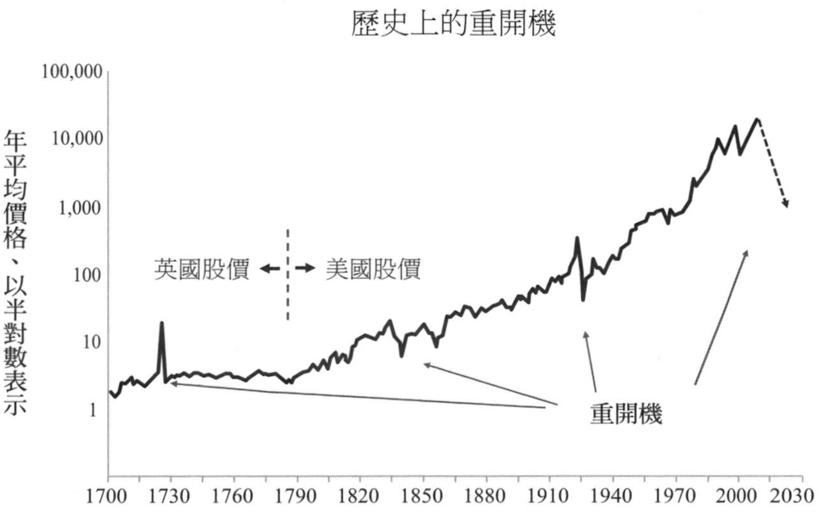

資料來源：羅伯特・普萊克特《征服崩盤》（*Conquer the Crash*）第33頁。

這類泡沫每八十年到九十年左右會出現一次。

然而，經濟學家一輩子從沒遇到這種重開機。**大多數人**也不會遇到，因為沒有人活到最後一個重大泡沫破滅。而且，當這些泡沫破滅時，人們和企業會遭受最劇烈的痛苦。

所以，這本書的目的就是要保護你避開即將出現的金融大屠殺，讓你能從中倖存並趁機致富。

當這種罕見又重大的債務泡沫破滅時，由於整個金融系統經歷大規模的重新啟動，所以除了持有現金和最安全的長期債券外，沒有其他地方是存放資金的安全之處。這意謂著，大多數投資顧問鼓吹的資產配置和分散投資作法將會失靈，就像他們在二〇〇八年和二〇〇九年年初的作為一樣。這次也不例外！

這並不表示投資是毫無可能的事。在這種時期可能是大賺一筆的好時機，但你必須遵循經過時間考驗並證實有效的策略。就像我在鄧特研究中心（Dent Research）召集經驗豐富和才能兼備的投資專家組成的團隊（你可以造訪HarryDent.com網站了解更多資訊）。

當人們跟我爭辯，試圖說服我相信美國或中國的經濟可能軟著陸時，我只是問：「你上次看到泡沫慢慢破滅是什麼時候的事？」中國最近的泡沫破滅，一開始就是股市在兩個半月內重挫四五%，情況就跟二〇〇〇年那斯達克指數和一九二九年年底道瓊指數一樣。而且，這只是開始。

他們從來沒有給我一個滿意的答案！

我們目睹現代歷史上影響範圍最廣、規模最大的泡沫，這個泡沫將會跟先前的每個泡沫一樣強烈破滅。而且，由於這個泡沫正因為人為刺激變得超乎想像，在泡沫破滅時，將會出現我們難以忍受的慘痛景況。

然而，很少人預料到即將發生的事，因為根據專家所言，泡沫並不存在！

我說：如果它看起來像一個泡沫，行徑也像一個泡沫……那麼它就是一個泡沫。這下可糟了！

你別被「泡沫不存在」這種說詞給騙了！

你該做好準備！

我寫這本書的宗旨就是要讓你**現在**就準備好，承認從一九九五年以來目睹最明顯、遍及各地的全球泡沫，以及二〇〇九年來各國央行的干預，如何把讓這個泡沫演變成更危險的怪物。

為了協助你獲得足夠的洞察力，讓你不再將一大堆市場經濟學家和權威人士設法洗腦你的那些話照單全收。

為了引導你抓住這些事件所帶給你這輩子最好的投資機會，讓你有優勢可以利用現金和現金流量。

我會解釋泡沫的七項指導原則，然後讓你知道我們先前見過的泡沫和市場重開機。你很快會發現它們都非常相似！

而且，我會解析為何泡沫就在眼前，但人們卻很難發現，儘管從歷史的觀點來看，泡沫的存在是如此明顯。這將使你脫離那些將泡沫視而不見的人群，看清楚眼前**真正**發生的事。跟你此生遇到的金融危機相比，接下來這個最後的泡沫破滅會對生活和事業產生最巨大的衝擊！因此最攸關緊要的是看清眼前發生的狀況，並採取因應行動。

但最重要的是，我會告訴大家，大泡沫破滅後進行金融重整的那幾年，對於準備好充分利用這個天賜良機的投資人和企業有多寶貴。泡沫破滅會讓許多投資人獲取驚人的財富。利用股市大崩盤後股價跳樓大拍賣時進場撿便宜，就是短時間內創造「驚人財富」的訣竅！我會告訴你之前的人是怎麼做到的，以及你這次該怎麼做。

我也會教你預測泡沫何時破滅，雖然這從來不是一個容易取得的技能。泡沫總會出現新花招，但是多年來我已經開發出四個可供協助的關鍵指標。當泡沫向下收斂，從一八〇〇年代初期以來這種情況只出現過四次，這時你最好趕緊尋求掩護。現在，泡沫正在進行第五次徹底收斂，我會確切說明這對市場、經濟與你意謂著什麼。

最後，有短期跡象顯示二〇一五年年中已經開始出現一場股災，這場股災可能加速持續到二〇一六年下半年。我也會跟大家分享這部分的資訊。

我即將為大家分析史上最大的債務泡沫，並告訴大家為何我們無法阻止這個泡沫破滅。如同一九三二年七月的股票投資人與一九三三年房地產投資人看到的情況，未來潛藏著大好機會！如果當時進場大撿便宜，之後可以大賺幾十年！基本上，我現在要把糖果店的鑰匙交給你。你要做的事情就是走進去，想要什麼就選什麼。

但是請注意：最好的投資會出現在你目前或許沒有考慮到的產業和國家。這是這輩子最好的投資機會的終極祕密。

所以，我們趕緊開始吧。要涉獵的知識很多，但能採取行動的時間卻很有限。

第一篇
如何看穿泡沫假象

第一章
泡沫有週期性

要看穿泡沫假象，其實很簡單。只要檢視週期，就可以啟動辨識泡沫的流程。這是因為利用幾個關鍵週期，你就有能力發現一生中會影響到你的生活、你的事業、你的家人和你的投資的事情！

所以我很驚訝有人會說：「我真的不相信週期。」

「什麼!?」

這是說你不相信太陽明天早上會升起，就像今天早上一樣？

你不相信每天有兩次漲潮，也不相信我們可以知道世界各地每個海灘每分鐘會發生什麼事？

你不相信每年都有冬天？

你不相信出生後總有一天會死？

你不相信你的兒女在十三歲叛逆期時會厭惡你？

你看過心電圖嗎？

你可知道，計入通貨膨脹後，美國股市在上個世紀每三十九年會有高點，原物料商品價格每三十年會達到頂點，景氣循環每十年達到高點？

你可知道，（嬰兒潮世代）一般家庭的消費高峰落在四十六歲，這讓我們得以提前幾十年預測到景氣循環？（對於日本家庭來說，消費高峰出現在四十七歲。這個數字會因國家而異，但是一般是落在四十四歲到四十八歲之間）。

還有經濟學家亨利・菲爾普斯・布朗（E. H. Phelps-Brown）和雪拉・霍普金斯（Sheila Hopkins）發現的五百年超大創新週期（500-Year Mega Innovation Cycle）又怎麼說呢？這個週期顯示，通貨膨脹每五百年上升到高點。前兩次的高點分別落在一一五四年和一六四八年，下一次的高點將發生在二一五〇年左右。

兩百五十年革命週期（250-Year Revolution Cycle）又怎麼說呢？新教改革、美國和法國大革命、接下來是工業革命。下一次的革命大概會在未來十年內出現！

另外，還有一百六十五年東方與西方週期（165-Year East/ West Wave）。世界霸權依照順時針方向從東方世界轉向西方世界！你可以預測下個世紀世界霸權會反轉回到東方世界。

至於五千年文明週期（5,000-Year Civilization Cycle）則顯示出，人類文明從鄉鎮轉移到城市，再到大都會。所以，我們看到上個世紀出現大都會，而且這類大都會都有千萬以上的人口。

還有伴隨長期酷寒的十萬年冰河週期（100,000-Year Glaciation Cycle），雖然現在由於人為因素，導致二氧化碳過量而引發溫室效應。

十億年氣候週期（One-Billion-Year Climate Cycle）……

太陽黑子週期……

人口週期……

排卵週期……

睡眠與清醒週期……

我想你明白我在說什麼。所有一切，**世事萬物**全都遵循某些（至少幾十個）週期。這裡我不會詳述很多週期的細節，這不在本書的探討範圍，但我在《投資最前線：哈利．鄧特的第一手分析》（*The Leading Edge: Harry Dent Unplugged*）雙月刊寫過這些。如果你有興趣了解更多資訊，請造訪HarryDent.com。

所以，請幫自己一個忙：不要信任那些「不相信」或否認週期存在的人。我當然不會信任他們。他們不是無知，就是目光短淺，這兩種情況對你來說都極其危險。

雖然我認為那些褻瀆週期、不相信週期存在的人在關鍵時刻無法保持清醒，但我明白他們打從心裡不願意接受這些顯而易見的週期。事實上，許多人不想相信週期是因為他們不喜歡改變，而且他們特別不喜歡週期中所要面對的挑戰。

他們不想死（說真的，有誰想死啊？）。但我會認為出生其實更具挑戰性，也更令人震驚。

很少父母樂見自己的子女進入青春期。

我們不想經歷經濟衰退，即使所有偉大創新及未來榮景，都是在這段期間誕生。

人類通常厭惡改變，而週期就跟改變和進步有關。改變一直都在，所以這麼多人否認這種力量的存在，其實是因為週期讓他們感受到自己無能為力。

這並沒有辦法阻止不可避免的事情發生。但是當掌控國家和全球財政的當權者拒絕認清眼前的事實時，就會改變週期的運作。我會在第七章詳述他們的做法，也會說明他們所造成的損害。我也會告訴你，唯一可能的結果是什麼。但讓我們先真正掌握週期的本質，以及週期引發的泡沫。

當然，這本書談的是泡沫，以及最近的泡沫如何幫身為投資人的你和最佳企業（包括你的企業）開啟這輩子最好的投資機會。但是我要先讓你知道一點：週期和泡沫密不可分。

八十年經濟週期

不管你是否喜歡，生活中的一切都有週期循環。所有週期都有四季之分，春夏秋冬的氣候週期就是最明顯的例子。同樣地，人生也有四個階段：青年（春天），成年（夏天），中年（秋天）和退休（冬天）。事業週期一樣有四個階段：創新、成長、成熟和淘汰。

如同一個月有四週、月亮有四個階段[1]，我發現經濟週期也經歷四個季節，整個週期的時間跟人類壽命相當，目前大約持續八十年。

俄羅斯經濟學家尼古拉·康德拉捷夫（**Nikolai Kondratieff**）在一九二五年提出的康德拉捷夫長波理論（**Kondratieff Wave**），是我在一九八〇年代初期研究第一個可信的經濟週期。當時這是一個持續五十年到六十年的週期（人類還沒活那麼長）。依照這個經濟週期，在一八一四年、一八六四年、一九二〇年和最近在一九八〇年看到通貨膨脹率達到高點。

這個通貨膨脹和緊縮的週期特點是有四個季節：

- 春季繁榮，通貨膨脹溫和上升。

---

1 指新月、上弦月、滿月和下弦月四個階段。

- 夏季衰退，通貨膨脹上升到長期高點，並出現大型戰爭。
- 秋季景氣好轉，通貨膨脹下降，強大的新技術成為主流，信用泡沫導致投機風氣高漲和金融泡沫。
- 冬季通貨緊縮，泡沫在這段期間破滅，債務去槓桿化，股價暴跌，經濟持續不景氣（在這種動盪時期可能會發生戰爭，就像第二次世界大戰那樣）。

請注意，我在圖I-1所顯示的重開機多半在這種經濟冬季時期出現。這類重開機確實會使經濟擺脫所有的過剩與失衡，讓經濟得以再次成長，而且這種情況在一生中只發生一次！

但是康德拉捷夫的原始週期似乎在數十年前就失去預測效力，依照預期，一九九〇年代景氣應該邁入冬季，出現通貨緊縮。我相信這個週期失靈有兩個原因：一是第二次世界大戰後首度出現中產階級世代，二是後來數量龐大的嬰兒潮世代也跟著出現！

出生於一八九七年和一九二四年之間的鮑伯．霍伯世代在第二次世界大戰後加入勞動人口，他們是史上第一批中產階級，能負擔得起以長期抵押貸款購買房屋。他們使得每個人在經濟方面的重要性勝過以往，也使得人口統計週期受到矚目，此後這類週期就一直占據主導地位。

鮑伯．霍伯世代的家庭週期和消費激增，讓依據商品和創新預測出的三十年景氣循環延長到將近四十年！這個世代的榮景從一九四二年持續到一九六八年，接著在一九六九年到一九八二年則出現經濟不景氣。

然後，兩百五十年內最龐大的世代出現了。規模龐大的嬰兒潮世代從一九三四年開始出生，持續到一九六一年。

一九七〇年代經濟週期處於夏季，這時嬰兒潮世代大舉加入勞動人口的行列，經濟出現通貨膨脹率高漲的趨勢。年輕人加入勞動人口的成本升高，等到他們發揮生產力時，也帶動通貨膨脹走升。

嬰兒潮世代對於處於秋季的經濟週期產生極大的影響，將規模最大且不可避免的經濟榮景擴大，推升到更高的頂點，並且再次延長康德拉捷夫原始週期的時間。所以，依照這個週期顯示經濟週期應該邁入冬季時，我們反而看到史上最大規模的經濟榮景。

這就是為什麼在一九八〇年代末期和一九九〇年代初期有一系列書籍在大聲疾呼說大蕭條即將來臨。拉斐・巴特拉（Ravi Batra）、羅伯特・普萊克特、詹姆士・戴爾・大衛森（James Dale Davidson）和哈利・費齊（Harry Figgi）的著作都在其中，這些書都賣得很好。這些作者大都是我敬重的對象，我也閱讀他們的著作，因為他們比大多數一無所知、渴望成為會計師卻沒有資質的經濟學家，對歷史和週期有更全面的見解。可惜他們的預測當然錯了，因為康德拉捷夫長波的週期

「似乎」不再奏效。

他們沒有認清，中產階級消費和大規模嬰兒潮這個新世代週期對於人口統計方面的衝擊，以及這個週期如何改變經濟週期。

當時我從研究中了解到，當史上最大世代在一九九〇年代處於消費高峰期、忙著買房和借錢時，不可能出現大蕭條。

所以我在一九九二年年底寫了我的第二本書《榮景可期》（*The Great Boom Ahead*）（我的第一本書《我們的預測能力》〔*Our Power to Predict*〕在一九八九年自費出版）。我提出新的四季經濟週期想法，這個週期大約八十年，其中包含各四十年的景氣榮景與蕭條週期。

我發現從通貨膨脹和經濟榮景的觀點來看，嬰兒潮已經大幅拉長康德拉捷夫的週期。此外，人類的平均壽命在一九三〇年代到一九六〇年代期間大幅提升，讓包括景氣循環在內跟人類相關的所有週期都因此延長。

康德拉捷夫的四季經濟週期仍然有效，只是必須延伸和放大。只要利用人口統計資料，預測消費和通貨膨脹的週期，我們就能更準確預測這個涵蓋面廣、衝擊強大的四季經濟週期發生的時間。

這就是為什麼準確預測基本趨勢比僅僅遵循歷史週期來得重要（雖然許多歷史週期還是如往常般出現，這部分我會在之後說明）。

經濟在上個世紀出現劇烈變動，就是四季經濟週期從六十年轉變為八十年的更深入說明。直到一八〇〇年代後期，美國（甚至大多數歐洲國家）仍然是農業國家，有八〇％的人口以務農、採礦和捕獵維生。即使在一九〇〇年代初期，農村人口仍占六〇％。當然，農業消費者不像現今都會富裕中產階級那樣，會對經濟產生那麼大的影響。

即使以現今的中國和印度來說，農村消費者對經濟的影響也降低，因為他們大多是自給自足的農民（這裡我說的不是商業耕作的農民）。

但在咆哮的一九二〇年代後，我們看到史上第一個規模龐大又富裕的中產階級社會。這些中產階級的消費週期開始主導經濟，將三十年原物料商品週期（30-Year Commodity Cycle）取而代之。這使得每次的景氣榮景與蕭條週期延長到四十年，因此現在一個完整的四季經濟週期就長達八十年。

這一切都解釋為什麼支持康德拉捷夫理論的人會誤以為一九九〇年代會步入大蕭條。當四季經濟週期延長到八十年，大蕭條就會晚二十年出現。這就是我們現在所看到的景象。

圖1-1說明這個新的八十年經濟週期。

這個八十年經濟週期完美地概述從一九四二年開始的現象。景氣經過大蕭條後，隨著物價暴跌和通貨緊縮，加上許多銀行和企業倒閉關門，造成失業率超過二五％，標示出上一個景氣寒冬的結束。

圖1-1中的通貨膨脹指數（灰線）遵循康德拉捷夫長波的傳統模式：春天出現溫和且持續攀升的通貨膨脹，夏天通貨膨脹達到高峰，秋天通貨膨脹降低，冬天則是通貨緊縮（價格下跌）。

我們可以將通貨膨脹想像成一年四季的溫度變化，高溫就像高通貨膨脹，低溫就像通貨緊縮。兩者都讓人不舒服，也會對經濟和股市產生衝擊。弔詭的是，這卻是產生突破性創新的最大驅動力，可以讓我們變得更富有、更長壽。

圖1-1中的黑線代表世代消費潮。鮑伯·霍伯世代的消費潮從一九四二年持續攀升到一九六八年，這段期間股市也出現

圖1-1　80年四季經濟週期

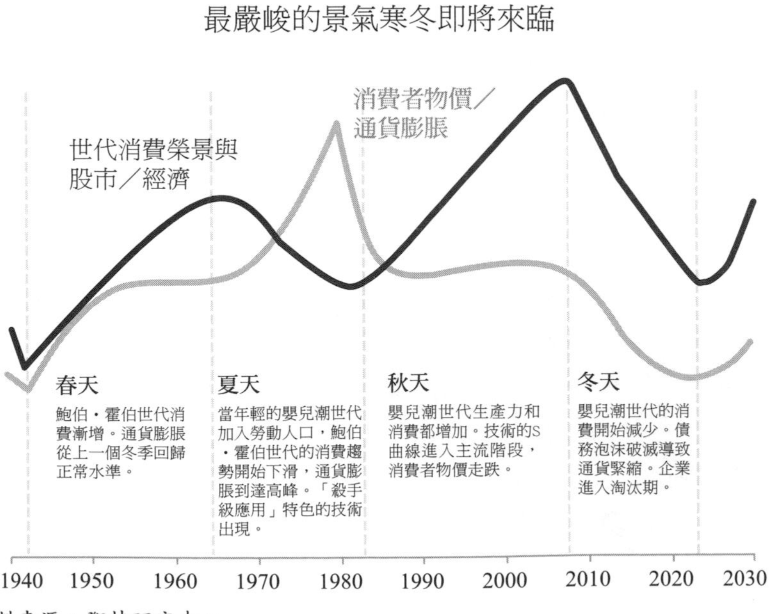
最嚴峻的景氣寒冬即將來臨
消費者物價／通貨膨脹
世代消費榮景與股市／經濟
春天
鮑伯・霍伯世代消費漸增。通貨膨脹從上一個冬季回歸正常水準。
夏天
當年輕的嬰兒潮世代加入勞動人口，鮑伯・霍伯世代的消費趨勢開始下滑，通貨膨脹到達高峰。「殺手級應用」特色的技術出現。
秋天
嬰兒潮世代生產力和消費都增加。技術的S曲線進入主流階段，消費者物價走跌。
冬天
嬰兒潮世代的消費開始減少。債務泡沫破滅導致通貨緊縮。企業進入淘汰期。
1940
1950
1960
1970
1980
1990
2000
2010
2020
2030

資料來源：鄧特研究中心

一個大多頭市場。在計入通貨膨脹後，標準普爾五百指數在一九六八年達到高點，這就是經濟週期的春天。

接著，從一九六九年到一九八二年，隨著鮑伯・霍伯世代的消費趨緩，經濟經歷一波接著一波的衰退。但是在那段期間，為數驚人的嬰兒潮世代加入勞動人口，隨著接二連三的戰爭，反而促使通貨膨脹攀升（如同夏季的典型情況）。

然後，嬰兒潮世代的消費潮從一九八三年持續到二〇〇七年，我們再次看到史上最大的股市多頭榮景，這波榮景從一九八二年八月持續到二〇〇七年十月。

這是經濟週期的秋天，也是泡沫榮景的季節，在嬰兒潮世代和電腦新科技創造出更高的生產力下，反而出現通貨膨脹趨緩、利率走跌的矛盾現象。

到了二〇〇八年，嬰兒潮的消費開始趨緩，景氣開始出現大衰退。這種消費趨緩的情況會一直加速惡化到二〇二〇年左右。然後消費潮趨勢會持平，直到二〇二三年前後，才會隨著回聲潮世代或千禧世代的出現而反彈。這就是經濟週期的冬季。

在這個經濟週期的冬季將出現通貨緊縮，大規模的債務和金融泡沫去槓桿化，就像一九三〇年代發生的情況。我們將會看到景氣陷入大蕭條，而不只是大衰退。

但是世界各國政府竭盡所能防止這種情況發生。這樣做就像跟大自然搏鬥無異，大家只能自求多福了！

我剛才向你描述的一切，是我早在一九八〇年代後期就預測到的事，當時我就預測二〇〇七年後就會看到經濟困境！當時我就知道康德拉捷夫的經濟週期已經出現變化，當我將嬰兒潮世代的出生指數往後推延四十六年，就看出這個世代可預測的消費高峰。因此，我當時已經清楚看到未來的經濟前景。

而且，這就是**看穿泡沫假象的第一項指導原則**：泡沫發生在經濟週期的秋季，而且是由可預測的消費支出促成。強大的榮景和通貨膨脹趨緩的結合，向來是醞釀泡沫的溫床。這會週期性的發生，也就是說，這種情況無法避免，也很容易預測！

附帶一提，我就是利用這項指導原則，在一九八九年成功預測日本股市將會大崩盤。

但是，我的看法沒有讓我大受歡迎，因為當時大家都認為日本會成為超級大國。現在這個國家成為人口統計資料如何驅動經濟與市場的實例，以及當這些不可避免的泡沫開始破滅時，千萬別做什麼的借鏡。

為什麼每一位經濟學家、央行官員和政府官員沒有好好研究日本的情況，這一點一直讓我想不透。他們絕對應該好好研究日本，因為我們看到一個國家經歷人口斷層和泡沫接二連三的破滅後，達到本身的極限。但他們似乎活在自己的世界裡，與現實脫離，在那裡沒有泡沫發生，他們認為自己可以控制消費支出，像用一條繩子操縱木偶那樣。

日本是第一個因為空前的人口統計週期看到本身的經濟、股票和房地產泡沫逐漸膨脹的國家。日本的嬰兒潮高峰期比美國早十二到十九年（並在一九四二年和一九四九年間的第二次世界大戰前後出現兩個高峰）。而且，日本也是第一個世代消費潮走下坡而導致股票市場和房地產泡沫破滅的國家，時間是從一九九〇年開始，到一九九六年以後情況更加惡化。

同時，日本是第一個採用量化寬鬆（Quantitative easing）的國家，早在一九九七年就試圖與毀滅性的金融大崩壞搏鬥。

二十六年後，日本是一個人口逐漸老化、坐吃山空的國家！日本的經濟陷入癱瘓，面對的是一個慘淡的未來，勞動力與人口不斷減少，而且政府債務持續增加。事實上，日本正在凋零，就像週期中的所有事物都會面臨的狀況那樣。

只要看看日本自一九九七年以來的實質經濟成長，在嬰兒潮世代達到消費高峰，以及量化寬鬆計劃開始實施後的情況，就能佐證我所言不假（見圖1-2）：

我要再次強調，這些趨勢都可以預測！

而且可以提早幾十年就預測。

早在日本經濟還沒有出現任何崩盤跡象前，我就在一九八九年出版的第一本書《我們的預測能力》中預測日本的沒落（中國目前的情況也如出一轍）。當時日本就接近嬰兒潮榮景消費週期的頂點，大規模的房地產泡沫和股市泡沫都膨脹到即將破滅。結果，這些泡沫真的破滅了！

然而，人們根本看不到泡沫。以前看不到，現在也看不到。除了我們天生就對泡沫視而不見外，人們一生當中大概也只有一次機會遇見泡沫。所以等到下一個泡沫膨脹時，很少人記得上一個泡沫創造出炫目誘人的高點和毀滅性的低點。經歷過大蕭條的人現在早已作古或失智，不然就是當時年紀太小，無法理解泡沫的意義並從中學到任何教訓！

這剛好讓我繼續說明**看穿泡沫假象的第二項指導原則**。

圖1-2　日本的GDP

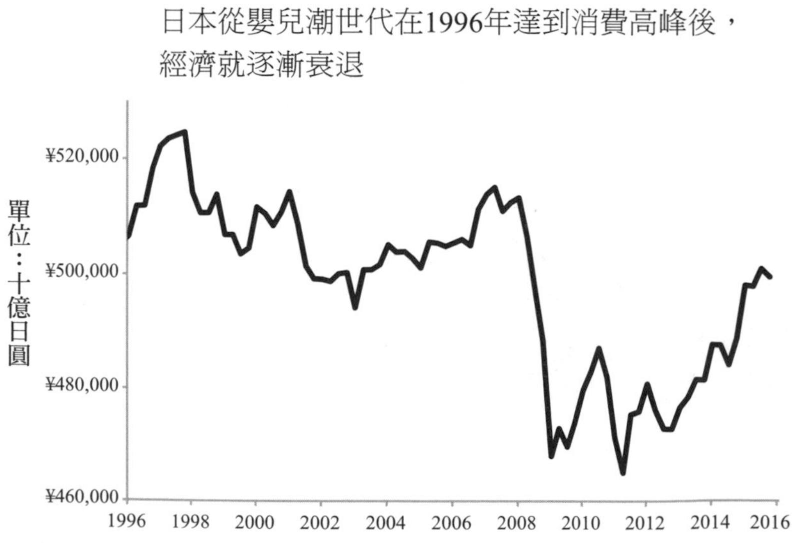

資料來源：聖路易聯邦準備銀行

第二章
吹大泡沫是人類天性

很簡單，把泡沫吹大是我們的天性。這件事，我們無法控制自己。我們努力改善自己的生活，一旦生活有所改善，我們當然不想結束，希望永遠停留在那種美好狀態裡。如果我們有所行動，也只是往更棒更好的狀況邁進。

正是這種天性使然，阻止我們看到自己創造的泡沫。

當泡沫發生時，第一個反應就是否認。這樣做可不是一件好事，因為它讓數百萬勤奮工作的人們（或許還有更多高資產的投資人）在想盡辦法取得所需資金的當下，遭逢毀滅性的金融風暴，也阻止人們採取必要的措施，保護自己的財產。而且，也讓他們無法在這輩子最好的投資機會出現眼前時，善用資源或鼓起勇氣抓住這個能讓財富大翻身的良機。

但是，為什麼人類天生就有盲點，會對泡沫視若無睹？

這是因為我們不理解或無法將現實**如實地**投射。而且我們不喜歡改變（正如第一章的解釋），尤其是出現指數成長和衰退的時候。我們比較喜歡世界以線性方式逐漸成長，沒有週期循環。我們拒絕歷史明白告訴我們這個事實：成長有週期性，而且呈現指數型態（這部分後續會再詳述）。

人類的預測模型（Human Model of Forecasting）就能說明人類天性中這個巨大「盲點」產生的最大原因。你可以在圖2-1中看出緣由。

當現實呈現指數成長與週期循環時，

圖2-1　人類的預測模型

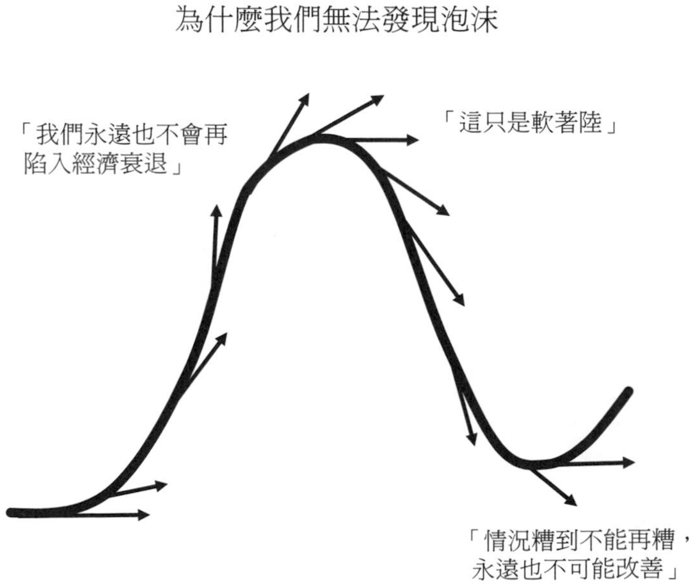
為什麼我們無法發現泡沫
「我們永遠也不會再陷入經濟衰退」
「這只是軟著陸」
「情況糟到不能再糟，永遠也不可能改善」

資料來源：CFA Institute

我們卻以線性方式預測未來。這就是為什麼只有少數人可以發現眼前的曲線趨勢。

大多數人很晚才發現一九八三年到二〇〇七年這波大榮景，即使在一九九〇年代榮景已經過了一半，也沒有人看出最後泡沫會將一切推升到多高。

好消息是，一旦意識到泡沫存在，你就可以破除舊習，藉由對未來有更清楚的了解，為自己創造更美好的未來！

不幸的是，人們通常不喜歡生活中有這種對立。我們不喜歡榮景後不可避免的景氣衰退，所以我們只是假裝生活並非那樣運作。我們不喜歡有好就有壞、有冷就有熱、有通貨膨脹就有通貨緊縮。就連男人和女人，雖然我們互相吸引，卻不能理解和處理我們幾近不一致的明顯差異。但經濟就像電池一樣，沒有這種對立，就沒有能量也無法成長。造物者一點也不笨！

當經濟繁榮時，我們預測會有線性的上升趨勢，因此過度預測會有多頭行情，也過度高估股價。最後，我們開始用這個觀點來作為泡沫並不存在的佐證。我們正處於「繁榮的新高原期」，這是形容咆哮一九二〇年代泡沫的名言，那是「上天堂」的委婉說法。

房地產可能是這方面的最佳實例。

由於房地產市場在二〇〇五年和二〇〇六年達到高峰，人人都認為「房價只會漲、不會跌！」我到舊金山、澳洲、杜拜演說的時候，聽到的看法都一樣。

「我們的房地產市場獨一無二，因為……」（每個地方都是這種說詞）。

「土地有限……」（佛羅里達州、加州或澳洲都這樣說）。

「這裡是娛樂、技術、金融等產業的重鎮……」（洛杉磯、矽谷和紐約的說詞）。

「我們有來自嬰兒潮世代和移民的強勁人口成長……」

「我們有無數的外國買家，尤其是來自中國和亞洲的買家……」

我聽到各式各樣的藉口，而且每一個藉口都是錯的！

誠如歷史一次又一次的證明，房價並非只漲不跌。當房價下跌時，可能讓勤奮工作的人連自住的房子都保不住！泡沫愈大（因為這些區域是如此「特別」），破滅的威力就愈大。

如果每次聽到有人說他們那裡的房價沒有泡沫就能拿到五分錢，我現在早就是億萬富翁了。

根據我的預測，美國房市會在二〇〇六年年初泡沫化，後來美國房市真的在幾個月內重挫，之後花了六年時間從谷底回升，其中最嚴重的損害大多發生在二〇〇八年到二〇〇九年的大衰退期。大規模的量化寬鬆壓低利率，降低房貸利率幫助經濟復甦，結果帶動房價回升，但是大多數地區的房價並沒有回到先前的高點。

現在房價再次泡沫，而最糟糕的人口趨勢剛好在二〇一六年到二〇二二年間出現。任何經濟勢將疲軟的跡象都會把買家嚇跑，因為在經歷此生中第一次房市崩盤後，人們對於房市走跌更加戒慎恐懼。

在房價波動最大的地區，譬如曼哈頓、舊金山、溫哥華和邁阿密南灘等地，房價已經比上次泡沫膨脹得更大。我們即將看到另一個連續六年房價走跌的趨勢，而且這次的跌幅將大於上次，並讓房價至少跌回二〇〇〇年年初、也就是房市泡沫開始時的價位水準。

如果你有勇氣，不妨查查你的住家或土地在二〇〇〇年一月時的價格！你會對房價下跌的潛力感到震驚。

當然，在房價不可避免地由漲轉跌時，即便是癡心妄想，我們還是希望房市能軟著陸。我們推測房價能一直持平下去，但是這種事情從未發生過。在歷史上，一次也沒發生過！

然後，當事情出乎意料，我們就認定情況將永遠不再好轉，因為我們現在要為自己做的蠢事付出代價。

這是我們在歷史上所做的事。這是一九七六年我走在羅浮宮走廊時注意到的事。我可以看到人類在經歷光明美好與自我放縱的時代，隨後就出現黑暗與悔改的時代……從歷史畫作中可以清楚地看出，長期的繁榮與蕭條一直周而復始地發生。

我的目標就是利用這本書，永遠破除人們這種以線性預測趨勢的舊習！

到頭來，人類全都是想尋找極樂世界，然後就此安頓，無論後果是什麼。

幾乎每個人都夢想著提前退休，永遠不需要再工作，只要過著安逸快樂的生活。以我而言，我不相信造物者創造人類是要讓人退休、無所事事，在這種安逸時期我們不會有太多的成長或發展。無論如何，這是大多數人努力的目標。而且，如果你願意承擔高風險，勤奮努力工作幾年或幾十年，有高度技能、決心和運氣，也許會實現這個夢想。

你可以學學傑德・克萊皮特（Jed Clampett）在自家後院開採石油，或像女星琳賽・羅涵（Lindsay Lohan）那樣出名……或者試試能否中個樂透。如果我是你，我不會有這種奢望，因為成功的機率很低。

但就算這樣也無法阻止**任何人**這樣想。二〇一六年一月，美國威力球樂透就是我們渴望尋求安逸生活，讓泡沫膨脹到極端瘋狂的最大實例。

當我們陷入泡沫帶來的興奮與希望，無論泡沫是多麼不合理，都會無法抗拒。維持愈久、擴張程度愈大的事情就愈有吸引力，風險也看似愈小。因此有更多人前仆後繼地湧入，讓泡沫愈吹愈大。

所以，即便在二〇一六年一月十三日贏得十五億美元的威力球樂透頭獎的機率只有兩億九千兩百萬分之一，那也沒關係。被鯊魚咬傷（機率是一千一百五十萬分之一）、碰上墜機（機率是一千一百萬分之一）或拿到同花順（機率是六十五萬五千七百五十分之一），都比中這次中樂透的機率要高。

但這並沒有阻止人們去投注。其實對大多數人來說，只要花兩美元買一張樂透就有機會中頭獎，**沒**買的人才是腦子有問題。

看看圖2-2這個泡沫的最佳示意圖。

在八週之內，累積獎金就增加到三・五億美元。然後接連幾次都沒開出頭獎後，頭獎累積金額就呈現指數成長！之後不到二週，累積獎金就高達四・六倍。

我懂了。泡沫會永遠存在，因為儘管泡沫會帶來獎勵，但生活卻很艱難。生活有起有落，而且充滿挑戰。人們自然想要沿著阻力最小的途徑前進，但是這樣做卻不切實際。我希望這本書向你證明這一點（然後幫助你不再成為泡沫的受害者）。

圖2-2 2016年1月13日威力球樂透彩泡沫

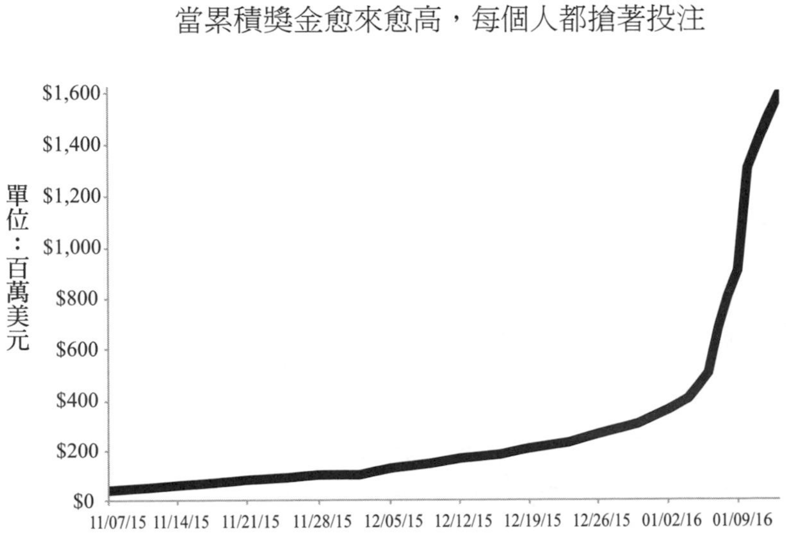

資料來源：http://www.arkansasmatters.com/news/local-news/15-billion-powerball-jackpot-timeline

我一直記得父親對我說的話：「人們都不切實際，所以無法負責任。」他試圖告訴我，大多數人並非故意為傷害自己或他人的事情推卸責任，但如果你為了保護自己免於恐懼，而對生活做了不切實際的假設，那麼你很可能會變成那樣。我的父親真是有智慧。

一個中國人在二〇一五年八月結束長期出差後驚訝地發現，自己的家產因為中國股市泡沫化全都賠光了。中國股市在一年內狂飆一六〇%，然後在兩個半月內就重挫四五%。

是他故意不負責任嗎？當然不是。他因為這波泡沫狂熱失去財產，而他和他的家庭都為此付出慘痛的代價！

他啜泣地向記者說這個故事，實在很難跟家人說這件事。

圖2-3　上海股市走勢圖

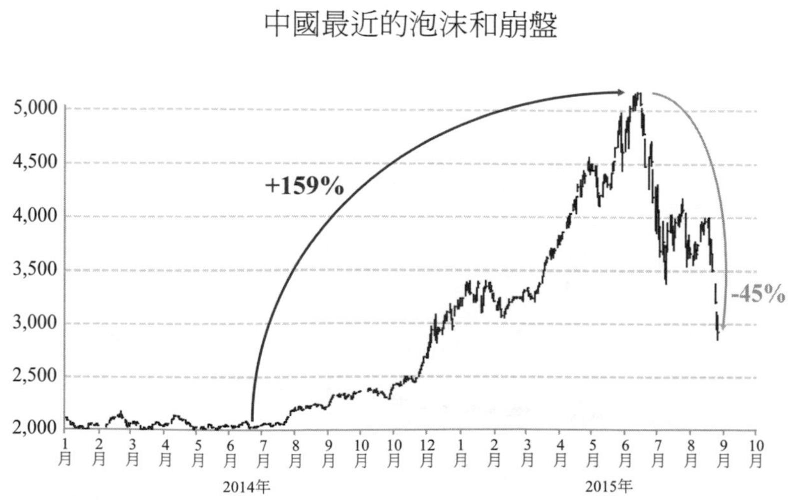

資料來源：雅虎財經

學生（和他們的家長）為了上大學，申請三萬美元以上的就學貸款，在貸款書上簽名時他們並沒有試圖推卸責任。那是因為他們根本別無選擇，這要歸咎於就學貸款泡沫和教育成本泡沫。

然而，這些申請就學貸款的年輕人在畢業後的幾十年內必須為這個後果付出代價。

但事實上：身為人類，我們就是無法控制自己。我們渴望過著安逸的生活，甚至渴望讓下一代過得更好，這種渴望是根深蒂固的，因此我們對泡沫視而不見，而且讓泡沫膨脹到無比巨大。這剛好讓我繼續說明**看穿泡沫假象的第三項指導原則**：泡沫**總是**會飆速成長。

第三章
泡沫總是會飆速成長

泡沫總是在某個時間點開始指數成長。

圖2-3回顧中國二〇一五年的股市泡沫，再回頭看圖2-2中威力球樂透彩泡沫，兩者都是有陡峭的走勢，然後就一飛衝天。

而美國股市從二〇〇九年至二〇一六年連走了七年多頭（見圖3-1）。

都是指數成長。

散戶就是無法抗拒這種念頭：即使是在二

圖3-1 道瓊指數從2009年年初至2015年年中的走勢

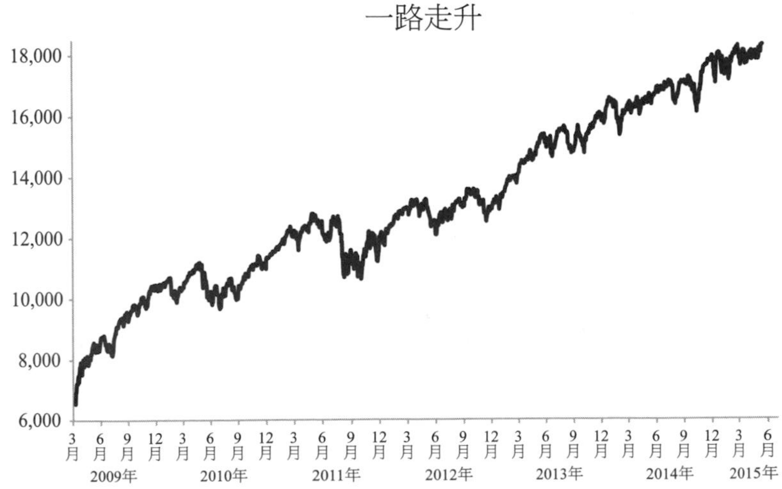

資料來源：雅虎財經、鄧特研究中心

〇〇七年大崩盤後，他們還是可以在股票市場上迅速致富。

以我先前提到的就學貸款泡沫來說（見圖3-2），同樣是指數成長。

大多數美國人希望子女上大學。他們認為沒有接受大學教育，就業前景和賺錢能力就會受到限制。但是，現在情況已經不再是那樣，而且就學貸款泡沫已經膨脹到史無前例的程度。

學費和醫療保健費用全都出現泡沫（見圖3-3），又是指數成長。

就學貸款泡沫愈吹愈大，所以上大學的成本每年上漲。現在要讓小孩唸最好的大學，動輒要花數十萬美元。

一般家庭並沒有感受到二〇〇七年金融風暴以來，日子逐漸變得「好過」（如果有的話），

圖3-2 就學貸款泡沫

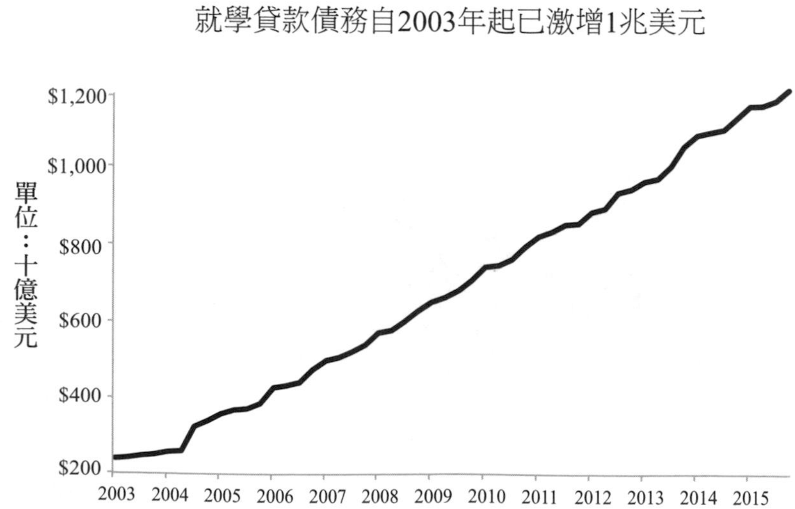

資料來源：紐約聯邦準備銀行

所以讓子女唸大學的唯一選擇就是申請就學貸款。

我們再來看看，大蕭條之前的汽車股泡沫（見圖3-4），還是指數成長。

日本在一九八〇年代的房地產泡沫也一樣（見圖3-5），指數成長。

日本股市在一九八三年到一九八九年就上漲五．六倍，然後就崩盤暴跌八〇%！

接著，我們來看看現代史上第一個大泡沫：荷蘭鬱金香泡沫（見圖3-6），同樣是指數成長。

一個接一個的泡沫，情況都一樣（見圖3-7）。

講到這裡，或許是給你兩個警告的好時機。

首先，為了徹底揭開泡沫的面紗，讓你能善用即將出現這輩子最好的投資機會，盡可能**看到**愈多泡沫就很重要。這表示這本書從頭到尾都會出現許多圖表。

圖3-3 醫療保健和大學學費泡沫

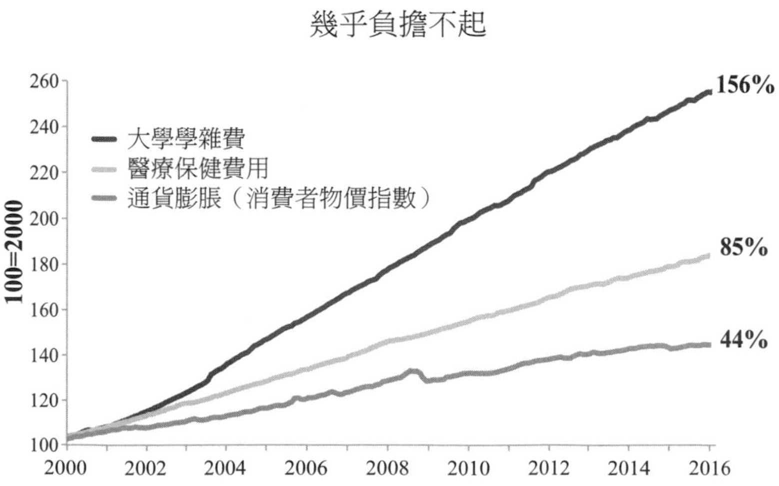

資料來源：勞工統計局、鄧特研究中心

圖3-4　標準普爾汽車股指數泡沫在1929年崩盤前的走勢

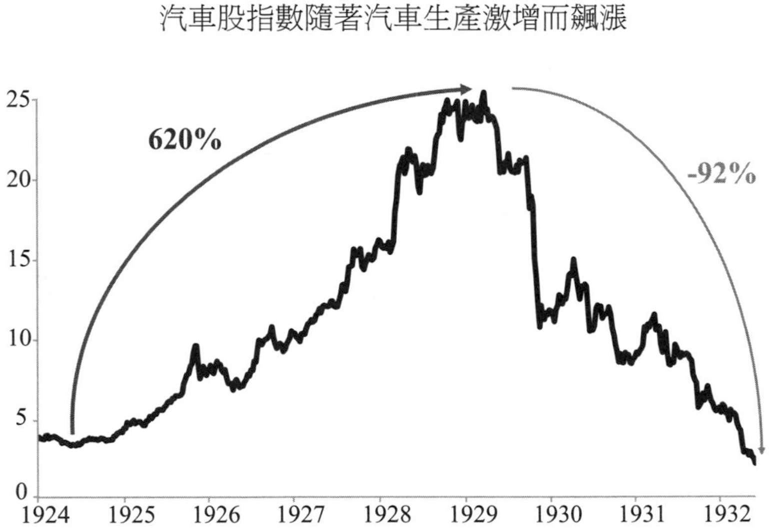

資料來源：彭博資訊

圖3-5　日本的房地產泡沫

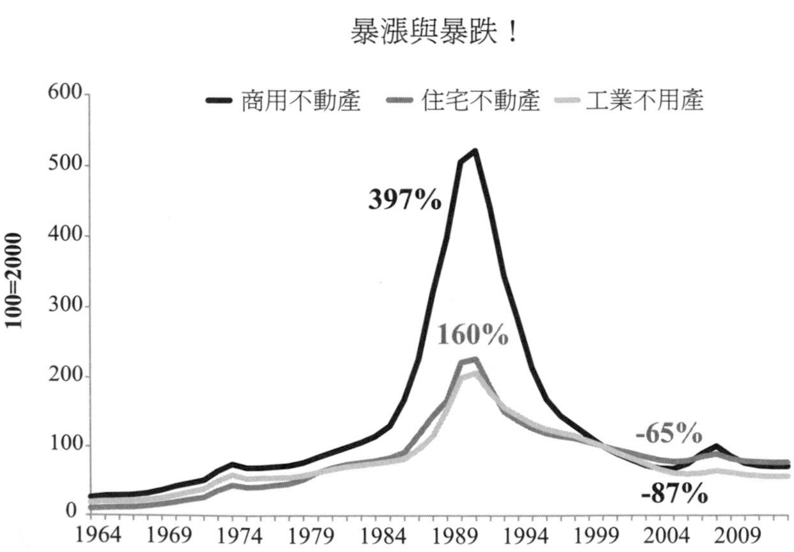

資料來源：日本土地學會

圖3-6 荷蘭鬱金香泡沫

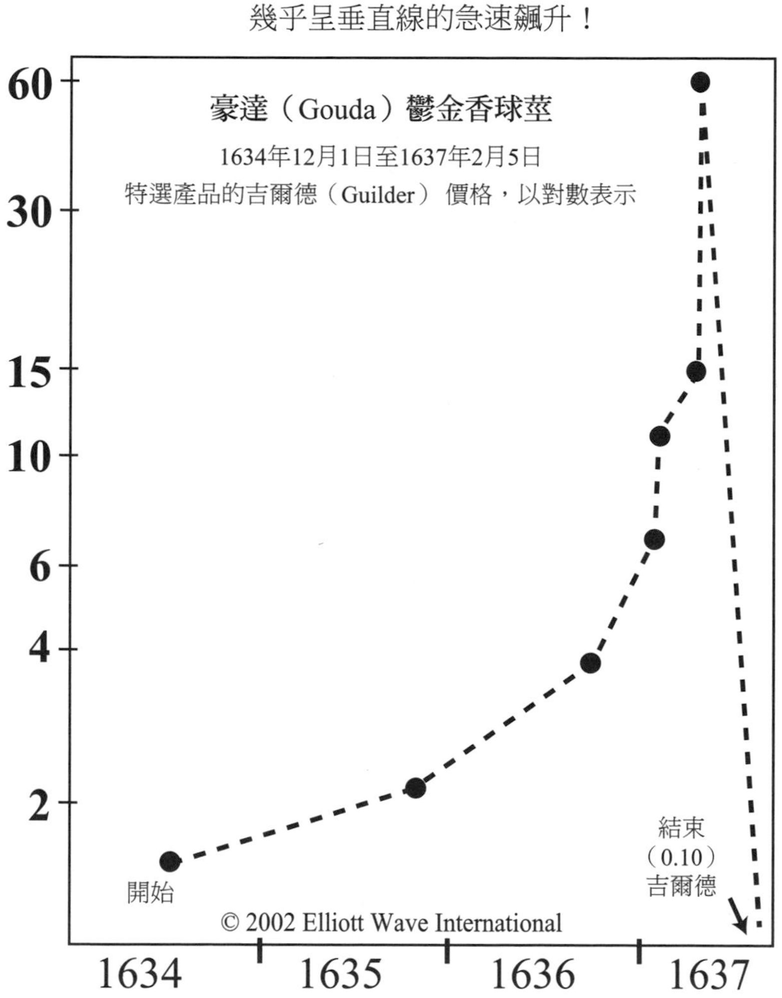

資料來源：羅伯特·普萊克特的《征服崩盤》第80頁

其次，我會在後續章節重複使用一些圖表，並更深入說明每個泡沫在膨脹和破滅時究竟發生什麼事。

不過現在你可以從圖表中看出泡沫總是呈現指數成長，當你考慮看穿泡沫假象的另一項指導原則時，就知道泡沫為什麼如此危險！

股票泡沫和商品泡沫往往比房地產泡沫膨脹地更大，但大多數房地產運用抵押貸款槓桿，這使得房地產泡沫比表面上看起來更加危險。而以往情況最嚴重的泡沫破滅，就是以房地產泡沫化為核心。

重點在於：泡沫是以指數成長，而不是線性成長。

跟大多數演化科學家一樣，發現研究中心（Discovery Institute）共同創辦人喬治・吉爾

圖3-7　股票、房地產、生物技術和黃金

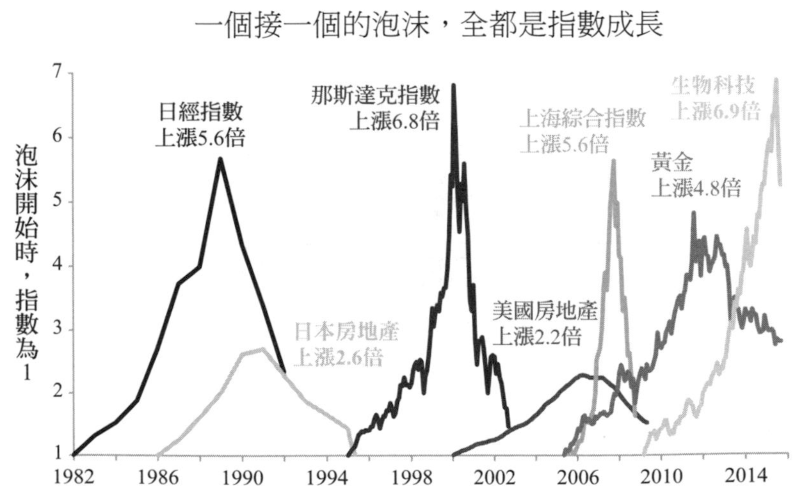

資料來源：雅虎財經、日本統計局、彭博資訊

德（George Gilder），以及參與光學字元辨識和文字轉語音合成等發明的未來學家雷伊・庫茲威爾（Ray Kurzweil），這兩位遠見之士也都看出這一點。

這意謂著泡沫不可避免，特別是在長期成長趨勢的後期階段。

但是誠如我所言，人類天生就傾向於以線性觀點思考（見**看穿泡沫假象的第二項指導原則**）。會這樣是因為我們沒有好好回顧歷史。我們往往只看著剛發生和即將發生的事。但當你回顧歷史並愈往前追溯，就愈清楚指數成長與人類進步的模式。

想想看，兔子的數目如何倍增？繁殖速度呈現指數成長。人口是如何成長呢？以地球總人口數來說呈現指數成長，而且從一八〇〇年代以來更是如此。技術和我們的生活水準是如何成長的？同樣是指數成長。上個世紀人類的生活水準出現前所未見的提升，事實上，計入通貨膨脹後，我們的生活水準從一九〇〇年以來已經成長八倍。

進步和演化的學習曲線有自己的動能。細胞聚在一起演化成較大的組織，鄉鎮成長為更大的城市和國家，而且速度愈來愈快。

每年經濟成長率只有三％的複合成長，長期下來就會呈現指數成長曲線。這就是經過時間證明的複利成長原則，也是理財專員會秀給你看的「魔法」。

如果你從小就定期儲蓄，即使存的錢不多，以後也會讓你變成富翁。但大多數人不會這樣做，因為他們過度樂觀又追求立即滿足。

我很喜歡大衛・巴哈（David Bach）的著作《自動千萬富翁》（*The Automatic Millionaire*），因為他以最簡單也最人性的方式，徹底掌握複利這個邏輯：每天不買拿鐵，存下三美元，持續幾十年這樣做。

他的另一個概念「先付錢給自己」也很高明。在任何人拿到你辛辛苦苦賺來的薪水以前，先把錢放進你的退休金帳戶或其他儲蓄工具。像對待房租那樣對待儲蓄，儲蓄不是薪水有剩才做的事。

就是這些小動作，讓你能用錢滾錢累積大筆財富。

現在，讓我們繼續了解**看穿泡沫假象的第四項指導原則**。

第四章
泡沫是金融性高潮

很簡單：金融泡沫是性高潮！

想想看：有什麼比性高潮更具有泡沫形成的興奮感，以及泡沫突然破滅令人失落的性質呢？

威廉．馬斯特斯（William H. Masters）與維吉尼亞．強森（Virginia Johnson）提出人類性反應週期（Human Sexual Response Cycle），這是一九五〇年代末期和一九六〇年代初期率先發表、與性高潮週期相關的科學文獻（見圖4-1）。

圖4-1　馬斯特斯與強森的男性性高潮圖

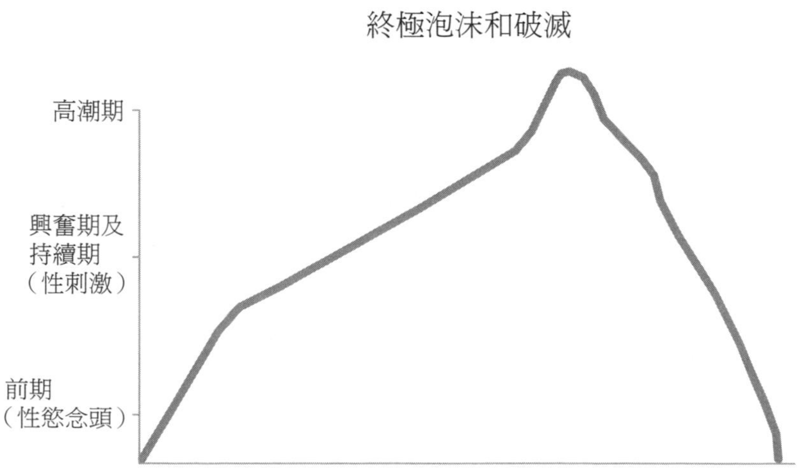

資料來源：馬斯特斯與強森

這個週期從慾望和性刺激開始，然後擴展成逐漸提高的興奮期，再來則是進入最後的噴出或高潮期。

在此要注意，最重要是，高潮期後的下降**突發而陡峭**。我總是說，泡沫不會修正，只會破滅。

還需要注意的是，這個圖表其實說明男性的性高潮，走勢比較極端，而且只有一個高峰。女性的性高潮並不一樣。我很快會解釋這部分。我們先來看看上個世紀的重大股票泡沫，這樣你就能在這裡看出關聯。再說一次我的看法：如果它看起來像一個泡沫，行徑也像一個泡沫……那它就是泡沫，這下糟了！

圖4-2顯示日經指數在一九八九年年底時飆到最高點，這不就證明泡沫跟性高潮週期密切

圖4-2　1985年至1992年的日經指數

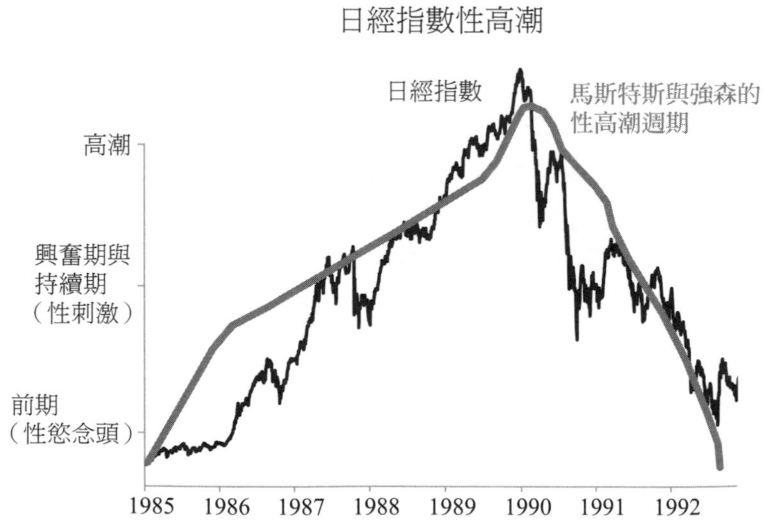

資料來源：日本統計局、馬斯特斯與強森

相關？

再給你看另一個實例。

圖4-3顯示道瓊指數在咆哮的一九二〇年代臭名昭彰的泡沫，看看圖4-3，真是完美的金融性高潮！

圖4-4則是二〇〇〇年年初達到頂點的那斯達克指數泡沫。

我曾經提醒過大家，這本書會有很多圖表。事實上在這本書中，你會看到比任何地方更多的泡沫。

你可以從這些圖表看出，雖然每一個泡沫不盡相同，卻以同樣的方式運作。泡沫開始形成，逐漸增加強度，然後突然呈指數成長，接著到達頂點並破滅！

而且整個過程對男人**和**金融界都產生長

圖4-3　1924年至1932年的道瓊指數

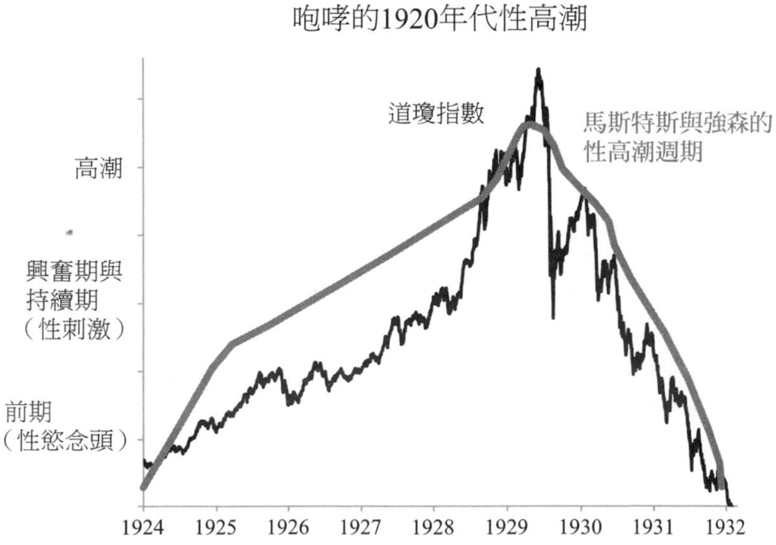

資料來源：彭博資訊、馬斯特斯與強森

期的影響。男人在性行為結束後**就像洩了氣的皮球**，這就是為什麼他們不想說話的原因！

事實上，一直以來有無數的研究試圖證明這些老婆的故事，警告職業運動員和運動選手在比賽前十二個小時不要做愛。

這種說法的正確性還有待商榷，不過日內瓦大學醫院的一項研究為這項科學共識做出巧妙的總結。這項研究指出，雖然性行為不會讓運動員變得虛弱，卻會讓運動員在比賽期間的恢復能力變得緩慢。認真看待體育或運動競賽的人都知道，這種恢復能力是整體表現的關鍵部分！同樣地，在泡沫破滅後，經濟也不會迅速恢復。

顯然，金融泡沫是性高潮（這就是看穿泡沫假象的**第四項指導原則**）！

圖4-4　1995年至2003年的那斯達克指數

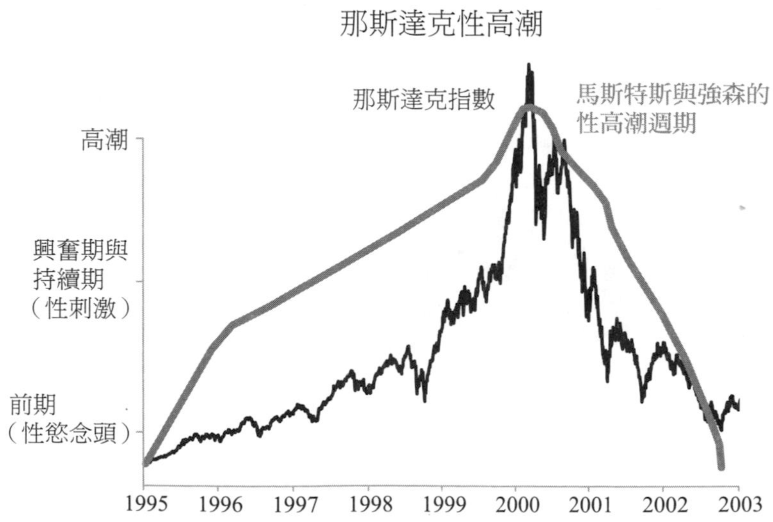

資料來源：雅虎財經、馬斯特斯與強森

透過成功與失敗、通貨膨脹與緊縮、創新與創造性的破壞、保守與自由、女人與男人，黑暗和光明、清醒與睡眠、善良和邪惡、快樂與痛苦……當然還有繁榮與蕭條等對立，成為人類進步與自然發展的一部分。

在繼續討論下一個看穿泡沫假象指導原則之前，我只想先簡單重述我之前說的話：女性的性高潮跟男性的性高潮有點不同。

看圖4-5，女性往往有三次強烈的高潮，而且消退期也比較慢。這就是為什麼女性在性行為結束後想說話，但男人卻不想的原因。因為女性還有一些體力！

看看圖4-6的道瓊指數圖表，顯示指數從一九七四年年底的前波底部開始一路飆升。

如你所見，在我認定最後和最大的泡沫破滅前，有三次高峰。

圖4-5　女性的性高潮圖

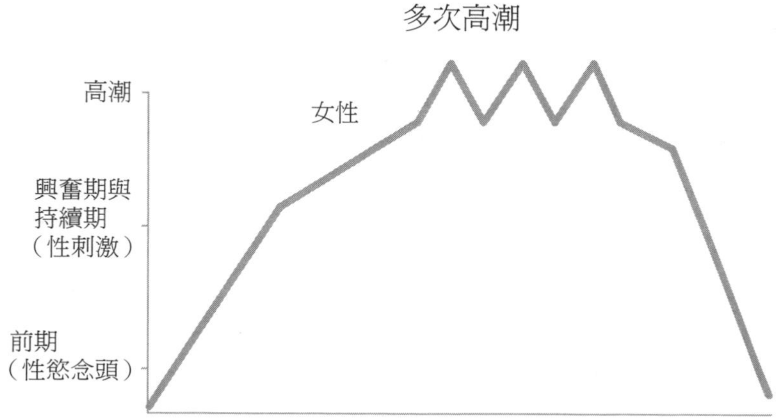

資料來源：馬斯特斯與強森

整個股票榮景從一九七四年年底上次谷底，開始一路漲到二〇一五年年中，這個金融泡沫就像女性經歷性高潮：一開始的欲望持續到一九八七年，接著愈來愈興奮，在二〇〇〇年年初達到第一次高潮、在二〇〇八年達到第二次高潮，最後一次也最戲劇化的高潮出現在二〇一五年……然後榮景結束！

我一直警告大家會有大崩盤。

是的，我之前太早預言，但我已經修正分析，我們的客戶有機會從這次泡沫榮景中獲利。

但在這樣的市場，如果你嘗試要抓準高點出現的時間，連最後額外的微薄利潤也不放過，你就是跟魔鬼對賭俄羅斯輪盤。市場下降速度之快會讓你措手不及，這是大多數泡沫破滅初期階段常見的狀況。

圖4-6　道瓊指數與女性性高潮的對照

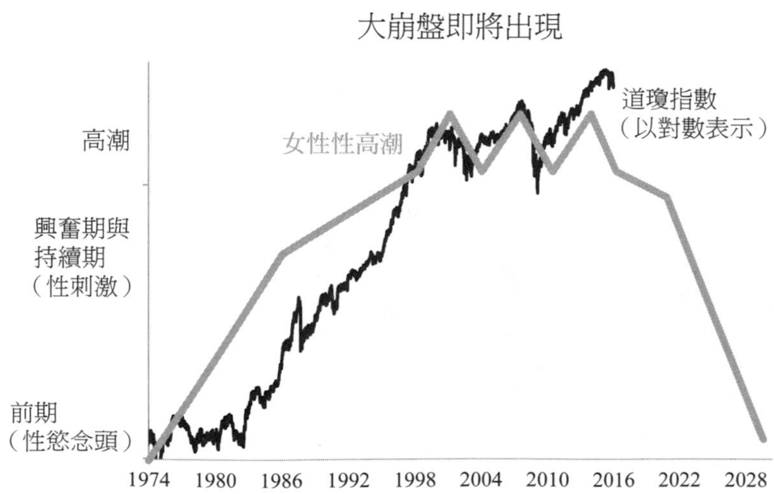

資料來源：彭博資訊、馬斯特斯與強森

根據我更廣泛的預測，到二〇二二年左右（也許更晚一些），這波泡沫榮景才會告一段落，然後泡沫開始破滅，目前的三十九年世代消費週期才會結束。但是股票大幅損失的時間可能出現在二〇一七年年底。我會在後續章節詳細說明。

現在讓我們探討**看穿泡沫假象的第五項指導原則**：泡沫往往會破滅回到起點（甚至更低）。

第五章

泡沫破滅後會回到起點

往前翻幾頁看看到目前為止我跟大家分享的一些泡沫圖表。天啊，回頭看看每個泡沫，你會發現有件事很值得注意：每個泡沫至少都會回到起點（意思是說，泡沫會回到指數成長前的那個位置），甚至是更低的位置！往後翻到我即將告訴你的其他泡沫，你會看到一樣的情況。

書上的泡沫我沒有刻意挑選，也沒有只研究符合我個人觀點的泡沫。我花三十年徹底研究每個泡沫，大多是金融和經濟世界的泡沫，也有像氣候、太陽黑子和生活等其他領域的泡沫。在這裡我當然無法跟你分享每個泡沫。因為泡沫實在多到不勝枚舉，這需要如百科全書般一系列的書籍才講得完。但我向你保證，每一個泡沫破滅時，至少會回到起點附近。

圖 5-1 美國房市走勢圖中，長期房價（計入通貨膨脹後）就是一個很好的例子。它再三顯示**看穿**

泡沫假象的第五項指導原則：泡沫往往會回到指數成長開始時的起點，甚至更低的位置。

簡單的事實是，房地產跟股票一樣，都不是一個可以逐漸增加價值的資產，房價只反映通貨膨脹和較高的建築成本。黃金和大多數商品也是如此。不過不像黃金，房地產可以出租獲取收入，或是買進來節省租金。

但是因為這個從二〇〇〇年年初開始的泡沫膨脹到極致，所以不會只是恢復到正常水準（計入通貨膨脹後），有可能會回落到更低的水準！接著在那之後才會恢復原本扣除通貨膨脹後，房價幾乎很少增值或沒有增值的趨勢。

圖5-1　美國長期房價（計入通貨膨脹後）

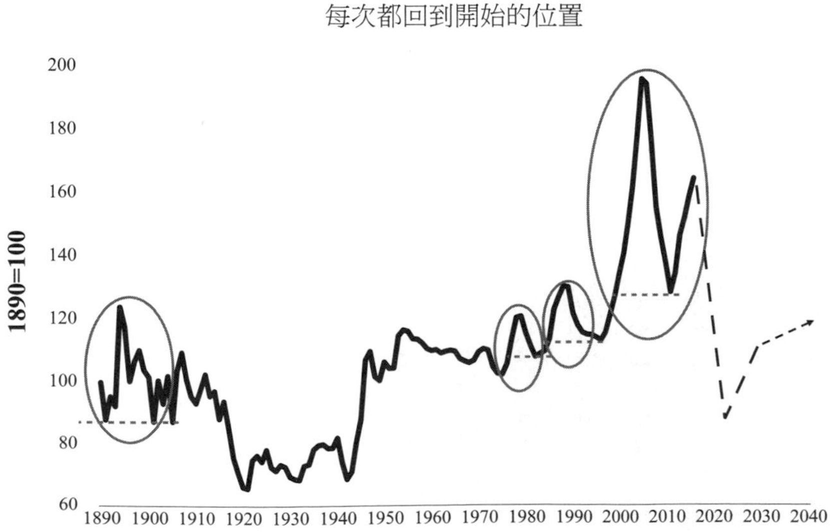

資料來源：羅伯特．席勒（Robert J. Shiller）《非理性繁榮》（*Irrational Exuberance*）第二版圖2.1與《次貸解方》（*Subprime Solution*）作者在2008年更新的數據。

總之，房市將不同於以往。絕不可能繼續上漲，因為人口成長趨緩，因此在愈來愈富裕的已開發國家，相較於年輕人的購屋需求，有更多人因為死亡而賣出房屋。

不可能阻止泡沫破滅

看穿泡沫假象的第六項指導原則是：阻止泡沫破滅是不可能的，雖然起初你可以盡全力嘗試，就像我們在近幾年一直看到政府在做的事。過去我們從來沒有見過政府花這麼大的力氣！試圖阻止泡沫破滅只會損壞整個系統，而且，事實上這樣做只會讓泡沫破滅時造成更大的痛苦。但這並沒有阻止聯準會和各國央行出面緊急救援。

正如我在前言所說，世上最危險的事情可能是有人敲門說：「我們是政府人員，我們到這裡幫忙幫忙大家」，或是聽到吸毒的人說：「再給我一針吧，我保證我一定會戒毒。」

量化寬鬆是毒藥

量化寬鬆是金融世界的快克古柯鹼。

量化寬鬆也是史上最愚蠢的事情！

第一次強力推行量化寬鬆是為了解除二〇〇八年年底美國爆發的金融危機。此後每次景氣趨緩（因為量化寬鬆只是拖延問題，無法解決問題），聯準會和各國央行就會加碼以另一次量化寬鬆來刺激經濟。

當景氣從高點下滑，如吸毒者的興奮感逐漸消退的時候，聯準會和各國央行就會注入更大劑量的毒品到市場上。

當然，任何頭腦清楚的人都知道這種做法不能無限期繼續下去。他們也知道這種做法有多大的破壞性，這等於是讓吸毒者去送死。

不幸的是，擁有常識的主流經濟學家和央行高層似乎寥寥無幾！

這已經導致兩件事：一是讓不可避免的事情一再延遲，也讓第三個股市泡沫缺乏實質支撐！

事實上，二〇〇九年年初到二〇一五年年中的股市泡沫是罕見而完美的人造泡沫，這個泡沫全都是由政府憑空印鈔，將大筆金錢挹注到金融系統。

如果沒有大規模政府干預來拯救銀行和一些大企業，而且讓擁有豐富資產、掌控五〇%以上消費的上層階級擴大支出，我們就會看到像一九三〇年代那樣的景氣蕭條。二〇〇八年的狀況看起來就跟一九三〇年一樣。

美國投入四兆美元進行量化寬鬆（全球加起來至少投入十兆美元），加上七兆美元的財政赤字（這個數字還在持續攀升），只創造出平均二%的經濟成長率，也就是一年只增加大約三千兩百億美元的產值成長。

這種交易實在太不划算，付出的代價太高！

我這可不是開玩笑！

每年平均投入一．六兆美元、大約一〇%的GDP刺激經濟，卻只換來二%的經濟成長？

哎喲！

但是，如果沒有這種前所未有的資金挹注來刺激經濟，景氣根本不可能復甦。而且我向你保證，在這裡我使用「復甦」這個詞其實很寬厚，你可以想像到竟然只有二%的經濟成長，這可是是現代史上最糟糕的狀況！

有很多原因可以說明為什麼聯準會努力以量化寬鬆提振經濟，卻沒有達到預期的效果，這值得專書探討。現在可以肯定的是，成效不如預期的一大絆腳石就出在聯準會的大量「印鈔」，並沒有如期望般使得銀行增加放貸，使得以往那種景氣復甦沒有發生。

由於二〇〇〇年到二〇〇八年出現債務泡沫，消費者和企業現在都債台高築。在這八年內，民間債務從二十兆美元增加一倍到四十二兆美元；同時政府債務從五兆美元增加一倍到十兆美元（目前已經增加到十九兆美元，而且還在持續增加）。

這些挹注的資金反而被用來投機，而且往往用在高槓桿操作，結果股市大漲，我們看到了股票泡沫。

大衛·史托克曼（David Stockman）在他的著作《大變形》（*The Great Deformation*）中，依照時間年代記述整個過程，比任何人都說得好。

正如他所說，自從量化寬鬆推行以來，由於聯準會維持超低的短期利率和較低的長期利率，使得二〇〇九年企業每股盈餘（earning-per-share）就有四〇%來自買回庫藏股（stock buyback）。人為的低利率產生的低借款成本另外又占二〇%以上的盈餘。同時，企業也能以很低的利息融資進行併購。

因此，企業盈餘一路飆升到二〇一五年，主要原因不是銷售大增或業務成長，而是因為金融工程的魔法使然！

我向你保證，儘管政治家、中央銀行高層、經濟學家和分析師全都公然否認這個事實，但**這就是一個泡沫**。

圖5-2清楚地呈現這個事實。

圖5-2比較一九九四年到二〇〇〇年年初道瓊指數這個現代史上最大也最明確的泡沫，與二〇〇

九年到二〇一五年年中的道瓊指數泡沫。

（至少據我所知，）沒有哪個人或哪位經濟學家否認一九九五年到二〇〇〇年的道瓊指數不是泡沫。這是美國史上由科技和網路熱潮驅動、最極端的泡沫。

看看道瓊指數從二〇〇九年到二〇一五年的走勢，跟先前那個毫無爭議的泡沫有多麼相似。唯一顯著的區別是因為人為刺激，最近這個泡沫多持

圖5-2　1994年年底至2000年年初與2009年年初至2015年年中的道瓊指數走勢對照

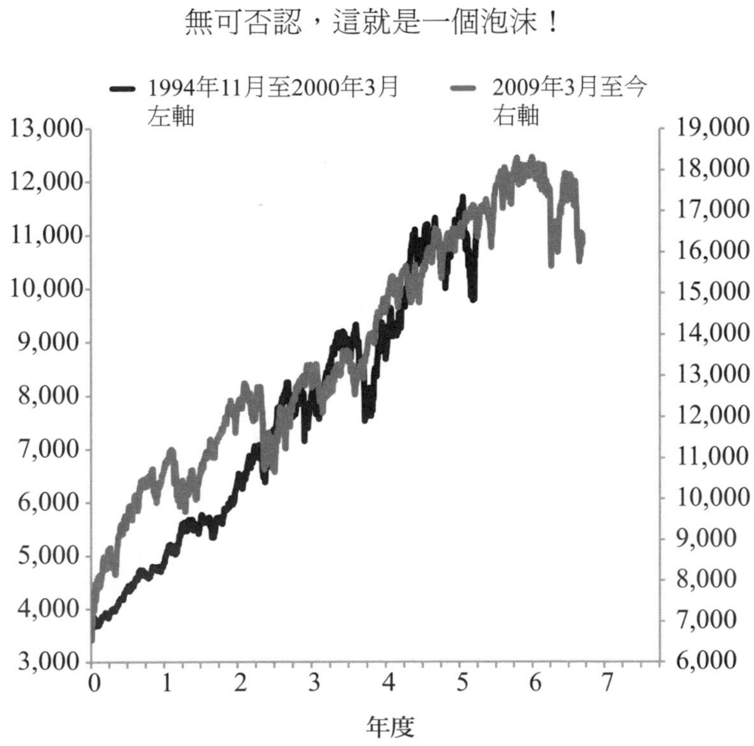

資料來源：雅虎財經、鄧特研究中心

續了一年。

怎麼會有人說過去這六年來沒有看到任何一個泡沫？除非否認泡沫的存在，不然他們不會這樣說。顯然，他們現在就是在否認！

我會再說一遍：如果它看起來像一個泡沫，行徑也像一個泡沫，那它就是個泡沫！

我會在第二十章詳述二〇〇九年到二〇一五年的泡沫。現在，我想很快提一下，我相信一旦這次泡沫徹底破滅，在二〇二〇年到二〇二二年時，我們會看到道瓊指數跌到三千八百點，甚至更低，也就是回到一九九五年年初的水準。這次大崩盤很可能在二〇一七年年底引爆，所以你**現在**就必須做好準備！之後我會對此多加說明。

現在，你必須明白債務和金融資產泡沫**總會**破滅。不管聯準會或世界各國央行多麼拚命想要力挽狂瀾，終究還是會失敗。目前各國紛紛大規模地嘗試採取負利率的政策。在我撰寫這本書的時候，這些國家還是未能實現預期成效。如果零利率與挹注四兆美元進入美國經濟體系都還沒效，還有什麼方法可以拯救美國經濟呢？

你永遠無法對抗可以預測到的人口下跌趨勢，也無法避免在債務達到極高水準時去槓桿化，情況就像沒有人可以永遠保持性高潮那樣。

這就帶到看穿泡沫假象的最後一項指導原則。

每個谷底都是前所未有的機會

看穿泡沫假象的第七項指導原則：一旦泡沫破滅，就要花好多年的時間才能解決系統中的過剩問題。而在那段期間，你會發現許多機會。

簡單的說，每個泡沫的結束就會出現可以搶便宜買進金融資產和收購企業「這輩子最好的投資機會」。

看看投資人如何在大蕭條出現後賺到錢！

傑西．李佛爾（Jesse Livermore）放空美股，幾年內就成為當時的億萬富翁。

美國甘迺迪總統的父親約瑟夫．甘迺迪（Joseph Kennedy）在股市最高點時賣掉所有持股，並在股價落底時買進股票，建立甘迺迪這個豪門世家。

黑手黨把一九二〇年代交易私酒的現金拿到一九三〇年代經營高利貸事業，大賺特賺。

通用汽車在經濟衰退時，迅速從市占率老二（落後福特汽車）的地位，搶攻龍頭寶座，並一直穩坐寶座到一九六〇年代。

這些財富全都來自一九二九年泡沫破滅前後，出現在他們眼前的大好機會。

正是在這樣的時期，股價都跌到谷底，可以進場大撿便宜。最強大的企業看到競爭對手們紛紛被股市崩盤給擊垮，剛好可以趁機獲取龐大市占率。房地產被低價拋售，等待識貨者抓住賺錢的好機會。股票便宜到可以進場尋找喜歡的標的。商品價格重挫到千載難逢的低點。但大家才在市場跌跤，損失慘重，全都害怕到不敢面對市場和善用良機。

還記得我在第二章分享的人類預測模型嗎？當事情處於最糟糕的狀況，人們自然會相信情況永遠不會好轉了（用這種方式來看待世界，真的錯了！）。人們因為過去的經驗而害怕，躲起來舔自己的傷口，所以錯過便宜買進的大好機會。而且大多數人已經因為泡沫破滅賠掉大部分或全部的資產，就算有勇氣也沒有錢可以善用這些機會。

但在一生中，沒有哪個機會比得上我們即將看到的機會。以未來幾十年新興世界的成長潛力來看，這次機會甚至會比一九三〇年代的機會更大。你可以在一九三二年到一九三三年間進行任何投資，等待幾十年就能賺大錢！那種機會即將再次出現，但是這次更有選擇性，人口統計學會指點我們怎麼做。

從字面上看，世界充滿機會，你可以從中挑選奇珍異寶。我會在第五篇詳述需要了解的所有細節。

現在我們就先回顧一下。

看穿泡沫假象的七項指導原則

以下是看穿泡沫假象七項指導原則的摘要。

第一項指導原則

泡沫有週期性，而且從一九三〇年代以來就跟世代有關。泡沫發生在每個世代的秋天榮景期，因此很容易**提前幾十年**預測到，也使得泡沫避無可避免，而且間隔相當久的時間，就像一九二〇年代後期和現在的情況，人們一生只會看到泡沫一次。

第二項指導原則

吹大泡沫是人類天性。我們喜愛股票、房地產和任何呈指數成長、並讓我們「不勞而獲」（像樂透）的東西。我們很容易被這些事物所騙，這不僅讓泡沫無法避免，也讓我們對泡沫視而不見。

第三項指導原則

泡沫會呈指數成長，不是線性成長。這使得泡沫無法持續，終究必須破滅。但是泡沫也代表長期趨勢，這個趨勢呈現出指數成長的型態，因此人的一生變法避開泡沫。

第四項指導原則

泡沫是金融性高潮。泡沫形成、指數成長、達到頂點和高峰，然後迅速破滅，而不是慢慢消氣。有時泡沫就像女性性高潮一樣，在破滅前出現三次高點，如同目前的情況。根據歷史資料顯示，這種情況更加不利。

第五項指導原則

泡沫往往會回到開始呈現指數成長的起點，甚至跌到更低。這方面的例外少之又少。這使得我們很容易發現泡沫破滅時，行情會低到哪個程度，以及在下次榮景前有多大的買進機會。

第六項指導原則

泡沫破滅週期是阻止不了的。日本銀行已經嘗試二十年還是沒有成功。歐洲央行也試過，長期下來也是徒勞無功。聯準會也一樣，儘管他們持續努力，泡沫還是會強力破滅。事實上，由於他們的努力，泡沫的威力已經遠比他們介入時更加駭人，現在我們可以期待一波毀滅性的崩盤。雖然我們會準備好抓住這波崩盤帶給我們的大好機會，但是那些沒有做好準備的人就會為此受苦！

最後……

第七項指導原則

泡沫一旦開始極速破滅後，就會持續消氣多年，這剛好提供我們這輩子最好的投資機會。我們能以物超所值的超低價格，挑選值得投資的企業、房地產、股票和其他投資標的。儘管處於危機，卻展現出一生僅有一次的大好機會。如果你察覺到這個機會即將出現，你就能在短時間內創造極大的財富。有了這本書，你就能先準備好資金，進場大撿便宜，做好準備，累積難以想像的財富！

在繼續討論第六章之前，我想先跟我的長期讀者澄清一件事。在我先前的著作中，我依據十到十二個原則來解釋泡沫，而不是七個原則。這麼多年來，我縮減這個清單，但沒有捨去任何重點，只是說法稍有不同。

對於新讀者來說，以下列出完整的指導原則清單（為了維持之前著作的連貫性），並說明一些小重點。

一、所有成長與演化都是指數成長，而非線性成長，但我們不喜歡這樣。

二、所有成長都有週期性，不是持續增加，我們更不喜歡這樣。

三、泡沫在短期呈指數成長時，總是會破滅，沒有例外。

四、泡沫愈大，破滅得愈徹底。大多數人以為最大的資產最撐得住，但事實不是那樣。即使泡沫破滅時間推遲一點，結果反而會更慘！

五、泡沫破滅的速度至少是形成速度的兩倍，所以提前一點出場，總比晚了無法抽身來得好。泡沫不會修正或分階段破滅，而是徹底的破滅！

六、泡沫往往會回到原來指數成長的起點，甚至更低的位置。有時會像一九三二年跌到更低的位置。

七、隨時間經過，金融泡沫變得一次比一次極端，因為隨著我們的所得與財富逐漸增加，取得信用的能力也跟著提升，因此泡沫變得更為極端。

八、在複雜的都市社會，政府變得更大、更有權力。他們總是想盡方法開發新的工具來擴大信用和刺激經濟，如同現今無止盡的量化寬鬆政策。

九、泡沫像一種讓大多數人感覺更好（或興奮）的藥物。我們不想讓這種狀況結束，所以當泡沫逐漸膨脹時，我們開始否認，特別是在泡沫後期階段。政府和主要金融機構甚至誇張到視而不見。

十、泡沫會變得令人難以抗拒，連原本存疑的人都會被它吸引。艾薩克・牛頓（Issac Newtown）爵士是他那個時代最聰明的人，在一開始有消息提醒人們別被泡沫迷惑後，連牛頓都栽進一七二〇年的股票大泡沫裡。

十一、人的一生只會遇上一次大型泡沫，所以，人類很容易遺忘上一次大泡沫所留下的教訓。

十二、泡沫破滅時看起來或許毫無益處，而且深具破壞力，但泡沫其實是創新與人類進步過程中極為必要的功能。他們幫忙推動許多可能的創新主流，使得少數創新可以成為長久下來改變競爭規則的新變數。但是在這個過程中有更多創新被淘汰。如果沒有失敗，就不會有演化和成功！

不管是七個原則還是十二個原則，重點仍然一樣：泡沫不可避免（本質上，泡沫是人類本性，而且普世皆然）；泡沫不容易被發現，因為我們不希望事情有所改變，也不希望泡沫猛烈破滅，但實際上卻是如此；另外，由於泡沫有週期性，以及與世代有關，所以泡沫可以預測，只不過當泡沫破滅時，誰也阻擋不了。

最重要的是，這些看穿泡沫假象的指導原則，可以提供真正的賺錢機會給像你這樣的聰明投資人和商業人士！

雖然其他人都因為泡沫破滅而損失慘重，也催眠自己情況永遠不會好轉，但你會勇敢果斷面對艱難，為下一次的狂飆做好準備！

在進入下一章之前，我必須說清楚，誰是吹大泡沫的最大功臣。

哪個國家有最大的股市泡沫？

二〇一六年四月，聯準會評估經濟景氣的聯準會儀表板（Fed Dashboard）網站 www.feddashboard.com發表一篇文章，提出一個問題：哪個國家有最大的股市泡沫？當有人或有某個機構做出意料之外的事情時，我不會置之不理。聯準會儀表板和其他幾個機構正漸漸承認我警告多年的泡沫確實存在。

我一定會頌揚他們的明智之舉。

他們提出一個相當有趣的圖表，我在此跟大家分享（見圖5-3）。

這是一張完美的圖表，讓全球各地的泡沫清楚可見，不僅顯現出泡沫目前的發展狀況，也能跟以往的泡沫加以比較。這張圖表做得很好！

圖5-3　股市指數占產業附加價值毛額的比重

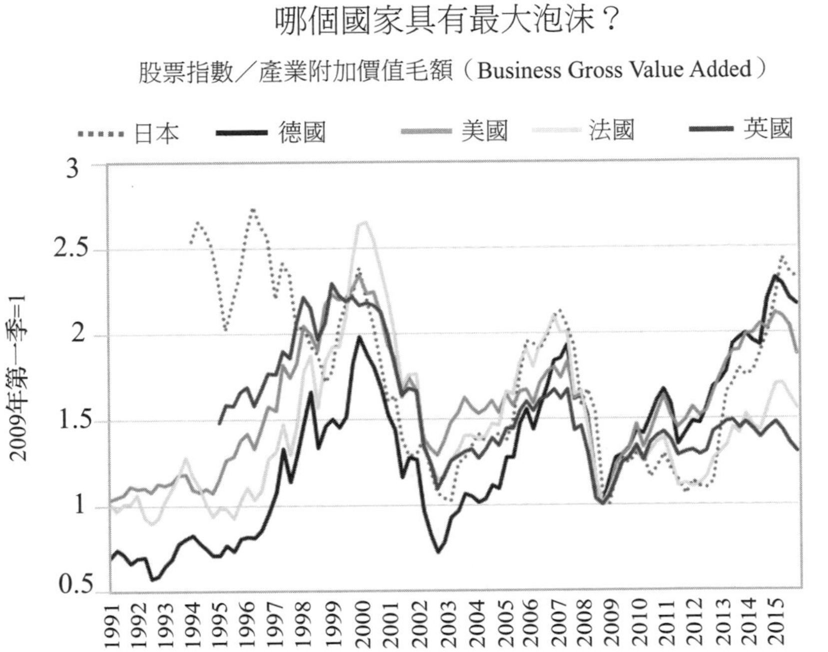

數據來源：日經指數（Nikkei）、富時羅素指數（FTSE Russell）、德意志交易所（Deutsche Börse）、泛歐證券交易所（Euronext）、歐盟統計局（Eurostat）、美國經濟分析局、日本內閣府經濟社會總合研究所

資料來源：www.feddashboard.com (http://feddashboard.com/which-counry-has-the-biggest-stock-market-bubble)

挑選涵蓋最廣泛、企業且成立最久，並資料容易取得的股票指數。

日本以虛線表示，因為日本很少公布產業附加價值毛額（GDP）。因此，日本以民間消費取代，排除政府不公布GDP這項因素。日本的民間消費占GDP的比例相當接近，直到2014年第一季，由於消費稅和量化寬鬆兩大因素，兩者的關係從接近62%，到2015年第四季下降至剛好超過58%。

出口和外國投資的差異也有關係。這些國家的國民生產總值（GNP）占GDP的比率，從100%到102%不等。以這個數字來說，日本通常較高，英國往往較低。

最新官方數據在2015年第四季公布。

不過，他們漏掉最大的泡沫：中國，尤其是中國的房地產熱潮。我會在第十七章討論這個部分！

換言之，大多數經濟學家和人民依然對股市泡沫和全球債務泡沫視而不見，這種對泡沫的盲目將會讓他們和所有人都蒙受損失。

現在，讓我們進入第六章的討論。

第二篇

金融泡沫簡史

第六章
歷史的教訓

之前提過，泡沫早就存在人類史中並被加已記錄。在整個自然生長和演化中，泡沫無所不在。像三葉蟲或人類等新物種的突然爆發就是例子。所以恐龍會大規模增長，然後突然滅絕。

顯然，身為人類的我們有一種傾向陷入泡沫的心理。生活具有挑戰性，即使這樣的試煉是我們個人成長和集體成長的關鍵，但是沒有人喜歡吃苦，包括我在內！所以，我們自然傾向希望事情只會變得更好，然後一直保持那樣美好的狀態。

研究過萬事萬物的歷史後（其實我在二十九歲時花三個月看完一套厚達一萬多頁談論西方文明史的百科全書），我可以告訴你，無論我們多麼希望和渴望，生活從來沒有變得容易或簡單！

每當情況好轉，經濟成長比平常快時，我們就會看到市場崩盤，經濟衰退或蕭條隨之而來。

價格上漲，然後下跌。

榮景之後總是蕭條。在大多數榮景中，生活在許多方面變得更好也更安逸。我們希望這種趨勢永遠持續下去。所以我們開始否認景氣可能變壞，我們設法找出各種可能的解釋說服自己，「這次會不一樣」。

主流經濟學家宣稱，經濟衰退只是過去發生的事，任何已被確認的泡沫都會軟著陸，沒什麼好擔心的。但是，這種事情從沒發生過。我們真的是自欺大師！

事實上，正如前幾章所說，泡沫不可避免，特別是在長期榮景要結束的時候。而且不管我們是否承認泡沫的存在，泡沫終究都會猛烈地破滅。

我的工作是要警告世人出現泡沫，但這幾乎是不可能的任務！我在二〇〇五年年底察覺美國房地產泡沫達到頂點時，馬上提出警告，但除了我們公司投資分析報告訂戶（和我的前妻），其他人都把我的忠告當成耳邊風。其實早在房市崩盤很久前，我們就準備好證據。

泡沫總是令人難以抗拒，就像蜘蛛對著蒼蠅說：「歡迎來我家！」，泡沫通常也會以一種超乎邏輯的方式持續膨脹。

到了二〇一四年和二〇一五年，我發現自己與許多人爭辯股市泡沫的問題。通常提出泡沫警訊的人看起來都像個白痴，因為泡沫就像黑洞，不斷吸引更多人投入。但到最後，泡沫總是無法逃脫破滅的結局，如同我即將告訴你的狀況，綜觀古今從無例外！但是，當周遭的人都駁斥你的看法，你實在很難堅持己見。

現在的說法是，政府已經能夠在大衰退和危機過後維持經濟持續運作。但事實根本不是這樣！他們只是創造一個更大的泡沫，而且勢必會更猛烈地破滅。沒有其他的結果。

到本章結束時，你會得到所有證據，認清泡沫到最後必然會破滅！

大泡沫形成

歷史上有這麼多的泡沫，限制自己只談論幾個泡沫可是個艱難的任務。我們就先從股市尚未出現、現代史上的第一個大泡沫開始看起：巨大的鬱金香泡沫。

雖然荷蘭以鬱金香聞名，但實際上鬱金香原產地是在中亞和土耳其。在十六世紀時，鬱金香被帶進荷蘭後，馬上掀起一股熱潮！事實上，這股大熱潮甚至讓荷蘭在一六三四年左右設立第一個現代「期貨市場」，人們可以在收成前購買鬱金香並鎖定價格。在那之前，鬱金香球莖價值其實並不高。後來，就在突然間，任何人都可以付出一點頭期款，就能針對未來的收成狀況進行投機操作。所以，人們就失去理智！

隨著這種機制的發展，農作物生產者能以特定價格鎖定獲利。但是由於初期從事期貨交易的代價很低，所以這個市場逐漸開始吸引有錢人參與投機。

以十七世紀的荷蘭來說，隨著鬱金香的價格逐漸上漲，愈來愈多人開始購買這種期貨，而價格上漲愈多，參與投機的人也就愈多。任誰都猜想得到，最後結果會怎樣。

事實是，人性是貪婪的，每個人都會盡可能搜尋不勞而獲的機會。所以當大家都開始從事某個活動時，這個活動的風險看起來就變得比較低。就像二〇一六年一月的威力球樂透彩泡沫：你開始相信沒參與就沒機會贏錢。當然，就算你參與了，你也不可能贏錢。

不管有多少人進場，投資期貨總是有風險。以荷蘭的情況來說，當年參與鬱金香球莖炒作的有錢投機客全都慘遭套牢，每個人都血本無歸。

看看那次崩盤的走勢非常極端，價格幾乎是垂直崩跌！（見圖6-1）

鬱金香球莖的價格在一六三四年到一六三五年短短兩年時間急速飆漲一百二十倍。

但接下來，價格崩跌九九．八%，剛好跌到泡沫開始的起點下方。

這是史上最極端的泡沫，因為當時投資人從未見識過泡沫的威力，但是由於只有一小部分人參與投機，所以只對社會造成極為局部的影響。

衍生這個泡沫的一個因素是，一六〇〇年代中期整個世界正處於五百年週期的通貨膨脹高峰，

圖6-1 荷蘭鬱金香泡沫

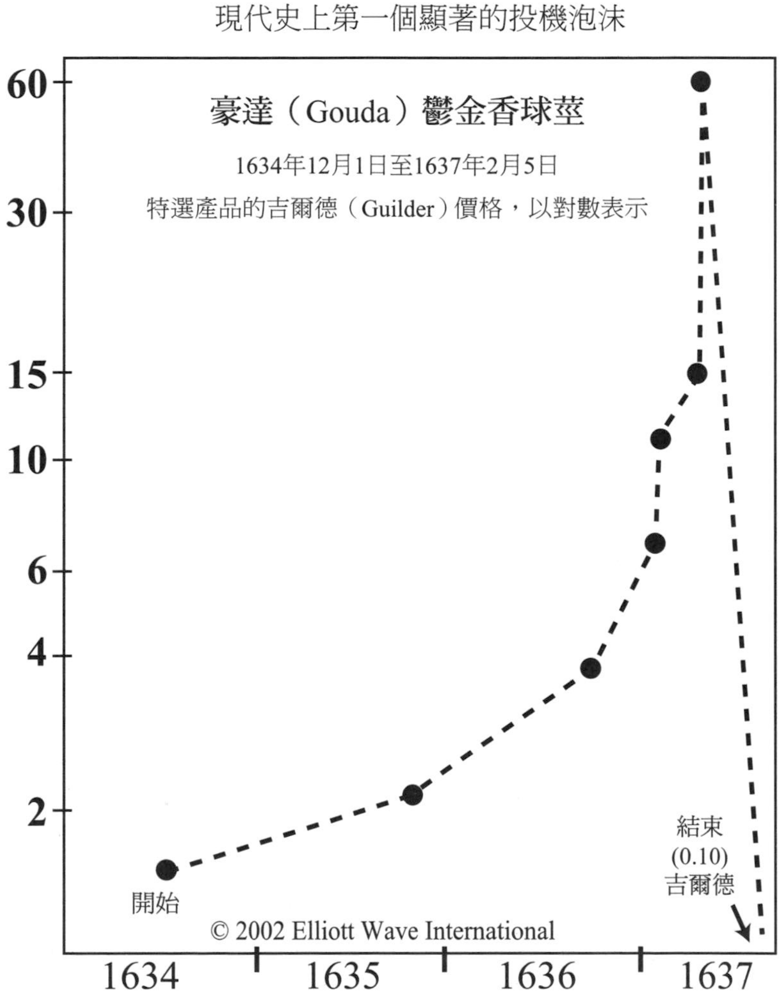

資料來源：羅伯特．普萊克特的《征服崩盤》第80頁

所有人都預期原物料價格將永無止盡地上漲（當然，這又是另一個直線成長預測的謬誤）。

鬱金香泡沫的形成幾乎毫無實質理由可言，換言之，它純粹是一場投機，不是因為生產力或價值上升所致，只是價格不斷上漲造成。聽起來有沒有很熟悉？

下一次大泡沫發生在一七〇〇年代初期，當時歐洲人為了掌握東印度群島（印度等國）的貿易商機，發展歷史上第一批以長期航海探險為概念的貿易公司，其中以一七〇六年成立的東印度貿易公司（East India Trading Company）為首。

泡沫飄洋過海

投資人只要購買這些貿易公司的股份就能分享貿易獲利。在功能上，這堪稱為股票市場的始祖，也勢必會導致投機潮。但是，在英國政府將其國有的南海公司（South Sea Company）股份以低利率和容易融資的方式出售給投資人，藉此解決戰爭債務時，這種金融性高潮就出現了。

到一七二〇年代中期，南海泡沫準備破滅。

南海公司的股價在不到兩年的時間內，從一百一十元飆漲到九百六十元，上漲七．七倍。然後又在一年內就崩跌了九四％，如圖6-2所示。

這是另一個例子，泡沫破滅會回歸起點或到更低的位置。

圖6-3為密西西比地產泡沫、這個故事甚至更有說服力，因為從這個故事中，我們看到史上第一個由中央銀行和政府誘發的泡沫。

路易十四發動的英法百年戰爭結束後，約翰．勞爾（John Law）成為法國最高金融首長，但他最後卻幾乎害整個國家破產。戰爭結束後，為了償還國家債務，勞爾想出一個籌錢的方法，由法國銀行出售法屬密西西比和路易斯安那的土地股份。

為了實現這個計畫，勞爾成立世界上第一家能創造貨幣的中央銀行，接著再以這種人為創造出的貨幣，放款給土地投機買家，取得在美國的大部分沼澤地。貸款利率非常低，而且還有政府

圖6-2 南海公司泡沫

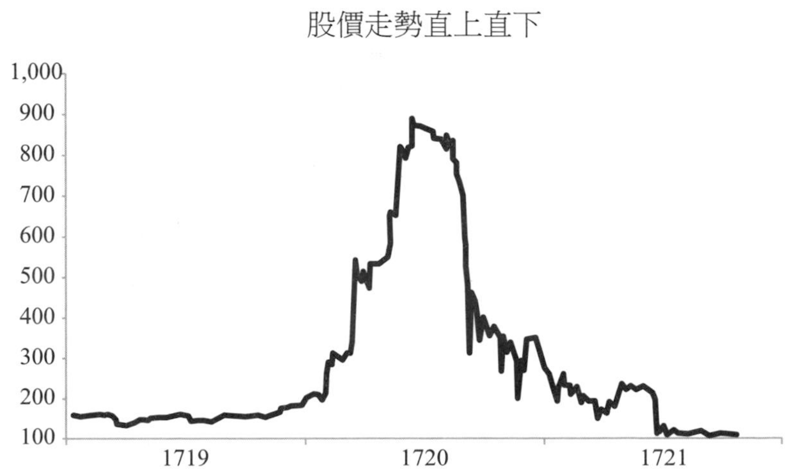

資料來源：羅伯特．普萊克特的《征服崩盤》第80頁

擔保（這段故事是不是似曾相識？）。

結果就像南海泡沫一樣，一個醉人的泡沫然後毀滅性的破滅。

密西西比地產比二〇〇七年到二〇〇八年發生的房利美（Fannie Mae）和房地美（Freddie Mac）還更糟糕，因為當時法國政府出售的北美土地根本毫無價值可言，而且那些地產又在如此偏遠且無人知道的地方。對投資人來說，這項投資案聽起來就跟所有給予新光明前景的事物一樣，而且還有政府推薦並提供低成本融資，投資人當然傻傻地上鉤！

當然，密西西比地產泡沫就像南海泡沫一樣，最後還是破滅了（所有泡沫都沒有例外）。接著是經濟長期持續衰退，股票價格

圖6-3　密西西比地產泡沫

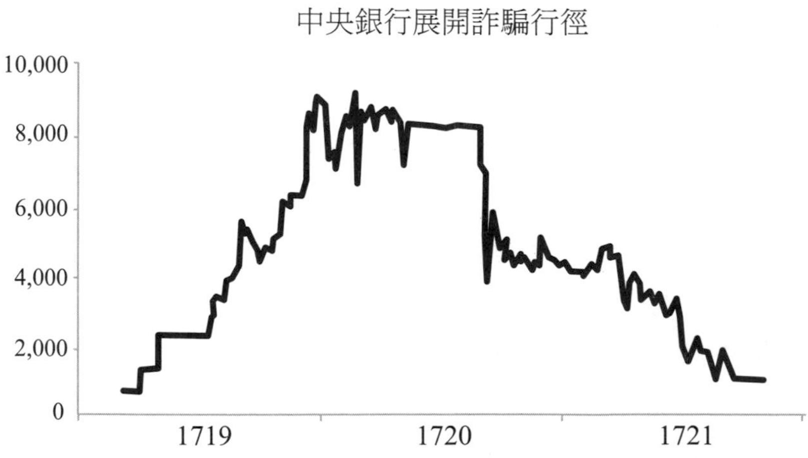

資料來源：法蘭休斯．維爾德（Francois R. Velde）、〈政府持股與貨幣：1720年法國的約翰．勞爾體系〉（Government Equity and Money: John Law's System in 1720 France）、芝加哥聯邦準備銀行（Federal Reserve Bank of Chicago）、2004年5月17日。

也一路跌到一七〇〇年代後期。

這兩個泡沫的起因都是低成本利率，鼓勵投機和政府慫恿，於是泡沫在一七二〇年愈吹愈大。之後泡沫破滅，到一七二二年時價格下跌超過九〇％。經濟陷入大蕭條，股市一直到一七八七年都不見起色，整整有六十七年的經濟寒冬！

後來，在工業革命（與自由市場資本主義）和美國革命（民主制度）的推展下，整個趨勢才終於轉變。泡沫破滅的程度愈大，後續引發的創新程度就愈大。在這堪稱一萬年前農業革命以來最大規模的宇宙「大爆炸」的風潮引領下，股價和經濟衝上高峰。美國中西部開始出現最迅速的成長，推升下一個大泡沫達到頂點並破滅。

第七章
美國經濟泡沫

隨著運河的開通，芝加哥成為新的「黃金地段」，能經由加拿大和五大湖區進入大西洋。美國政府為了鼓勵拓荒者向西部遷移，以非常便宜的價格出售邊疆土地，而且提供低利貸款資助大規模的遷徙。

當土地便宜又容易融資時，總會加速投機泡沫的形成！

安德魯．傑克森（Andrew Jackson）被認為是唯一讓聯邦預算達到收支平衡的美國總統，但他不是靠大幅度削減支出來達成這個目標。事實上，他是藉著出售大量土地（像法國勞爾的做法），增加國庫收入。由此看來，有些事情似乎從來不曾改變。

由於土地便宜和融資便利，中西部的土地價格開始暴漲，芝加哥的地價突然在幾年內飆漲到與紐約相當的水準。這也形成美國史上最為極端的房地產泡沫。

當時，芝加哥的房價飆漲了四〇七七五%！我沒有打錯字，事實就是如此。

芝加哥房價從一八三〇年的每英畝八百美元，飆漲到一八三六年的三十二萬七千美元。

然後急速崩跌九〇%，到一八四一年只剩下三萬四千美元。

股票市場在一八三五年達到高點，然後一八三七年出現恐慌。在一八三五年到一八四三年之間，股價崩跌六〇%。之後就發生僅次於一九三〇年代的恐慌大蕭條，伴隨不景氣和通貨緊縮，讓景氣進入經濟寒冬的階段。

圖7-1　芝加哥房地產泡沫，1820年至1843年

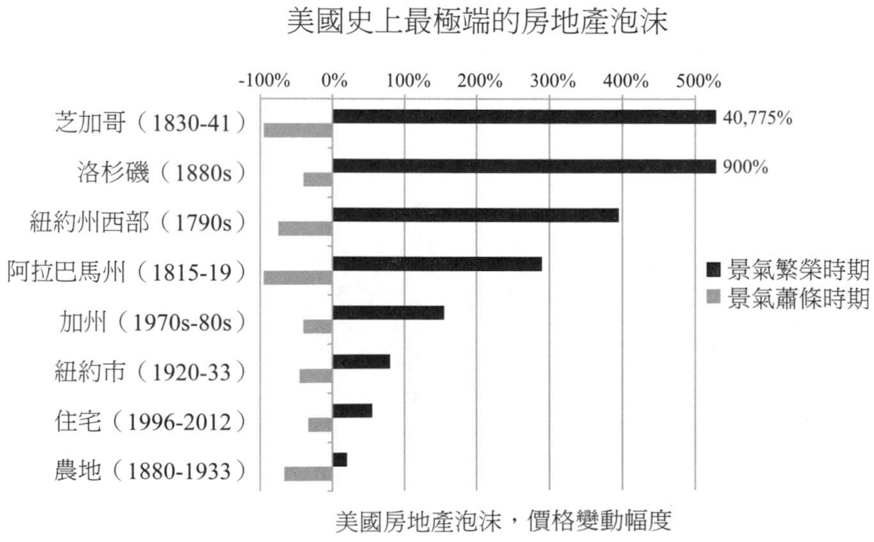

資料來源：《經濟學人》（*The Economist*）2013年4月6日的報導：〈押注房地產〉（Betting the House）

這股餘波持續到一八五七年，在股市和經濟再度有起色之前，又出現另一次蕭條。整個事件導致美國史上最大的一次金融重整，總共持續二十二年，如圖7-2所示。

接下來是南北戰爭前後的鐵路榮景期。鐵路是一八〇〇年代的發展主題，大約從一八三〇年起就進入一波鐵路大榮景期。這些公司是歐美史上首度出現的大型企業。

到一八七三年到一八九六年期間，美國和歐洲陷入長期大蕭條，其中以一八七三年到一八七七年出現的大崩盤最具破壞力。接著是一八八三年至一八八五年出現另一次較為溫和的不景氣，最後一次不景氣則發生在一八九三年到一八九六年。這波大蕭條不像一八三五年到一八四三年或一九三〇年至一

圖7-2 自1700年以來的股價，以對數表示）

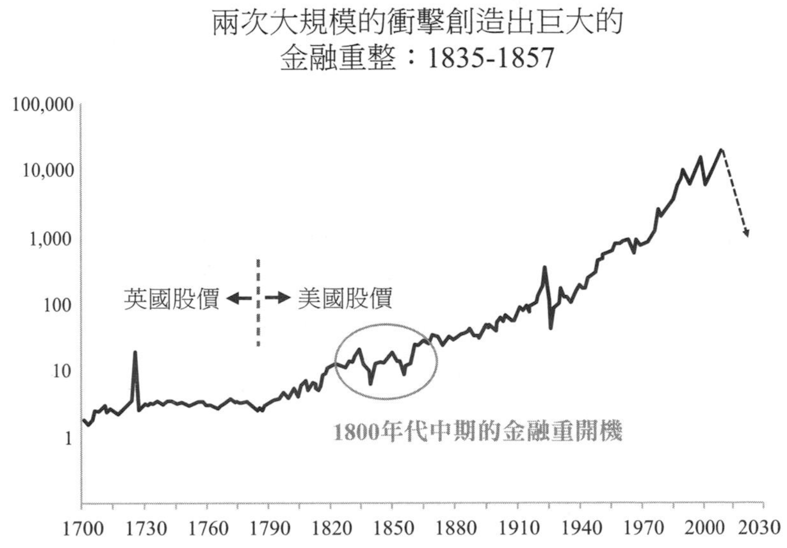

資料來源：羅伯特．普萊克特的《征服崩盤》第33頁、鄧特研究中心

九四二年那樣嚴重，但卻是自一七〇〇年代以來為期最久的大蕭條。

大多數人都沒有察覺到，一八二〇年代在英國發明的鐵路系統最後竟然在美國出現爆炸性的成長。雖然鐵路系統在英國和歐洲刺激經濟大幅成長，但是在北美地區，鐵路系統將整個龐大內陸合為一體，結果一個超級大國由此誕生！

鐵路成為利用商業和股票投機來致富的新方式。跟往常一樣，就在第一條橫貫大陸的鐵路在一八六九年完成後，愈吹愈大的泡沫就破滅了。

鐵路榮景持續到南北戰爭，因為鐵路是戰時物流的骨幹。南北戰爭結束後，美國在一八六八年到一八七三年間，鋪設長達三萬三千英里的鐵路，其中大多是由政府透過土地補助和補貼來籌資完成。每個大泡沫都是因為政府鼓勵而愈吹愈大。

在美國除了農業以外，鐵路成為雇用最多勞工的產業。

從圖7-3可以知道，第一個泡沫從一八五七年開始，在一八六四年和一八六九年之間形成一個雙峰結構（就像女性有多次性高潮高峰！）。第一次嚴重的崩跌發生在一八七三年年底，當時主要投資銀行傑伊庫克金融公司（Jay Cooke & Company）未能出售債券，繼續以高槓桿的方式資助北太平洋這第二條州際鐵路興建。後來這家投資銀行倒閉，也殃及一連串的銀行跟著倒閉和鐵路停擺，並引發裁員潮。

這個事件造成一八七三年的恐慌。紐約證券交易所關閉十天。主要的六十檔鐵路股票在第一年就連續重挫，一萬八千家企業倒閉，一八七八年的失業率上升到將近九%。一八七七年爆發鐵路罷工，嚴重到海斯總統（Rutherford Birchard Hayes）下令動用部隊才結束這次罷工行動。

在恐慌的南海泡沫後所通過實行的「泡沫法案」（Bubble Bill）在一八二五年被廢除，讓投資人可以再次投機，也允許公司公開推銷自家股票。這一切當然導致像一八三五年到一八六九年這樣更大的泡沫。這個情況就像是一九九三年廢除「格拉斯─史蒂格爾法案」

圖7-3　鐵路泡沫

資料來源：亞瑟·柯爾（Arthur H. Cole）與艾德溫·傅立奇（Edwin Frickey）、〈1825-1966年的股價走勢〉（The Course of Stock Prices, 1825-1966）、《經濟學與統計學評論》（*The Review of Economics and Statistics*）、1928年8月第10卷第3期第117至139頁。

（Glass-Steagall Act），剛好允許近期一系列戲劇化的泡沫和銀行槓桿有更誇大的發展。說到泡沫這件事，根本沒有任何事情能阻撓人類偏好泡沫的天性。如果你允許，人們就會投機。

這波蕭條持續到一八七八年之後，景氣受到影響，而且在一八八三年到一八八五年間還出現輕微的蕭條和崩盤，到了一八九三年到一八九六年又發生相同情況。一八九六年時，消費者物價指數終於達到長期的谷底，也就是五百年通貨膨脹／通貨緊縮週期（500-Year Inflation/ Deflation Cycle）的最低點。

從一八九七年到一九二〇年，鐵路繼續繁榮並成為主流，乘客里程數和營收都達到頂峰，標示出創新週期轉入趨緩階段（我會在第十二章分享更多關於這個週期的細節）。

一九二九年至一九四二年大蕭條

由於運河和鐵路等創新技術的出現，然後汽車、電力和電話進入初期爆發階段，帶動經濟成長，讓美國成為世界上領先的成長引擎，不久之後，美國就出現史上最嚴重的大蕭條。（中國在最近幾十年一直採取更加激進和大規模的擴張，最後也會以災難收場，我會在第十八章詳述這個部分。）

美國不僅在一八七〇年代之後超越英國的基礎創新，為世界帶來像電話、內燃機、電力、福特T型車和裝配線，也因為第一次世界大戰期間歐洲人大規模移居美國而受惠。事實上，那場戰爭讓美國迅速成為眾所矚目的焦點。

飽受戰爭摧殘的歐洲大陸需要美國新發現的農業能力和工業能力。所以美國迅速擴張以滿足那些需求，並成為那個時代的中國（當然，你也可以把現在的中國，當成是**那個時代**的美國）。

那場戰爭導致通貨膨脹急劇增加和商品價格暴漲，當戰爭結束時，兩者都崩跌，進入一九二〇年至一九二二年的深度衰退。這實際上是一個輕微的蕭條，伴隨著通貨緊縮，商品價格崩跌，如同我提出三十年原物料商品週期的預測，也很類似二〇〇八年至二〇〇九年看到的情況（更多細節詳見後續說明）。

但是原物料商品週期走下坡，無論程度大小，都不會導致價格大幅收斂或蕭條。但是房地產崩盤會輕而易舉地導致景氣步入蕭條！

後來，即使歐洲恢復產能並加入全球競爭，美國仍然持續擴大農業和工業生產力，這樣做根本沒有生意頭腦！因此，大蕭條隨即出現。不幸的是，這是人類的另一個天性：一旦我們開始成長，就不知道何時收手。我們只懂得更努力和迅速地推動成長，直到我們做過頭，最後一切就在我們眼前崩壞。

讓大蕭條會具有如此毀滅性的一大原因是，一九一三年年底成立的聯準會。諷刺的是，聯準會的設立就是為了解決從一八三五年到一八九六年間的低利率，以及此起彼落的經濟蕭條週期。哈！真是天大的笑話！

在此值得注意的是，在一八三六年到一九一四年間，並沒有中央銀行存在。第一個中央銀行是由亞歷山大．漢密爾頓（Alexander Hamilton）設立，在一七九一年到一八一一年運作。第二個中央銀行則是從一八一六年重新運作到一八三六年。特許期失效後就沒再發執照。到了一九一四年，美國政府認為，從一八三五年到一八九六年一連串的蕭條就是因為沒有中央銀行穩定利率週期，譬如以現今的狀況來說，人們對自由市場的不信任，認為政府可以對自由市場做更好的管理（中國即為一例）。沒有人想要自然調整和再平衡所產生的痛苦，大家只想要價格一飛沖天。所以究竟我們什麼時候才會學乖？

正如所有中央銀行一直以來的作為，聯準會設法藉由降低利率和保護銀行，來對抗不景氣。中央銀行要減輕發生自然衰退時所帶來的影響，結果卻在過程中造成更大的失衡，並且更加助長股票市場和房地產市場的投機風氣。最後，聯準會只是透過設法由上而下地過度管理經濟，創造出一個更大的蕭條和波動。顯然一切根本沒有什麼改變。

因此，我們看到咆哮的一九二〇年代，工資並沒有跟著大幅成長，但是投機風潮高漲，特別是在股票、農地和機器設備方面。

咆哮的一九二〇年代不僅僅只有汽車泡沫，由於拖拉機的問世，最終也形成農地泡沫！拖拉機的問世，在農地價格和農場設備借貸上製造出泡沫，當那個泡沫破滅時，就引發大蕭條。

一九三〇年代的崩盤首先襲擊股市和福特、通用等汽車公司（見圖7-4）。然後，這股風暴席捲房地產，尤其是仍有六成人口居住的農村地區，結果每個人和地區銀行都受到波及。

大蕭條代表美國史上債務和生產力進行最大的排毒。而且也為後續的最大榮景奠定根基。

第二次世界大戰和大量生產／裝配線革命

圖7-4 道瓊泡沫和大蕭條中的崩跌

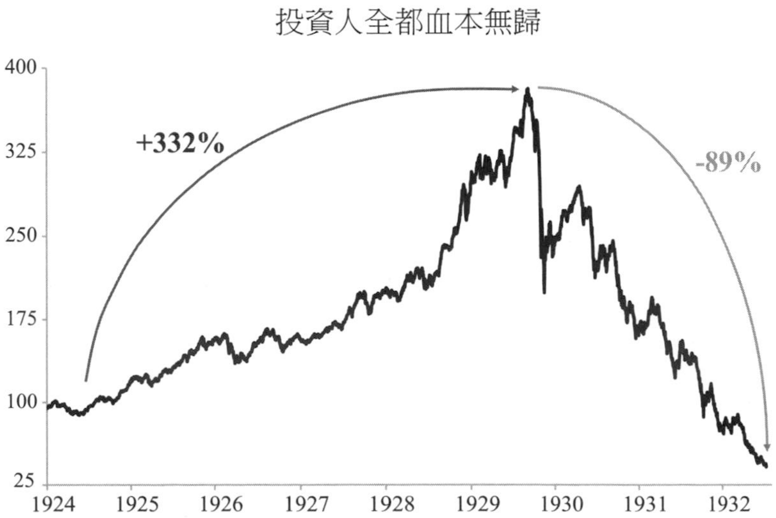

資料來源：彭博資訊

造就第一個中產階級的出現，也讓景氣在一九四七年到二〇〇七年間呈現一片榮景。其中只有一個簡短時期例外，就是鮑伯·霍伯世代從一九六九年到一九八二年開始減少消費，以及嬰兒潮世代開始進入職場，創造前所未見的通貨膨脹，並持續到一九七〇年代後期的時候（經濟週期的夏季），而這樣的中斷意外是可以預測的。

美國從大蕭條中脫身，繼一八〇〇年代的大英帝國之後，成為最偉大的國家和世界領袖。為什麼？因為苦難挫折只會讓你愈挫愈勇！當初美國並沒有像現這樣掩飾債務，也沒有像今天這樣出現人口趨緩的狀況。相反地，我們去除掉大部分的民間債務，也允許銀行和公司倒閉。這是讓金融體制進行一場大規模的排毒，讓金融體制最後能更有效率也更有實力。

而且，我們看到令人難以置信的嬰兒潮泡沫（見圖7-5）。

我會在第十四章更詳細地談論這個泡沫世代，但我會在這裡提到這個世代，是因為他們在我們現今的處境中扮演重要角色，也在泡沫史上占有一席之地。

如果計算現在和出生在同一週期的大規模移民潮，你會發現短短二十八年就有一億零九百二十萬人出生！這是前所未聞的驚人盛況。

嬰兒潮世代像是在蟒蛇身體裡移動的一隻豬，把周遭的一切都扭曲了。這些嬰兒潮世代長大成人、開始找工作、生兒育女、到現在開始陸續退休，對一九九五年起我們目睹到的眾多泡沫發揮重要作用。而且，這些泡沫最後勢必會破滅。這個世代注定會因為人數龐大而成為一個泡沫世代。

這可是這個世代肩上所扛起的一大負擔。我們可以跟許多人一樣憤怒地反抗他們，或是感謝他們為我們製造出這輩子最好的投資機會（我決定做這樣的人）。

第十五章我會討論史上最大債務泡沫，也就是我們所有人正在經歷的這個泡沫，我會解釋中央銀行的角色，如何製造出我們目前深陷的混亂。所以，我怎麼能不怪罪嬰兒潮世代呢？

原因很簡單，正因為他們的人數扭曲經濟，包括醫療保健、社會保障、就業狀況等等。當他們以大規模的人數喝著飲料欣賞日落

圖7-5 嬰兒潮榮景

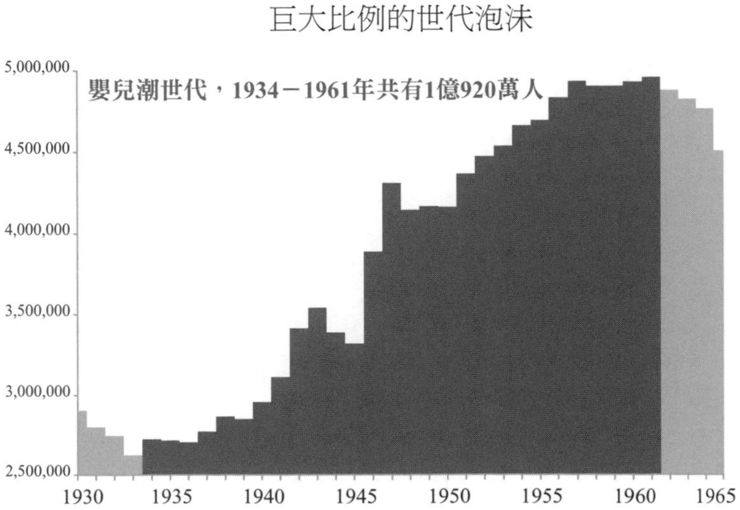

資料來源：美國人口普查局，國家衛生統計中心

時，他們正在吸乾經濟支出的血液！

不僅如此：嬰兒潮世代的成員正在領導聯準會和其他國家的中央銀行。而這些組織只是以它們可預測的模式，對這個世代創造的趨勢作出反應。他們一直指引我們朝天堂和地獄前進。所以廣義地說，這個世代持續對我們的世界烙印標記。

然而，那些都是泡沫的所作所為！

第八章

一九九〇年代之後形成的泡沫

日經指數在一九八九年達到將近三萬九千點的高點，然後在一九九二年年底重挫六二％到二萬四千點附近。接下來則是一個強勁卻短暫的反彈。

我在《我們的預測能力》中預測日本將在一九八九年開始長期衰退。當時大家都把我成瘋子，直到我的預測真的發生了！

日本的房地產市場跟隨股市的腳步在一九九一年達到頂點。然後，房價崩跌六〇％以上，此後再也沒有回到以前的水準，到現在也已經過了二十五年（見圖8-1）！

日本房價在一九九一年達到高峰，這個時間點確實跟日本人在四十二歲換屋消費的高峰一致（要記住，這個換屋高峰的年齡會因為不同國家、不同世代出現一或二歲的差異）。

後來，日本景氣一直走下坡。在已開發國家中，日本是負債中的退休之家。日本沒有人口成長或未來可言，只有逐步衰退。可悲的是，日本正在衰亡。

隨後而來的是從一九九五年到二〇〇〇年年初的高科技及網路泡沫。從泡沫達到的高點和引發的損失等紀錄上，這個泡沫真足以媲美以往的南海泡沫。更詳細的圖示見圖8-2。

那斯達克指數從一九九四年年底的七百五十點漲到二〇〇〇年三月的五千零五十點（漲了六・八倍），接下來急跌到二〇〇二年十月的一千一百點（等於跌了七八％）。

網路股的指數則是上漲九倍，後來下跌九二％。

圖8-1　日本房地產泡沫

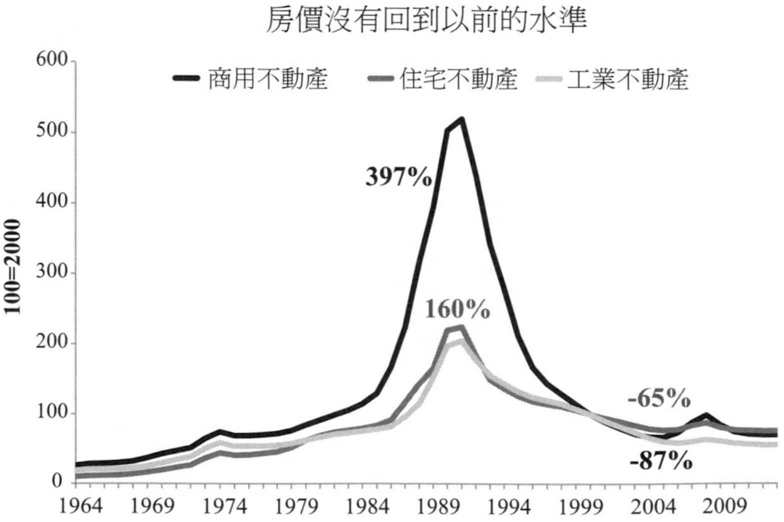

資料來源：日本土地學會（Land Institute of Japan）

　　讓這個泡沫愈吹愈大的原因是，嬰兒潮世代的消費在一九九〇年代達到甜蜜點（sweet spot，我在一九八〇年代末就預測到），以及網路、手機和寬頻出現S型曲線（S-curve）成長，並成為經濟體系主流（這很像前一個秋季榮景期，也就是一九一四年到一九二八年，當時汽車、電力、電話和收音機也迅速成為主流）。

　　一九九〇年代會成為美國史上最大的榮景期，這一點其實可以事先預測到，只要檢視可預期的人口趨勢、技術創新週期，以及S曲線的進展預測就能得知。但是經濟學家不會親力親為分析這些消費基本面，他們並不認為這些因素跟政府政策的複雜性同樣重要。這就是為什麼他們無法察覺到史上最大

圖8-2　那斯達克指數泡沫，1995-2003年

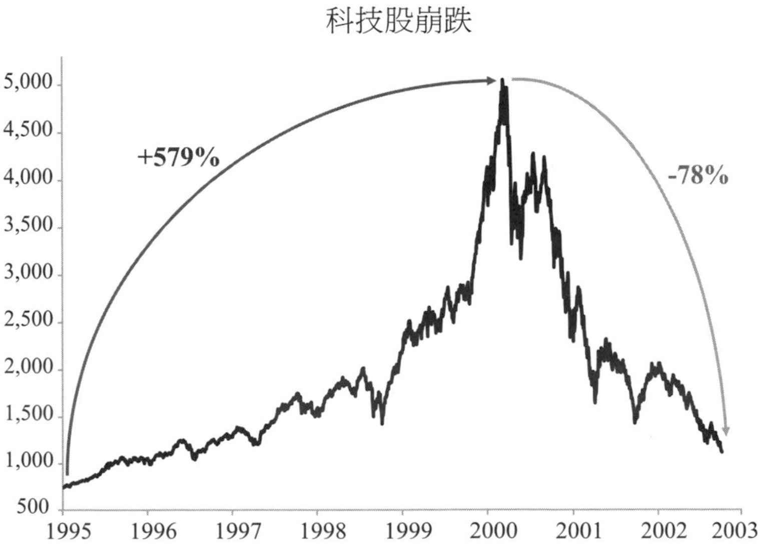

資料來源：彭博資訊

的榮景，現在也無法認清最大泡沫即將破滅的原因所在。

在科技股遭到懲罰般的崩盤後，美國房地產市場形成一個泡沫，並在二〇〇六年年初達到頂點（我在二〇〇五年年底時就預測到會出現這種情況）。

然後，房價在計入通貨膨脹後，一路跌到二〇一二年年初，跌幅達三六%（見圖8-3），超過我們在大蕭條中所目睹的情況（當時房價跌幅為二六%）。

我們已經從歷史上看到房地產的榮景與蕭條，以及偶爾出現的泡沫。在第二次世界大戰後，兩個一次性的趨勢在房地產市場引發前所未有、看似接連不斷的價格激增。

圖8-3　美國計入通貨膨脹後的住房價格

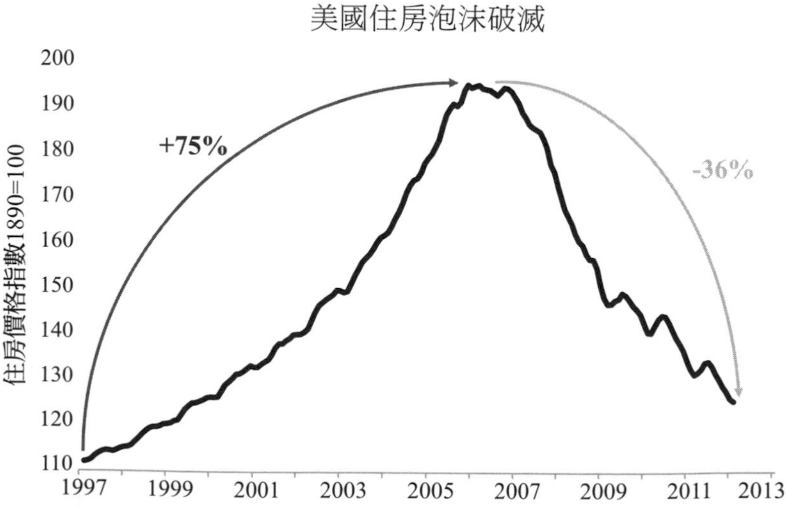

資料來源：羅伯特·席勒（Robert J. Shiller）《非理性繁榮》（*Irrational Exuberance*）第二版之圖2.1與《次貸解方》（*Subprime Solution*），作者在2008年更新該書數據。

第一個趨勢是現代史上第一個中產階級，這些人從戰場中回來，利用「美國軍人權利法案」（GI Bill）的支持，以長期抵押貸款購買自用住宅。這項利多讓他們可以購買更大面積的新房子。

另一個趨勢是，從一九七〇年代後期開始，嬰兒潮世代由於本身史無前例的驚人人數，而讓自用住宅購買趨勢受到扭曲。

值得注意的是，自從第二次世界大戰以來，房地產似乎是一個持續不斷增值的資產。但就歷史來說，事實絕對不是這樣。計入通貨膨脹後，你可以清楚看到，房地產並不像大家所想的那樣可以致富。

鮑伯·霍伯世代是第二次世界大戰後出現的第一個中產階級，他們利用「美國軍人權利法案」的一點協助，以長期抵押貸款購置家園。然後，跟隨在他們這波繁榮後的是迅速竄起且規模龐大的嬰兒潮世代。

因此，從一九四七年到二〇〇五年，房價似乎只漲不跌，但是土地並沒有增加。所以，嬰兒潮世代對於第二次世界大戰以前房地產市場典型的榮枯交迭情況並沒有實際的理解。其實，在計入通貨膨脹後，房地產並非可以增值的資產。

現在，房地產市場已經形成第二個小泡沫，並在曼哈頓、舊金山和南灘等地形成一個新的大泡沫。這些泡沫最後也會破滅，更重要的是，這些泡沫絕不可能讓房價以嬰兒潮世代在二〇〇五年前的方式飆漲。

隨著嬰兒潮世代的龐大人口退休及老去，房地產市場將供過於求，這種情況會一直持續到二〇三九年。

這就是為什麼日本房地產市場從未見起色，就連人數較小的千禧世代進入房地產買賣週期時也不見好轉，因為房地產已經跟以往截然不同，誠如我在前一本書《二〇一四—二〇一九經濟大懸崖》第三章所做的解釋。

房地產泡沫首先出現在日本，然後出現在美國和世界各地，但是沒有任何房地產泡沫能跟中國的房地產泡沫相比。像上海等主要城市的房價從二〇〇〇年以來增值五八七%，最近房價還在大幅上揚，簡直就是泡沫即將破滅的前兆。我會在第十七章更詳細討論中國的泡沫，包括中國房價的瘋狂飆漲。

但現在我們先看看中國股市最近的泡沫，這是中國官方無法以造假的統計數據來隱瞞的事實。

中國股市如圖8-4所示，這是新興市場泡沫的縮影，也比一九九〇年代發生的科技股泡沫威力更強。上海綜合指數在短短兩年內飆漲近六倍到六千點，然後只在一年內，到二〇〇八年年底就崩跌七〇%。泡沫崩跌的速度往往比泡沫形成的速度快上一倍！

中國股市崩盤後到二〇一〇年二月為止只是溫和上漲，並在二〇一三年年中又跌回二〇〇八年的低點附近。

既然中國的經濟成長率高達八%至一二%，中國股市怎麼可能表現得那麼糟？還是那句老話，答案就是：中國從以往到現在，所有東西都過度興建，而且官方統計資料向來並不可靠。

中國的股票市場透露所有真相，股市溫和反彈到二〇一〇年二月後，一路下跌到接近二〇〇八年的低點。

在二〇一五年年底，中國股市再次出現泡沫，這次因為政府鼓勵投機操作，抵銷走勢趨緩的房地產市場，結果股市在短短一年內就上漲一五九%。後來股市在幾個月內崩跌四五%，很像道瓊指數在一九二九年年底時第一次崩盤的情況。

圖8-4 上海綜合指數

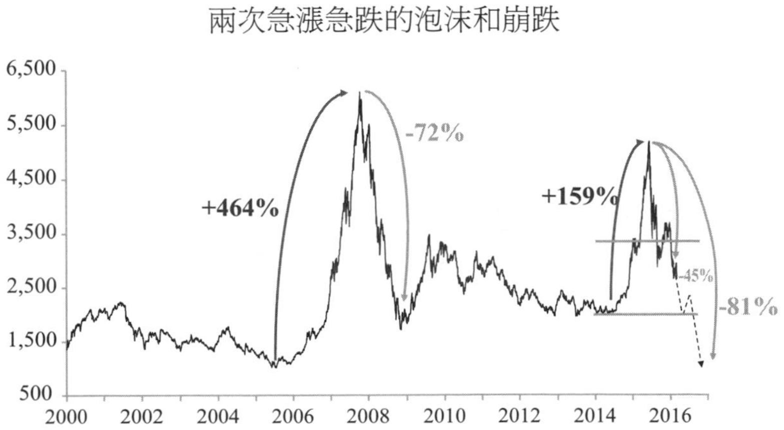

資料來源：雅虎財經

商品和債券的泡沫狂熱

根據CRB期貨價格指數（Commodity Research Bureau Futures Price Index），原物料商品價格顯然是下一個達到高峰的泡沫。這類泡沫第一次崩跌是在二〇〇八年三月，然後第二次是在二〇一一年四月下旬。原物料商品是最容易出現泡沫的行業。

石油從二〇〇一年年底的每桶十八美元，一路飆漲到二〇〇八年年中的一百四十七美元，漲幅高達七一六％。

然後在短短四個半月內，石油價格崩跌七八％。我從來沒有見過泡沫後期，價格如此迅速飆漲與崩跌的情況！

以整個原物料商品來說，在二〇〇八年價

圖8-5　CRB期貨價格指數

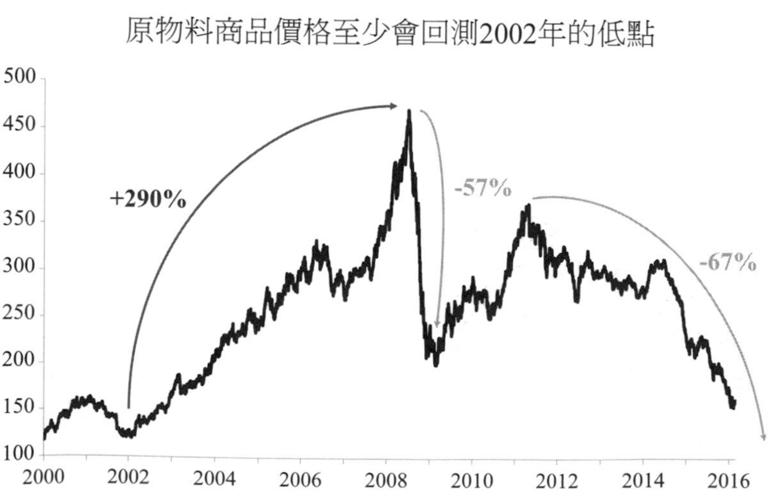

資料來源：彭博資訊

格第一次崩跌後，就出現艾略特波浪理論（Elliot Wave）中的「B波」[1]，也就是出現空頭市場反彈，這波反彈到二〇一一年，接下來則是持續崩跌。

原物料商品下跌在新興國家創造一個出口減少和獲利降低的惡性循環，因此導致中國的出口金額屢創新低。

白銀價格在那個週期達到四十八美元的最高價，跟一九八〇年那次泡沫的最高價相當接近。鄧特研究中心在二〇一一年四月下旬、白銀價格創下四十八美元最高價的當天，就建議賣出白銀和黃金。

黃金是下一個抵達高峰的大泡沫（見圖8-6）。

由於世界各國持續加碼印鈔，促使金屬市場大漲，不過到二〇一三年年中，隨著通貨膨脹率持續回落到一%的溫和水準，黃金也開始露出敗象。這也進一步印證我長期以來的觀點：印鈔票無法在經濟寒冬時製造顯著的通貨膨脹，因為此時債務持續去槓桿化，通貨緊縮也持續緊縮。

誠如我對空頭市場即將出現反彈的預測，黃金價格在二〇一六年年中開始飆漲，但這波漲勢過後可能會再次穩步下跌。

1 艾略特波浪理論是由勞夫・尼爾森・艾略特（Ralph Nelson Elliott）提出，他是一名退休會計師，研究華爾街股市七十五年間股價變化，發現股價在一個完整走勢中會呈現固定如波浪般的八個波段的走法，走完八波段又來一個八波段，不斷循環。

黃金價格在二〇〇一年至二〇一一年間上漲六七四％（六．七倍），然後崩跌到二〇一六年一月的一千零五十美元低點。

這個泡沫直到二〇〇五年年底才開始醞釀，接著在六年內價格呈現指數成長，飆漲至四．八倍，成長三八〇％。所以，這個泡沫破滅後，價格還有更大的下跌空間。事實上，我預測在二〇一七年年中或稍晚，黃金價格會跌到每盎司七百美元左右。

最終，黃金甚至可能在二〇二〇年至二〇二二年，也就是三十年商品週期再次反轉時，跌到四百美元。在最壞的情況下，黃金價格可能跌回上一個泡沫後的低點，也就是二〇〇一年的二百五十美元。然後在新興國家的帶頭下，黃金價格才會再次見到長期榮景。畢竟，新興國家是黃金和原物料商品的主要消費者，而且在下一波全球榮景中，他們

圖8-6　黃金泡沫

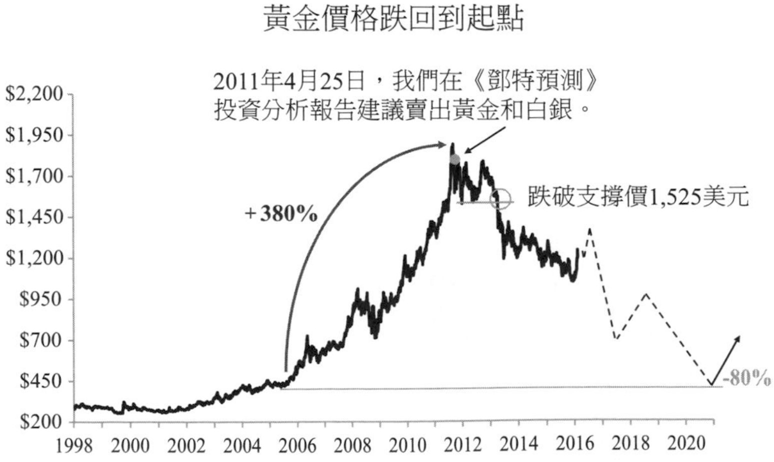

資料來源：彭博資訊

將完全主導人口趨勢。

還記得一九八〇年黃金曾飆漲到八百四十美元嗎？當時很多人也預估黃金將漲到五千美元？這種說法就是典型的泡沫邏輯，而且近幾年來，我們也聽過類似的大膽推測。不過，那種情況不會很快發生。在下一個三十年原物料商品週期的高峰，黃金甚至可能創造每盎司三千美元的價格，但那將是二〇三八年至二〇四〇年左右的事，那時你早已不在人世！

在我們繼續講下去之前，我們先來看看最後兩個泡沫。

第一個泡沫是HYG，這是追蹤高收益債券的ETF指數（見圖8-7）。HYG在二〇一三年五月達到九十六點左右的高峰。我們在《鄧特預測》投資分析報告明確建議賣出。

圖8-7　垃圾債券

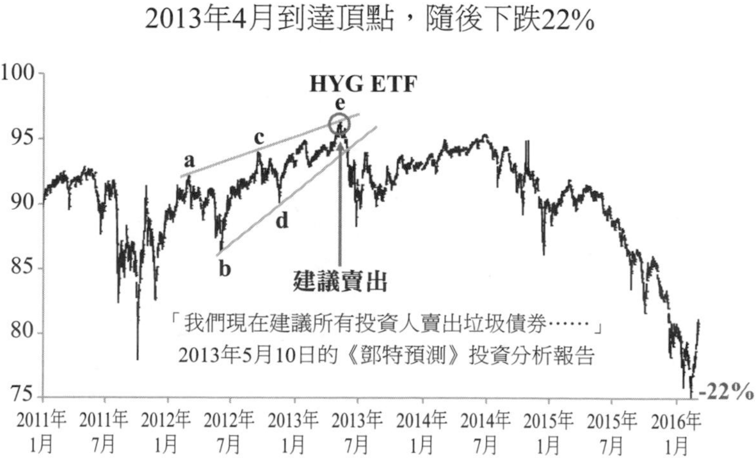

資料來源：雅虎財經

第二個泡沫是最後一個抵達高峰的泡沫：全球股票。全球股票很可能在二〇一五年年中達到頂峰。

如圖8-8所示，美國股票市場呈現一個所謂的喇叭口型態（Megaphone Pattern）[2]。你可以看到，這個泡沫的高點愈來愈高，而低點也愈來愈低。

我會在第二十章更詳細討論這個泡沫。畢竟，這個泡沫即將帶給我們這輩子最好的投資機會。

現在，我預期道瓊指數將在二〇一七年年底下跌到五千五百點附近，也就是這個喇叭口型態的下降趨勢線。

如果再還原一九九四年年底開始的泡沫走勢，那麼道瓊指數最終在二〇二〇年初到二〇二

圖8-8 道瓊指數呈現喇叭口型態

資料來源：雅虎財經

二年底跌至三千八百點，甚至更低。只有在那之後，當我們轉入經濟週期的春季，在這個成長季節，人口趨勢才會再次轉回上升趨勢。

歷史告訴我們什麼

現在，你應該很清楚，一旦趨勢呈現指數型態，最終就會達到高峰，然後崩跌。這種情況一旦發生了，泡沫破滅後往往會回歸原先的起點。

黃金價格從二〇〇五年開始呈現指數成長型態，從四百美元起漲。因此四百美元是最可能的底部價位。那意謂著，從二〇一一年年底的最高點下跌七九％。一路崩跌到上次泡沫的低點二百五十美元也是可能的，這表示黃金價格最終將崩跌八七％。

長期多頭行情典型的修正幅度在五〇％至六〇％，這就像一九六八年至一九八二年我們看到的情況。但是當泡沫榮景達到高峰，譬如一九二九年或二〇一五年，或是一九八九年的日本、二〇〇一年的黃金價格和二〇〇八年的石油價格，這類修正幅度往往在七〇％到九〇％！這就是為什麼

2 這是在股價或指數走到相對低或高水位，特別是除權過後，經常會出現的一種型態，通常與股市急轉直下有關。

在我的預測事業生涯中，現在我會比以往任何時候更加小心謹慎。

這也是為什麼我一直懇請讀者和投資分析報告的訂戶，趕緊出脫目前持有的被動投資。誠如羅斯柴爾德爵士（Baron Rothschild）被問及如何累積龐大財富時說：「我總是早一點出場。」

從我跟大家分享的所有圖表與泡沫中，你可以看出泡沫破滅後，急速崩跌發生得很快，快到讓你沒有時間反應，也沒辦法毫無損失地安然出場。

在這種環境下，你唯一的指望是遵循一個經過證明的有效策略，譬如鄧特研究團隊經過多年研究和回測數十年資料所發展出的一些策略。你可以造訪HarryDent.com網站查詢這些細節。

至於你目前持有的被動投資，譬如401(k)退休金帳戶，請遵照經過證實的穩健配置策略，這可以讓你可以安心投資並避開風險。這正是我們發行《鄧特401K顧問通訊》（*Dent 401K Advisor*）的目的。

日本股市泡沫從一九八九年年底破滅後，股市持續崩跌到二〇〇九年年初，跌幅高達八〇%。主要的下跌發生在泡沫剛開始破滅至一九九二年年底。

美國股市泡沫從一九二九年年底開始破滅，到一九三二年年中下跌八九%！剛開始下跌的三個月就崩跌四二%！

那斯達克泡沫從二〇〇〇年年初到二〇〇二年年底破滅，迅速崩跌七八%，而且至今看來還不可能觸底。剛開始下跌的三個月就崩跌四二%。

整體的原物料商品泡沫在二〇〇八年年中達到高峰，到二〇一六年一月已經下跌七〇%。顯然還有進一步下跌的空間，在這個週期結束前，最終將會下跌八〇%以上。

至於中國股市泡沫，上海綜合指數就在短短兩年內，到二〇〇七年年底上漲五七〇%。然後只花一年時間，到二〇〇八年年底就崩跌七〇%。這是石油價格在二〇〇八年崩跌以來，第二個最極端的泡沫。中國股市的第二個泡沫在二〇一五年達到高峰，接著在開始崩盤的前三個月就重挫四五%，情況就跟一九二九年道瓊指數崩盤一樣。

投資界和商界瞬息萬變，繼續閱讀後續章節，你不僅會發現如何預測下一個崩盤，也會知道如何善用這輩子最好的投資機會。

不過在繼續往下看之前，還有很多泡沫不是金融資產泡沫，譬如就學貸款泡沫和學費通貨膨脹泡沫，或是現在似乎因為歐巴馬健保（Obamacare）而被誇大的醫療成本泡沫。另外，兒童照顧成本則是影響年輕千禧世代的另一個泡沫。

圖8-9顯示在美國經濟中，哪些類別的通貨膨脹率遠高於消費者物價指數的平均值。我在圖3-3分享過一個類似圖表，但這次我將兒童照顧這個類別加進來。

可以看到，就學貸款泡沫已經激增到高達一兆兩千三百億美元，其中有將近一兆美元是從二

○○三年年初開始累積的。政府支持就學貸款只會讓教育泡沫繼續膨脹，也讓更多年輕人無力負擔。

在繼續討論第九章以前，我還有最後一個評論：大多數經濟學家都沒有發現學費、就學貸款、兒童托育或醫療保健等泡沫，其實跟股票、房地產和原物料商品等金融資產泡沫相似。他們真是目光短淺，又愚蠢至極。

沒有哪一個產業的上升力道能夠永遠比平均值快上許多。上述這些都是泡沫，當引發泡沫的需求壓力和特殊利益經歷二○一六年到二○二二年的大蕭條和通貨緊縮時，泡沫就會破滅。

屆時，醫療保健費用的降低將讓逐漸老化的嬰兒潮世代在財務負擔上鬆一口氣。

圖8-9 教育、醫療保健、兒童照顧成本與消費者價格指數比較

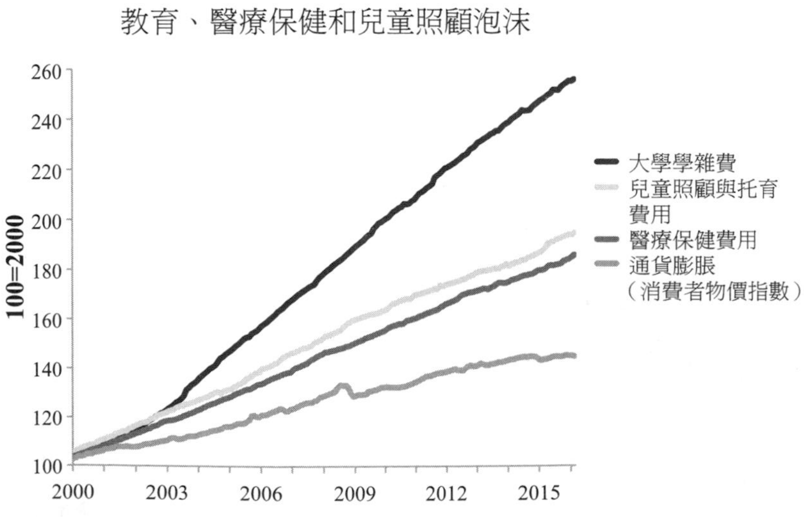

資料來源：勞工統計局

教育和托兒費用的下降則大大減輕年輕千禧世代的負擔。

重開機這輩子只會發生一次，原因是在長期榮景最後階段創造出極大的泡沫和失衡後，才能恢復健全運作與平衡。為了讓我們得以再次成長和創新，這種修護期是必要的。但是，如果你沒有認清泡沫終將破滅，你還是會蒙受慘痛的損失。

景氣蕭條如同某種結束：「暫停是為了養精蓄銳，重新奮起。」

其實，現在我們不管到哪裡，泡沫都無所不在。為了探討我率先提出的泡沫模型的細節，讓你可以比別人更早認清泡沫的發展，建議你上HarryDent.com/freegift這個網頁，下載贈送給本書讀者的文章。

圖8-10　就學貸款泡沫

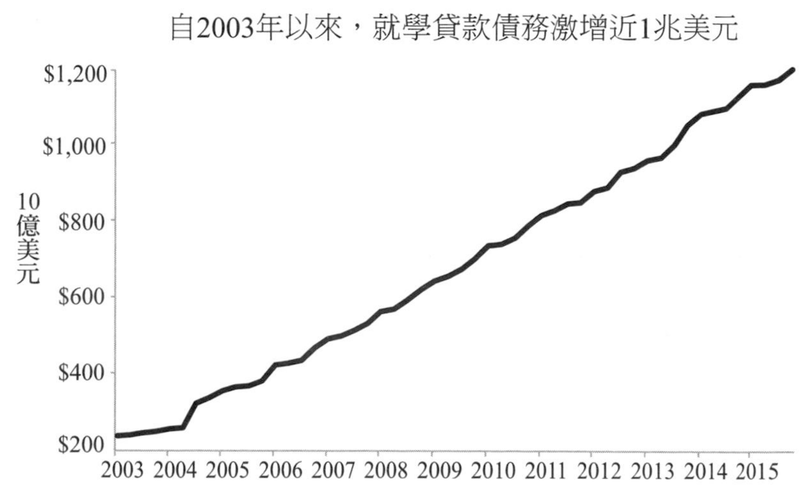

資料來源：紐約聯邦準備銀行

第三篇

我們的預測能力

第九章
如何預測泡沫破滅時間

對大部分人來說，未來的基本特徵是不確定。大部分經濟學家和投資人基本上都假設經濟、乃至於人生都屬於未知，在這樣的條件下，他們得出結論並做出決定，這讓我想起矇著眼睛玩釘驢尾巴遊戲的小孩。

想像一下，如果你是個農民，卻不能相當準確的預測四季，結果會怎樣？想像你懷孕了，卻不知道嬰兒什麼時候會出生，結果會如何？或者想像你是個漁夫，卻不能預測潮汐或天氣，會有什麼結果？你的農民、漁夫生涯一定不會長久！

想像你可以看穿將來。

想像因此可以獲得什麼優勢！

事實上，你絕對可以看出即將來臨的事情，而這一章就要教你怎麼預測。我也在這裡投注熱情，這是我每天一大早就起床、半夜才睡覺的原因。我（和鄧特研究公司團隊）的目標是繼續找出可靠的指標，提供指引未來的路標，讓你可以用來作為所有投資決策的基礎。

從本書一開始就一再告訴你，歷史會**自行**重演，儘管總會有些新的不同，例如各國央行史無前例的大印鈔票，希望阻止不可避免卻有必要發生的經濟寒冬，這只會創造更大、將來會嚴重破滅的泡沫。

洞悉接下來什麼時候會發生什麼事情的祕密，藏在對週期和人類行為的預測力量中！這是我過去三十年來煞費苦心，發展四大重要週期分級的原因。我對週期十分入迷，研究和監看的週期種類很多，但是有些可以正確使用，有些不行，我把可以正確使用的週期稱為「最少數、最適當」的週期，這些週期可以用來解釋會影響你這輩子生活、事業和投資的關鍵趨勢。

使用太多週期就跟沒有週期一樣，會讓你變得盲目，但使用太少週期則會錯過一些重要的東西。

但是我已經發現最適當的使用方法，有四種週期可以完美搭配，只要有這四種週期，就可以看清楚美國等已開發國家的全貌。

過去三十年來，發展這種週期分級一直是試誤的過程。要是碰到用四大週期無法預測的事情，我會尋找原因，發展新的解決之道，以便更精確的預測市場和經濟。

到今天我還是這樣做，我的研究可以持久，而且我會不斷創新，希望讓你這樣的讀者或我的投資分析報告訂戶，得到更好、更有用的資訊。

古人說的好：知識就是力量。

如果知道即將發生什麼事情，就可以靠很多方法投資賺錢，如果你知道這輩子最好的投資機會即將來臨，就可以從中得到最大的優勢！

簡單的說，週期可以協助你看出泡沫什麼時候最可能出現，什麼時候最有可能以驚人的方式破滅。

這裡就簡單說明我用來預測已開發國家的四大週期分級（見圖9-1，請注意，預測開發中國家的週期分級會稍微修改）。

你可以清楚看出，在右邊第三支灰色柱子中，我說的**四大週期現在都走在下降的階段**。

這種殊途同歸的情形很罕見，上一個世紀只出現過兩次（請見另兩條灰色柱子），第一次出現時，我們遭到大蕭條的摧殘（一九二九年年底到一九三二年）；第二次出現時（一九六九年到一九七五年），我們經歷了一九二九至一九三二年以來最嚴重的股市崩盤和經濟大衰退，還碰上石油危機！

你可以從圖9-1中看到，我們還要再經歷好幾年的市場和經濟大動盪，然後才會看到帶來希望的好時光。這是為什麼四大週期同時走低時值得注意、同時上揚時更值得注意的原因。我們在「上揚」階段裡，會看到市場與經濟繁榮發展，一九八九年到二〇〇〇年就是個好例子。從週期告訴我們的東西中，可以預期二〇二三年到二〇三六年是另一次繁榮期間，只是因為沒有人口趨勢的激勵，美國的繁榮不會這麼強勁。

但是現在我實在操之過急，我先後退一步，好讓你看出為什麼我這麼相信這些週期，而且為什麼你也應該要相信。

下面依照我發現各種週期的順序，說明我目前所用週期分級中的四大週期：

圖9-1 總體經濟週期的分級

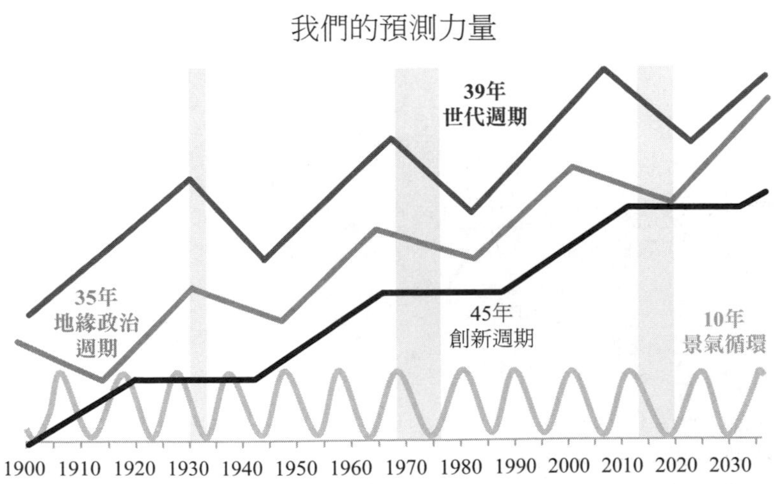

資料來源：鄧特研究中心

- 三十九年的世代消費潮（39-Year Generational Spending Wave）；
- 三十四至三十六年的地緣政治週期（34-36-Year Geopolitical Cycle）；
- 八至十三年的景氣循環（8-13-Year Boom/Bust Cycle）；
- 四十五年的創新週期（45-Year Innovation Cycle）。

我們要詳細研究每一個週期。

世代消費潮是終極領先指標

我在一九八八年發現世代消費潮，這是二十世紀一個為期三十九年的週期，用來追蹤一個新世代消費增加、趨穩，以及年老後的消費減少。股市則在一九二九年、一九六八年和二〇〇七年，在計入通貨膨脹後，出現主要的長期高點，剛好間隔三十九年。

想知道世代消費潮長什麼樣子，只要把出生指數向後平移四十六年（計入移民後）。大部分人在四十六歲時的消費支出都會到達高峰，因為他們大約在四十一歲已經買下這輩子所擁有最大的住宅，也已經協助子女完成中學、甚至大學的教育，進入廣大的社會。接下來的數字是以嬰兒潮世代為準（見圖9-2）。

對鮑伯．霍伯世代而言，消費高峰在四十四歲時出現，因為平均來說，他們結婚比較早，念書的時間也比較短。對千禧世代而言，消費高峰可能在四十八歲出現。各國的消費高峰年齡也不同，我前面提過，日本的消費高峰為四十七歲。

這種週期強而有力，足以讓人預測到二〇〇七年的空前繁榮和泡沫。我回頭測試這個高峰時，「預見到」一九五〇和一九六〇年代的繁榮、一九七〇年代漫長的衰退和通貨膨脹危機，這是因為人口統計學會讓我們可以提前很久就能預測通貨膨脹趨勢。

人口分析是我的代表作，這是我在經濟和投資分析師圈中最出名的地方，所以我要跟你

圖9-2 計入移民後，消費高峰延後出現

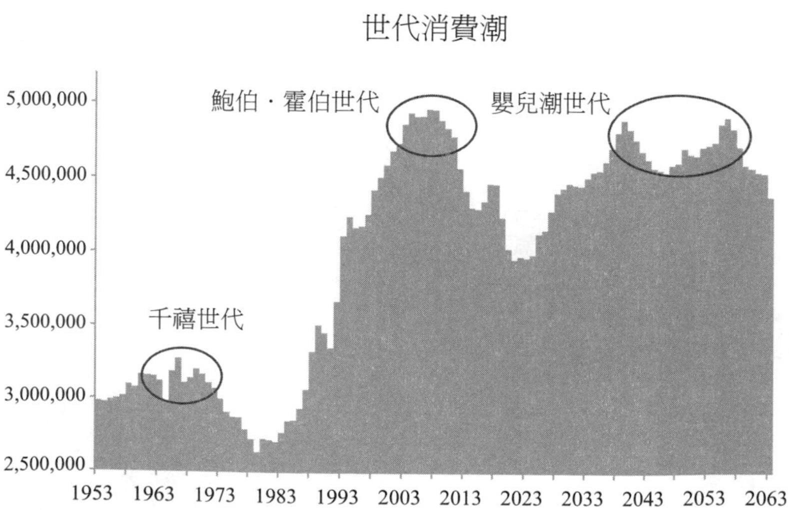

資料來源：鄧特研究中心、美國人口普查局、彭博資訊

分享過去三十年裡我學到了些什麼。

嬰兒潮世代的消費趨勢

真要了解廣泛的經濟趨勢，就必須認清：新世代消費者大約在二十歲左右加入勞動力，然後花更多錢在撫養家人、買房子和汽車等財產。

人口趨勢的最高潮在平均消費升到高峰的時候，這時迎來一九八三年到二〇〇七年經濟崛起，然後從二〇〇八年開始放緩，持續到二〇二〇年經濟趨勢開始走平，到二〇二二年年底觸底，接著再度翻升。

但是全世界的經濟學家看到歷史上最大的世代到達消費高峰時，根本置之不理，也不了解在最先進國家中，超大世代之後出現較小的世代可能會產生什麼影響。

這裡就來看看已開發國家在自身人口趨勢的影響下，會碰到什麼狀況（見表9-1）。這張表可以讓你大致了解全球狀況，不至於埋頭研究眾多額外的圖表。

只有六個小國的千禧世代人口比嬰兒潮世代人口多，而且還是因為高移民率造成，這是為什麼他們的經濟和市場會在下次全球繁榮時上升到新高峰的原因。我把這些國家叫做受益國，這六個國家是澳洲、紐西蘭、新加坡、挪威、瑞典和以色列。這些小國顯然對發展已經減緩的已開發世界不會有決定性的影響。

我把另外六個國家稱為不受影響的國家，這六個國家的千禧世代會在未來幾年生育低潮的歲月裡，力保本國經濟與市場維持在大致相同的高水準上。這些國家包括美國、加拿大、英國、法國、瑞士和丹麥，其中法國在二〇二〇年代前的繁榮中，衰退幅度會最小。

接下來是最大的群組，也就是衰退國，這個群組包括歐洲其他國家（包含德國）、東歐、東亞。中國是

表9-1　人口受益國、不受影響的國家和衰退國

人口會說話

受益國		
澳洲	以色列	紐西蘭
挪威	新加坡	瑞典
不受影響的國家		
加拿大	丹麥	法國
瑞士	英國	美國
衰退國		
奧地利	比利時	中國
芬蘭	德國	希臘
義大利	日本	荷蘭
葡萄牙	俄羅斯	南韓
西班牙	台灣	東歐
其餘的已開發國家		

資料來源：聯合國人口司（United Nations Population Division）、鄧特研究中心

未來數十年裡，唯一會出現人口下降趨勢的新興市場國家，這個趨勢會在未來數十年內造成整個已開發世界人口緩慢減少、新興世界人口成長。

所有投資人和企業都必須更重視新興世界，尤其是二〇二〇年到二〇二三年間，商品低潮再度翻轉為商品熱潮的時候。

我們必須考慮一些嚴峻的問題，例如日本、歐洲大部分國家、北美和中國面對勞動力萎縮、人口成長率下降會出現什麼問題。

退休人口比加入勞動力的人口多時會出現什麼問題？這種情形對經濟成長、商業不動產和通貨膨脹率會有什麼影響？

因為老人死亡而推到市場上求售的住宅數量，超過年輕買家的購買數量時會出現什麼問題？這種情形已經在日本看到，而大部分已開發國家也會依照這個趨勢。

這種情況以前從來沒有發生過，所以我們從來沒有歷史經驗可以學習，但毫無疑問的是，這會劇烈影響全球經濟，我們可以利用人口趨勢來推測預期會出現的結果。

重點是，如果你賦予人口統計應有的意義，就會獲得極有價值的優勢，原因是**人類逐漸老去的時候，都會做自己可以預測到的事情**，因此，兩百五十年來人數最多的嬰兒潮世代一起老去時，這些可以預測的趨勢會放大，而且事前很容易看出來。

就像我在第七章裡說的一樣（第十四章還會詳加說明），嬰兒潮世代把每一種趨勢都撐到極限，從他們年輕時，因為撫養與教育費用昂貴而產生通貨膨脹、到消費高峰、到參與股票和房地產投資直到無法維持創造出的泡沫、到集體退休，而且把健康照護和退休服務改造成龐然大物，最終會大到被自己的重量壓垮。這樣的退休方式也正在摧毀美國的社會安全制度、醫療保險和醫療補助制度，而且我們現在還沒有看到（但稍後會討論這個問題）。

他們都是以可以預測的方式做這些事情，所以我們可以追蹤和預測。

美國勞工統計局的消費支出調查（The Consumer Expenditure Survey）以分齡的方式，調查六百多類消費支出，顯示消費會因為年齡而變化。

一般嬰兒潮世代家庭舉債最多的時候是他們的父母大約四十一歲時，那時通常是他們買下所擁有過最大房子的時候，他們花最多錢的時候是四十六歲，但是比較富有的家庭會在五十一歲（最高所得前一〇％家庭）到五十四歲（最高所得前一％家庭）間到達消費高峰。儲蓄最多的時候是五十五到六十三歲，最富有的時候是六十四歲時（比較富有的家庭這個時間會延後）。

可以預期，只要我們活愈得久，這些高峰到來的年齡會緩慢提高。一八九七年到一九二四年間出生的鮑伯．霍伯世代，在一九六八年四十四歲時達到消費高峰，嬰兒潮世代在二〇〇八年四十六歲時達到消費高峰，千禧世代最可能在二〇五五至二〇五六年間、四十八至四十九歲時達到消費高峰。

圖9-3是熟齡嬰兒潮世代可預測到的消費週期，我們就來深入研究。

一般人在二十歲時開始工作，其中，高中畢業生在十八歲時開始工作，大學畢業生在二十二歲時開始工作。

嬰兒潮世代夫婦通常在二十六歲時結婚（千禧世代結婚年齡比較晚一點，大約在二十七歲多時結婚）。

嬰兒潮世代夫婦婚後不久就會租公寓住，子女大約在父母二十八、九歲時出生，這會讓他們在大約三十一歲時買下第一間房子。

小孩長成青少年後，父母會買下這輩子最大的房子，時間大約是在三十七到四十一歲，他們這樣做是因為這時父母和子女都需要比較大的空

圖9-3 消費生活週期

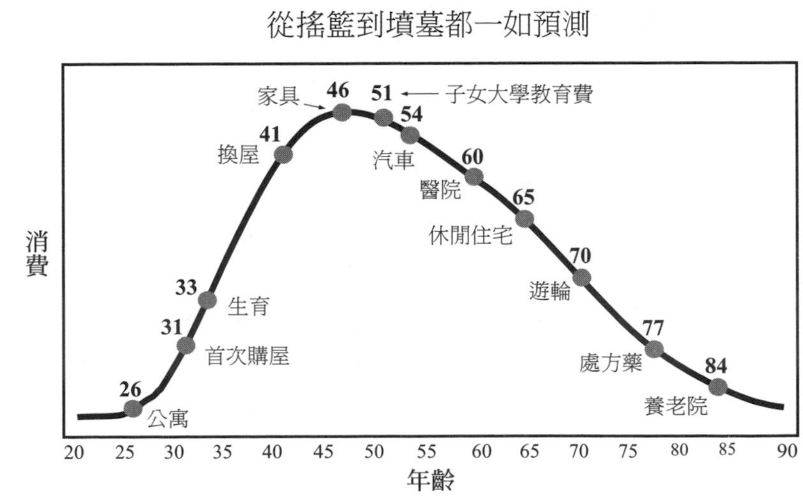

資料來源：美國人口普查局，鄧特研究中心

間，父母會希望孩子在一邊，自己則在另一邊，離得很遠，孩子對這一點更是無上歡迎！

我們繼續裝修屋子到四十多歲，因此大約在四十六歲時，家具消費達到高峰，這時也是一般家庭整體消費升到巔峰的時候。

到了消費下降階段，一些部門還會繼續成長，攀上高峰。子女大學教育費用大約在五十一歲時到達高峰；汽車是最後一項升到高峰的主要耐久財，時間大約是五十四歲時，這時父母親終於可以把廂型車換成豪華轎車，有些人會換成漂亮的跑車（我有一台櫻桃紅的積架車）。有些人換大型的皮卡車。因此這些部門一直好到二〇一五年實在不用太訝異，不過這些部門的前景並不怎麼光明！

儲蓄從四十六歲以後開始增加，但是從五十五歲到六十三歲之間增加最快，因此，個人財產會在六十四歲時升到巔峰（也就是在平均退休年齡六十三歲後一年）。

五十八歲到六十歲之間，到醫院看病的花費升到最高峰，度假和退休住宅支出大約在六十五歲時到達高峰，遊輪旅遊支出在七十歲時升到高峰。經歷二十年跟小孩一起旅行的壓力後，誰不想登上浮動的豪華旅館兼賭場輕鬆一下，享受美食和美酒到倒地為止！

接著，到了七十七歲時，處方藥支出升到巔峰，維他命支出也可能在這時到達高峰，到了八十四歲時，養老院支出會到達巔峰。

我只強調一些重要項目，資料可以告訴你非常多的東西，例如消費者在露營器材、臨時托嬰或人壽保險上的花費。如果你希望了解更多資訊，你可以索取我的深入研究報告《消費潮：預測將來二十年市場行為的科學關鍵》（*Spending Waves: The Scientific Key to Predicting Market Behavior for the Next 20 Years*），這份報告研究幾百種消費支出類別，還用圖表告訴你每一種類別的趨勢，你可以上我的 dentresources.com. 網站找到更多的資訊。

終極泡沫世代

要了解和預測市場與經濟，這一切都會變的很重要，因為嬰兒潮世代是異軍突起的現象，這是歷史上最大的世代，因此變成終極的泡沫世代。在我的週期分級中，世代消費潮會成為核心的週期就是基於這個原因。

然而，主流媒體和其他媒體經常質疑我的論調，例如《霸榮周刊》（*Barron's*）二〇一三年五月號的文章與CNBC的某個節目都對嬰兒潮世代比未來任何世代都龐大的說法有所質疑。

他們問道：「你怎麼可以這樣說，千禧世代人口明明就比較多。」

他們每次這樣說時，我都會感到不安，實際上，我聽到跟人口有關的說法都會覺得不安，因為說話的人沒有進行深入研究，**而且**得出錯誤的結論。

其實這件事相當簡單：只要像我一樣，在進行所有世代消費潮分析時把移民考慮進去，嬰兒潮世代就會變成最重要的世代，千禧世代的人數因此變得比上一代略少的第一個世代。整個已開發世界都有這樣的型態，只有澳洲和北歐國家例外。很多南歐、中歐和東亞國家根本沒有回聲潮世代（echo boom generation）。

更微妙卻不簡單的事情是：千禧世代人數的確超過嬰兒潮世代。

但是問題並非只跟人數有關而已。

這也跟成長率有關，跟累積到這些人數所花的時間有關，還跟到達出生人口的最後高峰有關。

美國的情況是：回聲潮世代的出生人口一開始就比較高，而且花了三十二年時間（一九七六年到二〇〇七年）升到最後高峰。

但嬰兒潮世代的出生人口升到高峰只花了**二十八年**而已！

而且，從人口的低點到高點來看，計入移民後，嬰兒潮的出生人口是九〇％，相形之下，千禧世代只有二十七％。

你可以從圖9-4會看出這種情形。

達到高峰所花的時間對經濟有重大影響。這就像五個人併肩試圖擠進門裡，而不是同樣兩個兩個走進去。

這就是人口趨勢和預測的關鍵：要看穿這種浪潮，就要區分出生人口和成長率的上升浪潮，看出每個世代相對加速度的快慢。

嬰兒潮好比三公尺高的大浪打上岸，回聲潮世代好比一公尺半的浪衝上沙灘。前面的鮑伯·霍伯世代比較像九十公分高的浪。

會衝浪的人立刻可以告訴你其中的差別，他們會說，這樣就像晚上和白天的差別一樣！

回聲潮世代的浪潮比較寬，嬰兒潮世代的浪潮卻比較高，規模和尖峰人數也比較大。

這就是嬰兒潮世代會變成泡沫世代的

圖9-4 計入移民後的美國各世代出生人口

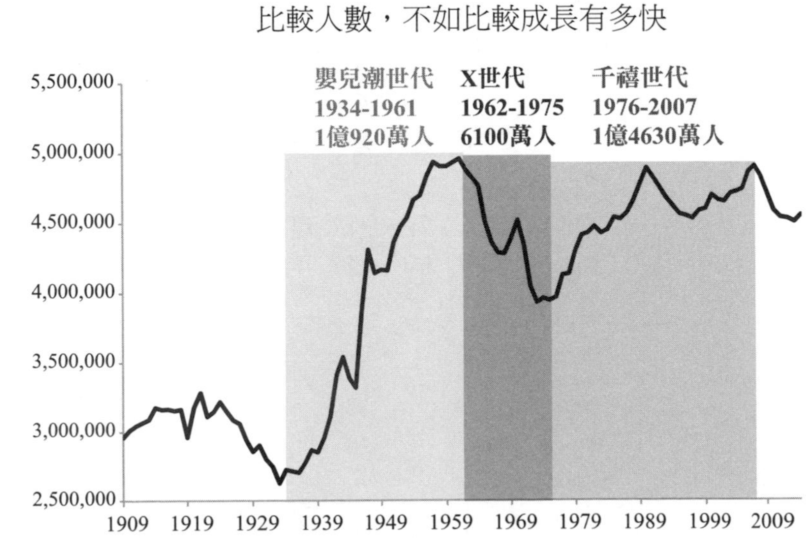

資料來源：美國人口普查局、國家衛生統計中心（National Center for Health Statistics）、鄧特研究中心

原因！

這也是我稱他們為現代史上最大世代的原因。

下一個熱潮會從二〇二三年前後開始，在這波熱潮中，透過消費、借貸、購屋、投資和其他經濟活動來維持經濟運轉所需的家庭數量，根本不會像一九八〇年代開始的嬰兒潮世代那麼快的發揮力量，也沒有過去目睹到的強大力量。

不錯，很多已開發國家（但並非所有國家）大約在十年後就會經歷另一次人口推動的繁榮熱潮。但這次熱潮並不如嬰兒潮世代藉著增加消費和借貸產生的熱潮那麼繁榮，只有澳洲或新加坡之類極為少數的小國例外。就像真正的泡沫一樣，這次的熱潮是單一世代的現象！

嬰兒潮世代之後，成長比較可能來自科技創新，尤其是增加壽命或延長工作時間的創新科技，因為這種科技有助於補償降低的勞動力人數。生物科技、機器人、奈米科技和潔淨能源之類的領域會成為驅動力量，但要經過很長的時間才會影響整體經濟。畢竟新的創新要花幾十年的時間才能上軌道。

顯然人口對現代經濟的影響無所不在，嬰兒潮世代也相當確實在重新塑造我們的世界。

就以通貨膨脹為例，大部分經濟學家認為，通貨膨脹大致是一種貨幣現象，但實際上並非如此（不好意思，傅利曼〔Milton Friedman〕[1]）。通貨膨脹大致上是由人造成的，嬰兒潮世代更在一九七〇年代把這種現象變成泡沫。

泡沫式通貨膨脹和通貨緊縮

年輕人會造成通貨膨脹，他們的每樣東西都在消費，卻沒有生產任何東西，正確的說，這是因為他們在十八到二十二歲前都還在學習階段。一般說來，撫養一個小孩大約要花二十五萬美元，這還沒算進上大學的費用。政府要把一大部分的預算花在教育上。新一代進入職場時，企業必須在工作場所、設備和訓練上進行投資。

事實上，對所有經濟部門來說，年輕人是未來的投資，年輕人進入職場，變成有生產力的勞工（供給），消費支出開始增加（需求）時，就會開始回饋社會。

相反的，老年人通常比較可能造成通貨緊縮，老年人花費少、主要耐久財的消費也少，他們會減少借貸，增加儲蓄。老年人不需要辦公室或較大房子之類的基礎建設投資，也不需要花錢在教育上；最終老年人會脫離勞動人口，住在比較小的房子，甚至療養院裡。

---

1 傅利曼是諾貝爾經濟學獎得主，認為通貨膨脹是一種貨幣現象。

我在一九八九年發現這種現象，我發現消費潮一年後，通貨膨脹率和兩年半後的勞動力成長率有著強大到令人吃驚的強烈相關性（顯然他們的生產力或貢獻要花這麼久的時間才會超過成本）。當食物、汽油、貨幣政策、經濟週期變化、匯率等許多因素都會影響通貨膨脹來看，這個短期相關性實在令人驚訝。在現實世界中，這些變數會造成這個指標波動起伏，就像消費熱潮會有短期波動一樣，但是長期趨勢卻非常精確的跟著出現。

因此，嬰兒潮世代長大，成為年輕的成年勞工後，就在一九七〇年代初期吹大了通貨膨脹泡沫。

現在他們漫步走向人生夕陽，也會重新吹大通貨緊縮的趨勢（見圖9-5）。

圖9-5　通貨膨脹指標與預測

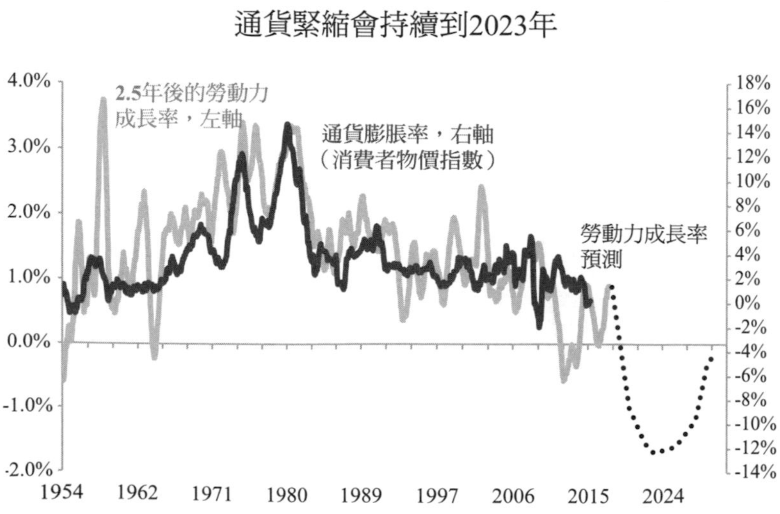

資料來源：美國勞工局、鄧特研究中心

現代史上最大的通貨膨脹不是各國央行造成的，一九七〇年代的高勞動力成長率也不是政治人物創造的，因為創造一六％通貨膨脹率和一八％的房貸利率並不符合他們的最大利益，**這**大致上是嬰兒潮世代的功勞。

圖9-5中，值得注意最重要的趨勢是：在二〇二三年前，物價會朝向通貨緊縮，完全不受歷史上最大債務與金融泡沫破滅、努力推動債務去槓桿化的影響。

我的通貨膨脹指標只能預測兩年半的通貨膨脹趨勢，但是，因為我們可以預測將來要加入勞動力的二十歲人口數量，也可以預測即將退出勞動力的六十三歲人口數量，因此大致上可以預測未來二十年的勞動力成長率和通貨膨脹率。而八十年四季經濟週期可以給我們清晰的圖像，看出未來多年的起伏趨勢。

一九八〇年代末期，我預測歷史上最大的繁榮熱潮會持續到二〇〇七年左右，也看出通貨膨脹率會在二〇一〇年降到接近〇％的水準。你知道嗎？實際情形正好就是這樣。

勞動力成長率從一九七〇年代末期的四％高水準，降到一九八〇年代末期的三％，再降到一九九〇年代末期的二％，目前的成長率大約為一％，到二〇二〇至二〇二三年間，會降到〇％，即使對經濟大力刺激，也沒有用。

基本的道理是，如果希望預測將來，一定要注意人口趨勢，人口趨勢是終極的領先指標。

更好的是，大部分經濟學家、投資人和企業人士都不了解這一點，因此，不管你是投資人還是企業人士，都會為你創造一種獨一無二的優勢。

為了為本章作出結論，這裡有個圖表說明嬰兒潮世代老去時，對三大領域會有什麼影響（見圖9-6）。

第一個造成影響的浪潮是通貨膨脹與創新潮。就像前面提到的一樣，一九八〇年時，我們看出嬰兒潮世代造成的通貨膨脹泡沫，這個泡沫在一九八〇年升到高峰，整個資訊革命創新週期大約在一九八三年到達高峰。

接著出現的是消費與家庭潮，我們在一九八三年到二〇〇七年間遇到現代史上最盛

圖9-6　三大世代影響浪潮

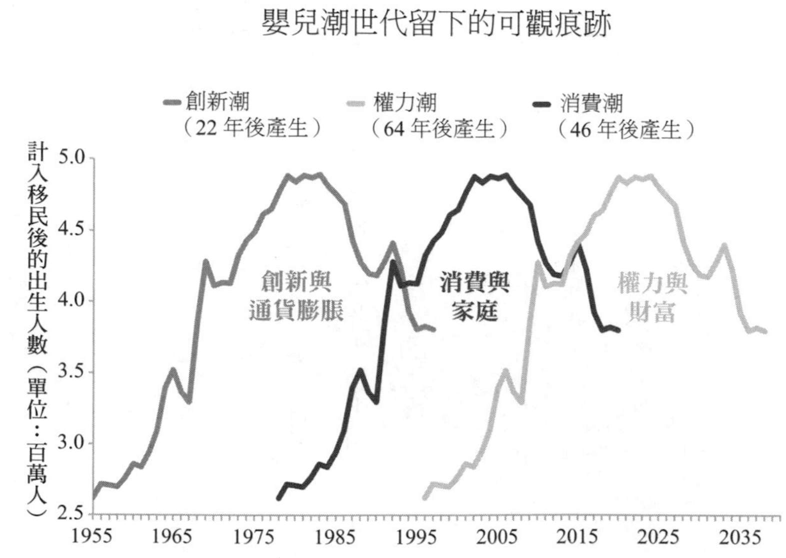

資料來源：鄧特研究中心、國家衛生統計中心

大的繁榮熱潮和泡沫。

最後是我們正在目睹的權力與財富潮，未來幾十年會出現制度革命，帶來驚人的社會與政治變化。但是在這個階段中，我們也會看到泡沫破滅，以及反對所得不平等、反對民間與公家機構而起爆發的反動。

現在你應該更了解，這一切就是我把世代消費潮稱為最根本週期的原因，也是這個週期最容易預測的原因，因此，才會列在我的週期分級中的最上方。

第十章 地緣政治週期：步入惡性循環時……恐怖萬分

二〇〇六年年初，我在週期研究有了新的突破，我發現地緣政治週期，這是每隔十七到十八年會從有利情況到不利情況間擺盪一次的週期。而且，不幸的是，這個週期從二〇〇一年（九一一恐怖攻擊）開始向不利的方向擺動！

上次這種週期正向擺動的時間，是一九八三年到二〇〇〇年間，在這段期間裡，全世界沒有出現什麼重大事故。

然而，這種週期從二〇〇一年開始轉向負向，我們從此開始碰到無數毀滅性地緣政治事件，包括九一一攻擊、兩次失敗的戰爭、從敘利亞到阿拉伯之春的無數內戰、俄國人入侵克里米亞和烏克蘭、伊斯蘭國的崛起（惡劣與殘暴程度超過蓋達組織）、兩次巴黎恐怖攻擊、然後是布魯塞爾恐怖攻擊、美國警察暴行引發的種族緊張升高、二〇一六年川普和桑德斯之間又展現出美國南北戰爭以來最極端的政治兩極化現象。

接著，我們要看看事情的真相（見圖10-1）。

這種週期對經濟成長率或企業盈餘的影響比較小，對投資人的風險認知衝擊比較大，因為在這種週期的負向期間，市場與經濟上緊發條，波動程度很高，恐懼藏在表面下，一觸即發。因此，負向期間的股價通常會降低，降為正向期間的一半，我在這章的後面說明這種情形。

二〇一五年十一月，我為泡沫與破滅精英（*Boom & Bust Elite*）會員錄製每月一次「走在週期前方」（*Ahead of the Curve*）的網

圖10-1　35年地緣政治週期

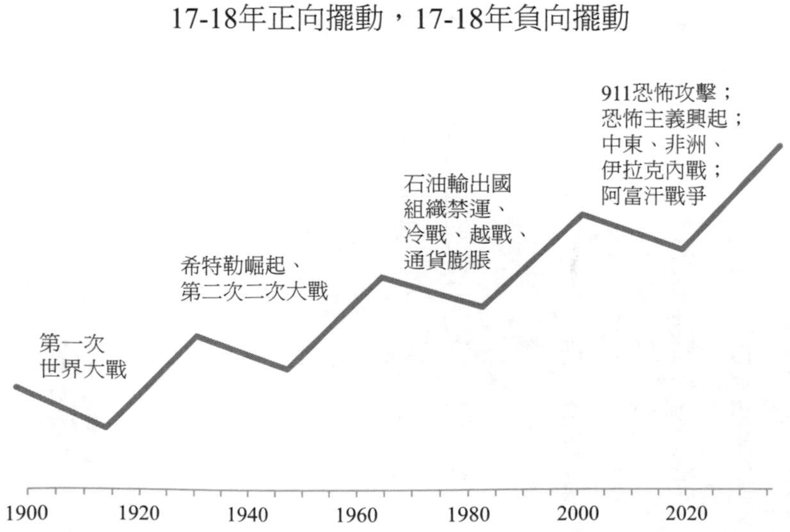

資料來源：鄧特研究中心

路研討會時，把這次地緣政治週期從二〇〇一年轉為負向後、所發生的世界大事好好分類。看著按時間列出的世界大事實在讓人震驚，卻也凸顯這個週期的力量已經影響生活的每個層面。現在我就要跟你分享這個內容（見圖10-2—10-10）。

圖10-2　地緣政治時間軸

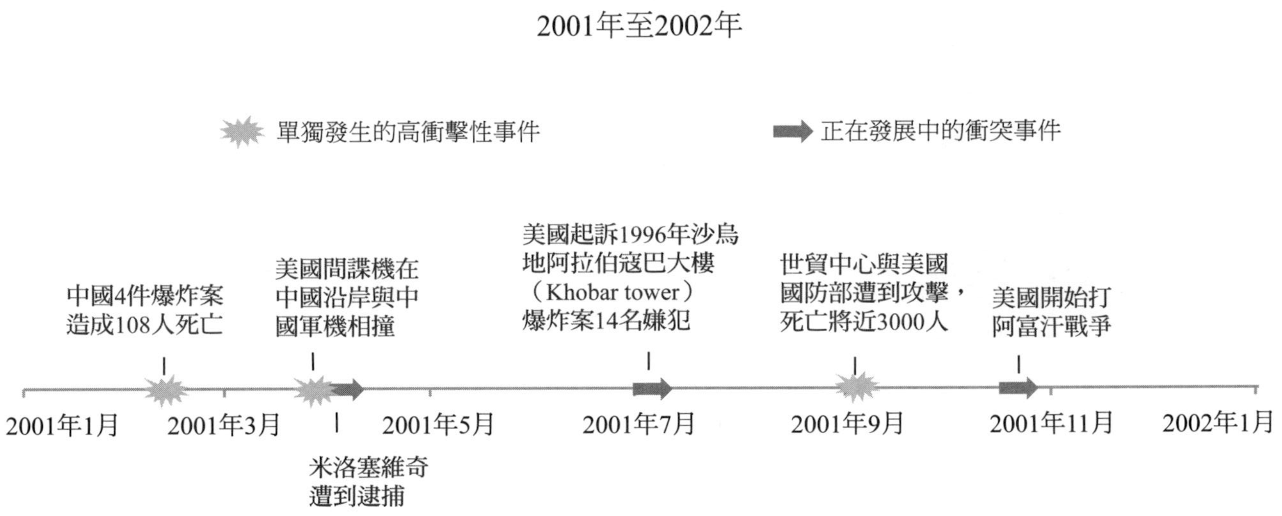

圖10-3　地緣政治週期

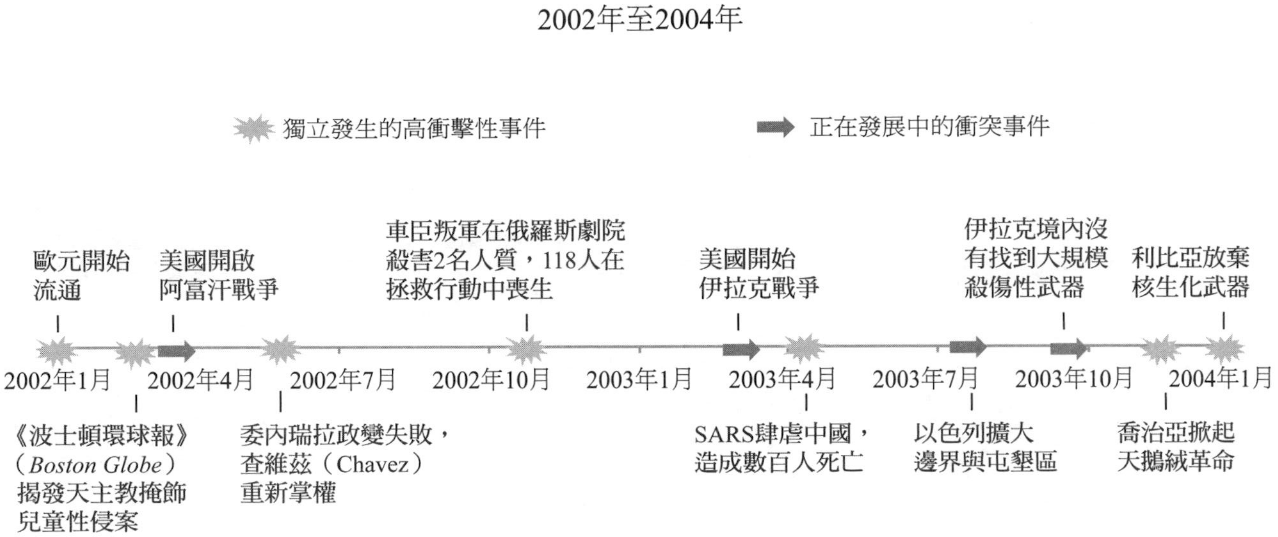
2002年至2004年
獨立發生的高衝擊性事件
正在發展中的衝突事件
歐元開始流通
美國開啟阿富汗戰爭
車臣叛軍在俄羅斯劇院殺害2名人質，118人在拯救行動中喪生
美國開始伊拉克戰爭
伊拉克境內沒有找到大規模殺傷性武器
利比亞放棄核生化武器
2002年1月
2002年4月
2002年7月
2002年10月
2003年1月
2003年4月
2003年7月
2003年10月
2004年1月
《波士頓環球報》（*Boston Globe*）揭發天主教掩飾兒童性侵案
委內瑞拉政變失敗，查維茲（Chavez）重新掌權
SARS肆虐中國，造成數百人死亡
以色列擴大邊界與屯墾區
喬治亞掀起天鵝絨革命

圖10-4 地緣政治週期

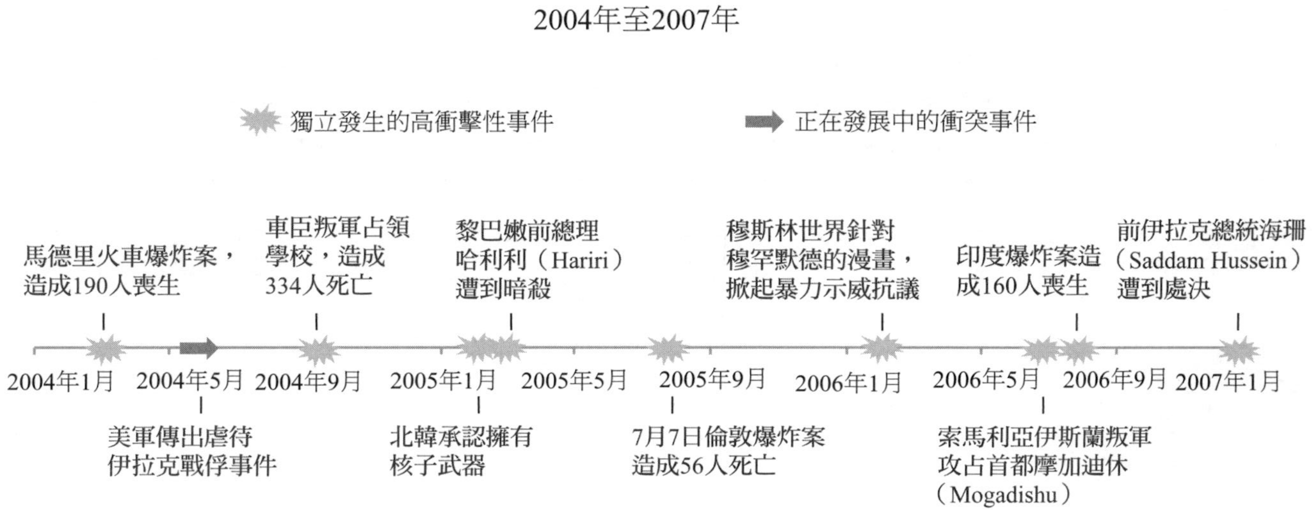
2004年至2007年
獨立發生的高衝擊性事件
正在發展中的衝突事件
馬德里火車爆炸案，造成190人喪生
車臣叛軍占領學校，造成334人死亡
黎巴嫩前總理哈利利（Hariri）遭到暗殺
穆斯林世界針對穆罕默德的漫畫，掀起暴力示威抗議
印度爆炸案造成160人喪生
前伊拉克總統海珊（Saddam Hussein）遭到處決
2004年1月
2004年5月
2004年9月
2005年1月
2005年5月
2005年9月
2006年1月
2006年5月
2006年9月
2007年1月
美軍傳出虐待伊拉克戰俘事件
北韓承認擁有核子武器
7月7日倫敦爆炸案造成56人死亡
索馬利亞伊斯蘭叛軍攻占首都摩加迪休（Mogadishu）

圖10-5 地緣政治週期

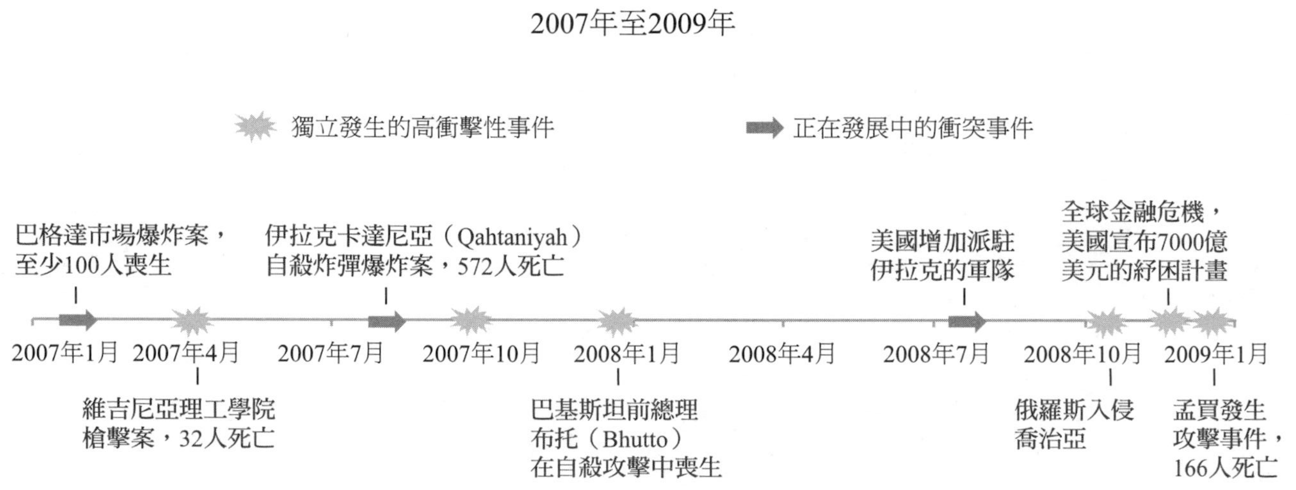
2007年至2009年
獨立發生的高衝擊性事件
正在發展中的衝突事件
巴格達市場爆炸案，至少100人喪生
伊拉克卡達尼亞（Qahtaniyah）自殺炸彈爆炸案，572人死亡
美國增加派駐伊拉克的軍隊
全球金融危機，美國宣布7000億美元的紓困計畫
2007年1月
2007年4月
2007年7月
2007年10月
2008年1月
2008年4月
2008年7月
2008年10月
2009年1月
維吉尼亞理工學院槍擊案，32人死亡
巴基斯坦前總理布托（Bhutto）在自殺攻擊中喪生
俄羅斯入侵喬治亞
孟買發生攻擊事件，166人死亡

圖10-6　地緣政治週期

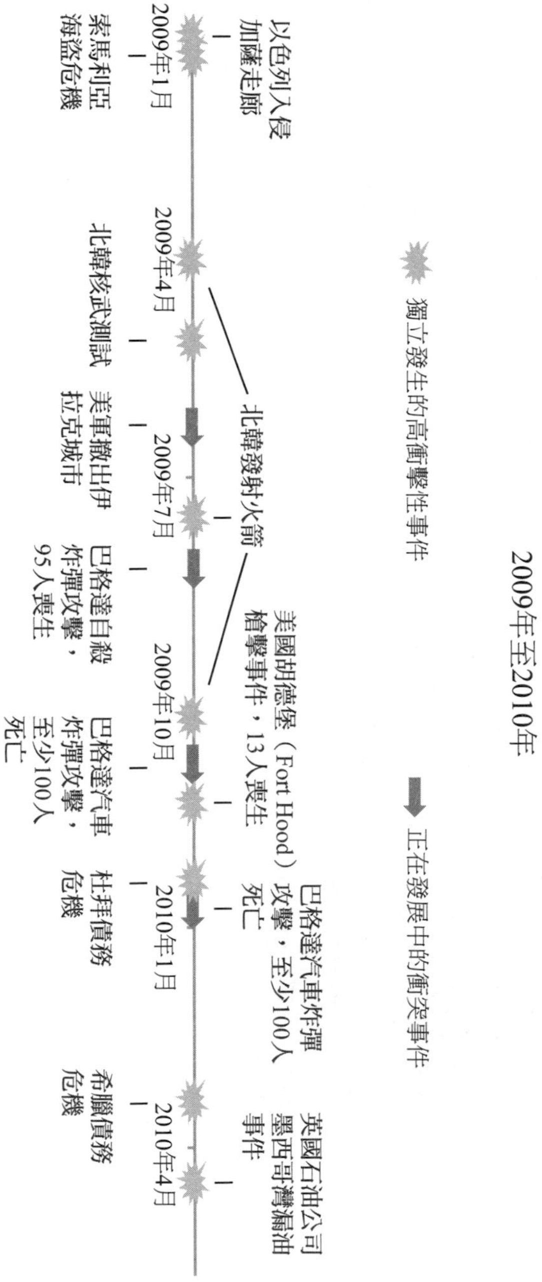
2009年至2010年
獨立發生的高衝擊性事件
正在發展中的衝突事件
以色列入侵加薩走廊
北韓發射火箭
美國胡德堡（Fort Hood）槍擊事件，13人喪生
巴格達汽車炸彈攻擊，至少100人死亡
英國石油公司墨西哥灣漏油事件
2009年1月
2009年4月
2009年7月
2009年10月
2010年1月
2010年4月
索馬利亞海盜危機
北韓核武測試
美軍撤出伊拉克城市
巴格達自殺炸彈攻擊，95人喪生
巴格達汽車炸彈攻擊，至少100人死亡
杜拜債務危機
希臘債務危機

圖10-7 地緣政治週期

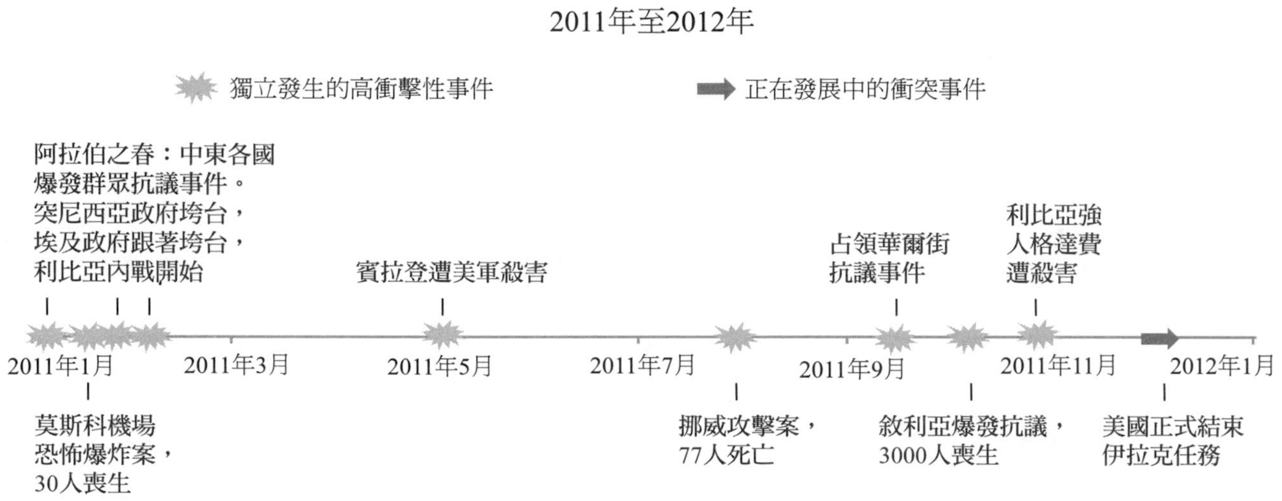
2011年至2012年
獨立發生的高衝擊性事件
正在發展中的衝突事件
阿拉伯之春：中東各國
爆發群眾抗議事件。
突尼西亞政府垮台，
埃及政府跟著垮台，
利比亞內戰開始
賓拉登遭美軍殺害
占領華爾街
抗議事件
利比亞強
人格達費
遭殺害
2011年1月
2011年3月
2011年5月
2011年7月
2011年9月
2011年11月
2012年1月
莫斯科機場
恐怖爆炸案，
30人喪生
挪威攻擊案，
77人死亡
敘利亞爆發抗議，
3000人喪生
美國正式結束
伊拉克任務

圖10-8 地緣政治週期

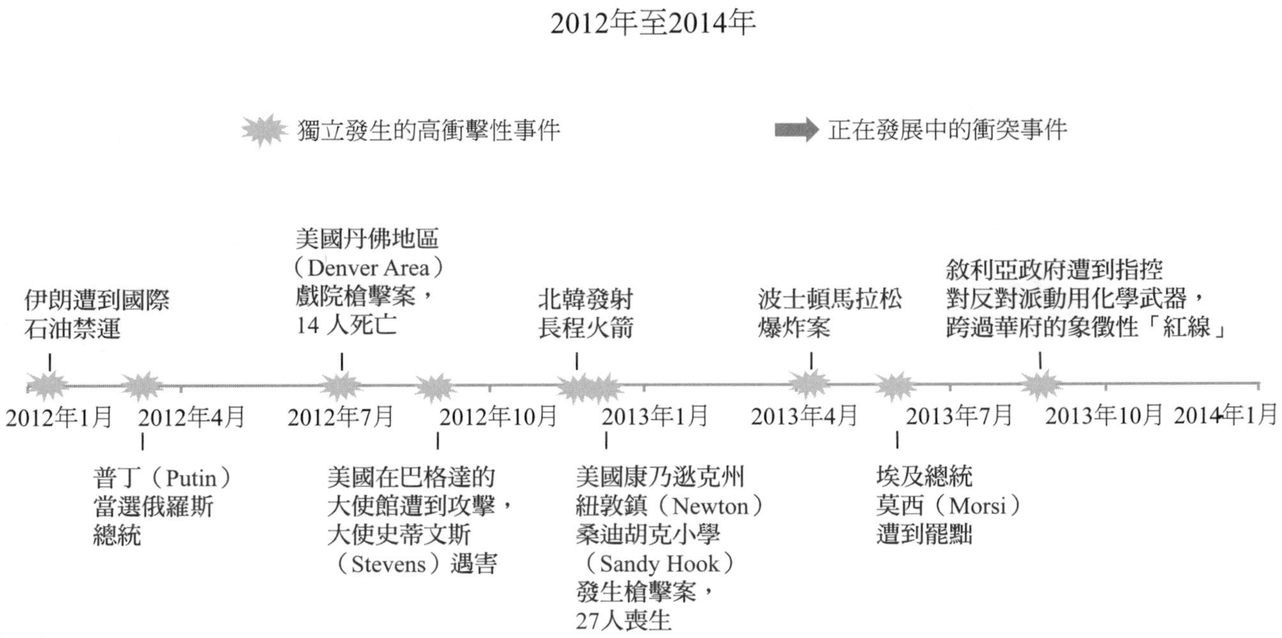
2012年至2014年
獨立發生的高衝擊性事件
正在發展中的衝突事件
伊朗遭到國際石油禁運
普丁（Putin）當選俄羅斯總統
美國丹佛地區（Denver Area）戲院槍擊案，14 人死亡
美國在巴格達的大使館遭到攻擊，大使史蒂文斯（Stevens）遇害
北韓發射長程火箭
美國康乃逖克州紐敦鎮（Newton）桑迪胡克小學（Sandy Hook）發生槍擊案，27人喪生
波士頓馬拉松爆炸案
埃及總統莫西（Morsi）遭到罷黜
敘利亞政府遭到指控對反對派動用化學武器，跨過華府的象徵性「紅線」
2012年1月
2012年4月
2012年7月
2012年10月
2013年1月
2013年4月
2013年7月
2013年10月
2014年1月

圖10-9　地緣政治週期

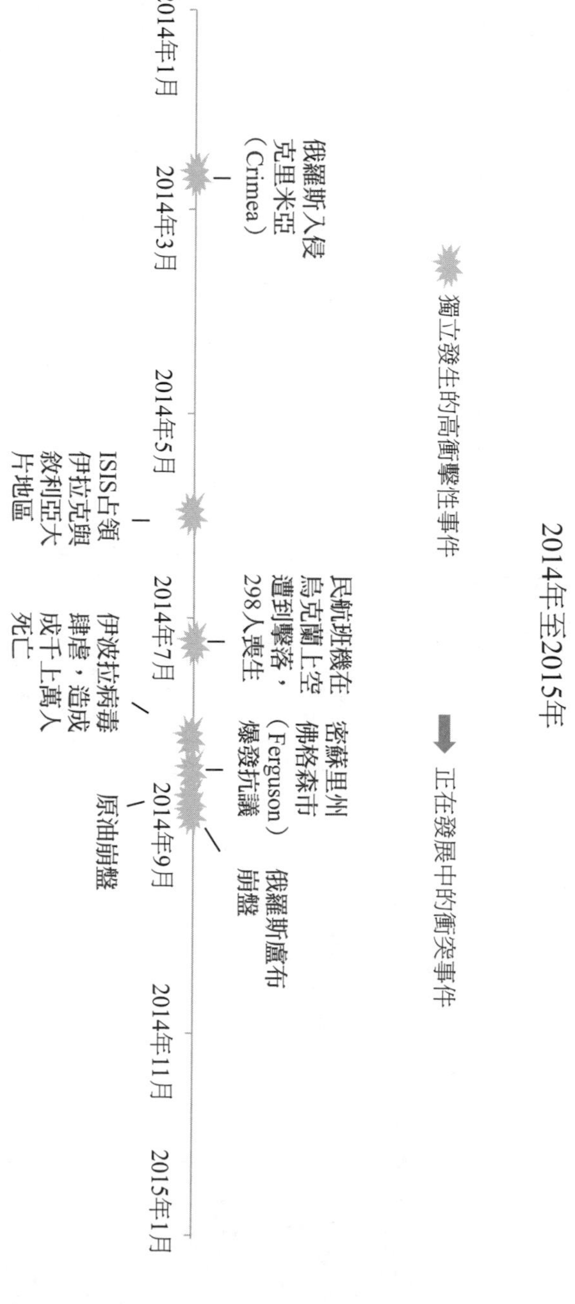
2014年至2015年
獨立發生的高衝擊性事件
正在發展中的衝突事件
2014年1月
2014年3月
2014年5月
2014年7月
2014年9月
2014年11月
2015年1月
俄羅斯入侵克里米亞（Crimea）
民航班機在烏克蘭上空遭到擊落，298人喪生
密蘇里州佛格森市（Ferguson）爆發抗議
俄羅斯盧布崩盤
ISIS占領伊拉克與敘利亞大片地區
伊波拉病毒肆虐，造成成千上萬人死亡
原油崩盤

圖10-10　地緣政治週期

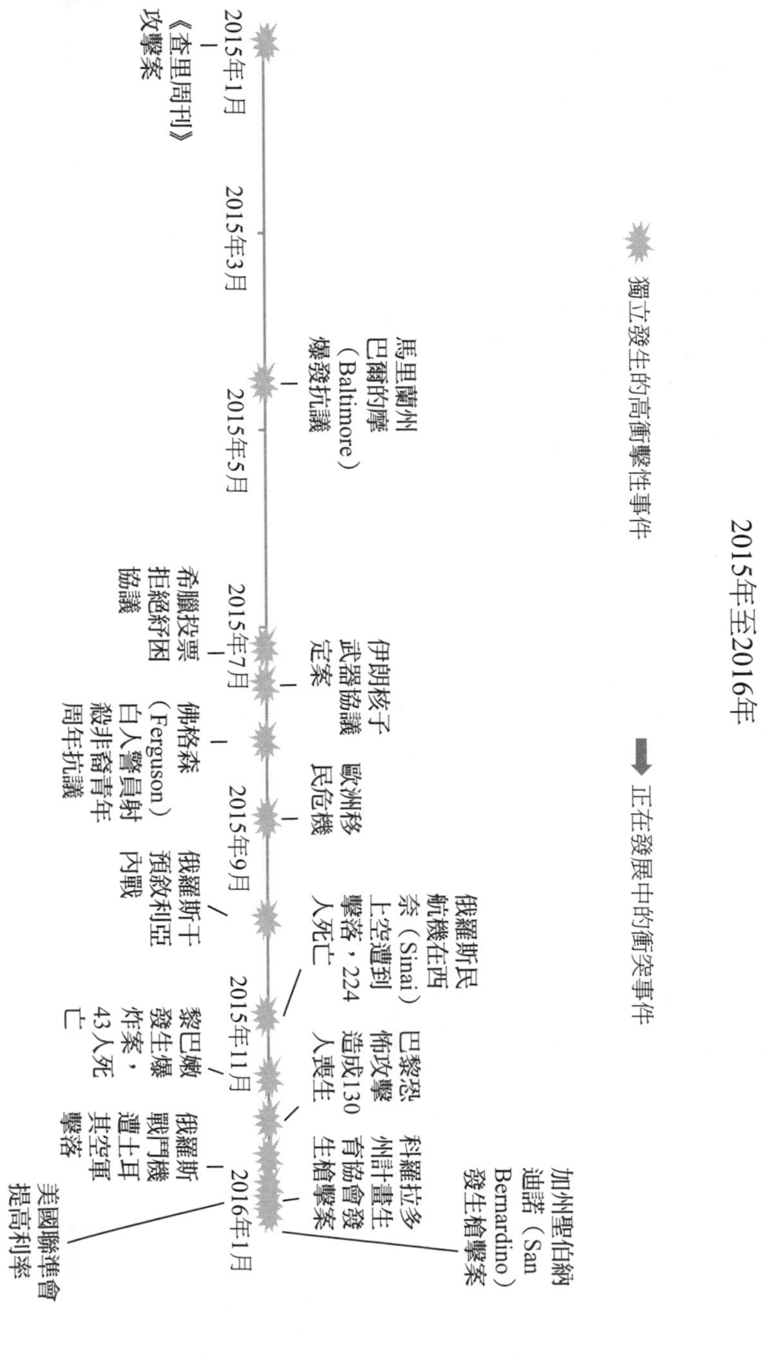

圖10-11　地緣政治週期

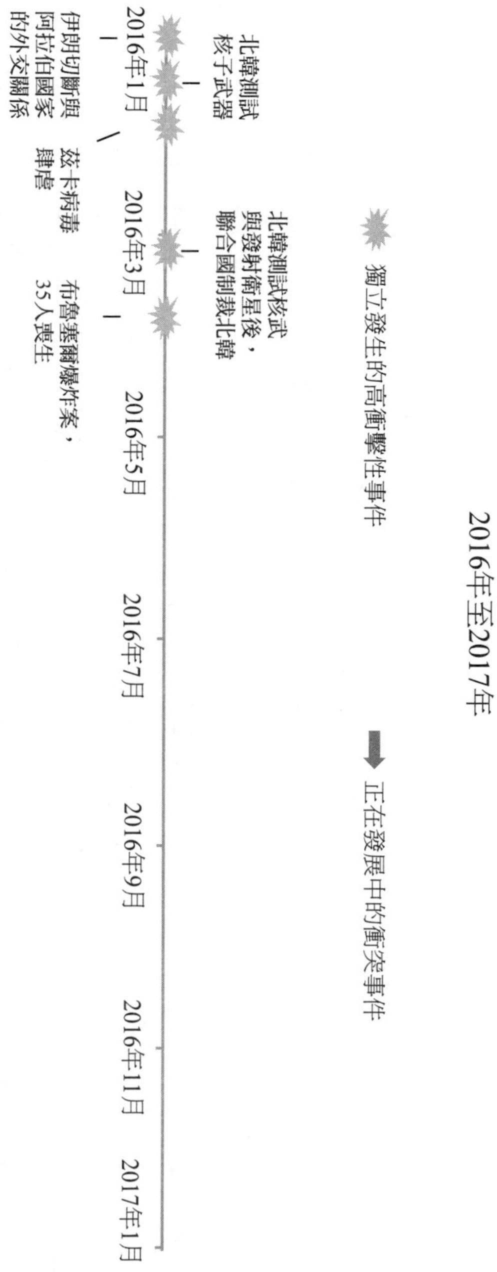

這些時間軸並沒有把每件大事都包含在內，卻像我說的一樣，令人觸目驚心。

現在當我們把世代消費潮和地緣政治週期合在一起看時，會看到這兩種週期在一九八三年到二〇〇〇年都呈現往上走的趨勢，我們正好在這段期間裡，看到了美國史上最大的繁榮和泡沫。

這兩種週期在一九三〇年代雙雙走低，那時世界處於有史以來最嚴重、最痛苦的蕭條期間。

這也凸顯**利用週期預測力量的關鍵**。

我已經指出，個別週期不會展現出全貌，這是我從來不依賴單一週期的原因，也是為什麼我從來沒有特別喜歡特定週期的原因。我反而喜歡尋找不同週期之間的配合和相關性。當你結合一群有力的週期時，可靠的型態會出現，就像需要動用一組關鍵科技，例如汽車、電力、電話和無線電科技，才能造成科技革命一樣，**這種時刻**正是我注意的地方。

如果在我的週期分級中加上第三種週期，會使型態變的更清楚：二〇〇〇年到二〇〇九年間，世界上充滿對投資人、企業和全世界都很危險的事情，在二〇一四年年初到二〇二〇年年初，將看到更龐大的泡沫破滅和金融危機。

第十一章
景氣循環與創新的力量

我密切注意的第三種週期起源於十年週期，十年週期最初是由奈德・戴維斯（Ned Davis）想出來的，他檢討了一百年的股票資料，發現最重大的股票修正和經濟衰退，都是在每個十年的前三年發生，二〇〇〇年至二〇〇二年的科技股慘劇就是例子。

十年週期像魔咒一樣，從一九六〇年代初期開始正常運行，卻在二〇一〇年脫軌，這一年裡，股票只修正了二〇%，而且二〇一一年並沒有出現經濟衰退。因此，我把自己關在辦公室裡，再次努力研究。二〇一〇年到二〇一二年間的下降週期，理當是二〇〇七年年底極為龐大泡沫膨脹到高峰後，應該出現的最嚴重下降週期才對。

經過密集的研究後，我斷定戴維斯的十年週期背後是由太陽黑子週期推動，但是，太陽黑子週期的時間不像時鐘那麼準確，跟我所研究的很多週期不同。

就讓我詳細說明。

我第一次對同事提到這種週期時，大家都嘲笑我，要求我不要公開談論這件事，甚至不要跟訂戶討論，因為這樣會讓我看起來像瘋子，而且，一般認為，我為了尋找別人看不到的泡沫、根本已經到了失心瘋的程度，我不需要增加這種說法的可信度（我沒有吸毒，經濟和政府政策才中了毒癮）。

但我玩火自焚的個性不會讓我遵循他們的建議。事實上，他們的警告只是驅使我更深入的研究，以便證明這種週期的價值。我愈研究，就發現愈多證據，證明這種週期非常真實、非常有力，而且在我們資料可以評估的期間裡，這種週期都對市場與經濟產生衝擊！

經濟學家或財金研究專家當中，我也不是唯一相信這種週期力量的人。

事實上，我是在閱讀《霸榮周刊》時，第一次看到這種週期。曾經任職太平洋投資管理公司（Pimco）這家大型基金公司的經理人說過，是太陽黑子週期把他從二〇〇〇年到二〇〇二年的崩盤中拯救出來。

從那時起，我發現太陽黑子活動影響所及，涵蓋從衛星、電子基礎建設到天氣的很多事情。你知道在太陽黑子週期高峰時，陽光和降雨量都會多出二〇%嗎？所有的農民難道不該追蹤這種週期嗎？

在最近的這次週期中，最高明的科學家預測，太陽黑子週期會在二〇一三年年底達到高峰，他們說早了幾個月，達到高峰的時間是二〇一四年二月。但是，在週期的世界裡，這樣子夠精準了。科學家現在預測，下一次週期的底部大約會在二〇一九年年底或二〇二〇年年初出現，根據我對這種週期的回溯測試，我要警告你，不要忽視這項預測。

幸好這種週期比較像中期週期，比較聚焦預測大週期中間的景氣盛衰上，而且我的另外三種週期善於預測比較大型的週期。

更好的是，科學家非常善於預測太陽黑子週期。

我是沉迷在週期中的人，我看的科學論文比經濟論文多，因為科學家非常善於辨認和預測週期，目前為止的預測讓人頭暈目眩。

再說一次，這種週期跟其他很多週期不同，不會像時鐘一樣準確，因此，科學家不斷研究和修正他們的預測，這種作法具有無上的價值。

週期基金會（Foundation for Cycle）前主任理察・莫吉（Richard Mogey）把八到十三年的變化歸因於太陽受到比較大的外太空星球重力的拉扯。這點可能是這個週期不像太陽那樣每天早晨準時升起的原因。

這種週期最善於確定我們什麼時候會看到重大崩盤、金融危機、經濟衰退或蕭條。從一八〇〇年代中期開始（有良好的經濟資料），八八%的衰退和股價崩盤，都在太陽黑子週期下降期間發生，而且，從一七〇〇年代開始，科學家就詳細紀錄這種週期，到了今天，從美國太空總署到史丹佛大學的科學家，還一直都努力的針對太陽黑子週期提出預測（見圖11-1）。

這種情形幾乎不可能是巧合，我認為這是我從一九八八年創造世代消費潮以來，發現過最重要的循環。值得注意的是，太陽黑子週期、消費潮和地緣政治週期同時走在下降階段時，市場幾乎總是向下沉淪。

上次太陽黑子週期在二〇〇〇年三月升到最高峰，隨後，科技股泡沫破滅，到二〇〇八年與二〇〇九年年中，大衰退來襲時觸底。本次太陽黑子週期在二〇一四年二月達到高峰，然後週期在二〇一九年年底或二〇二〇年年初開始下降。

如果二〇二〇年年初以前沒有爆發重大金融危機，我會辭掉自

圖11-1 10年景氣循環

88%的崩盤出現在這種週期的下降期間

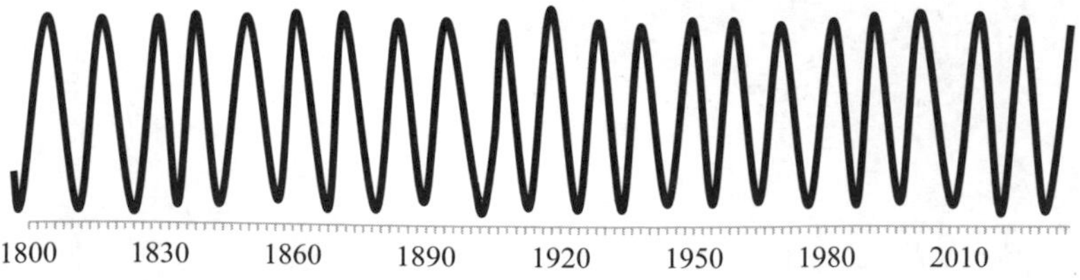

己的專業工作，到（我最愛的國家）奧地利去當禮車司機！

這樣就形成三種週期一起下降的情況，顯示市場最可能在現在和二〇二〇年年初崩盤，而且根據這個泡沫的大小、以及二〇〇八年到二〇二二年的八十年週期中的經濟寒冬來看，這次崩盤極可能造成全球性蕭條！

到目前為止，股票似乎已經在二〇一五年五月升到最高峰，道瓊交通股指數（Dow Transports）等市場早在二〇一四年十一月就漲到天價，事實上，大多數主要市場都在二〇一五年升到高峰，已經進入下跌超過二〇%的空頭市場，只有最大型的市場如道瓊指數、標準普爾五百股價指數和那斯達克指數例外。

美國股市也出現有史以來最慘的一月行情，從歷史觀點來看，這點不是好預兆。

就在本書即將付梓之際，市場隱隱出現二〇一六年年底可能創造新高峰的跡象，標準普爾五百股價指數後續跌破一千八百點的話，就會證實頭部出現。

用我專用的世代消費潮，可以預測人口趨勢會推動經濟向上或向下，如果上述兩種強力的週期證實我專有的世代消費潮所顯示的趨勢，那麼第三種封印就確定了。這正是我的週期分級中最後這個週期所擔負的任務，從較廣泛、低波動的角度確定這件事。

四十五年創新週期

多年來，我的週期分級中的四個週期包括上述三大週期，以及三十年商品週期。但是有些不尋常的地方，隨著新世紀的腳步愈走愈遠，我發現商品週期跟開發中國家比較有關係，跟已開發國家比較沒有關係，因為開發中國家大都是商品出口國，已開發國家從一九〇〇年代初期起，大致上已經不再繞著商品打轉。

我知道創新和生產力跟興起的新科技關係密切，因此，我試著把新科技簡單的與二十二年後的情況找出關係，會用二十二年，是因為這對年輕人有影響，因此，我回到辦公室，開始再度深入研究。不久之後，我發現了自己要找的東西。

主流重大科技創新每隔四十五年會激升到最高峰，跟世代創新週期的時程不那麼吻合。

一八七五年，輪船科技達到巔峰後，隨即迅速永久退位。鐵路繼輪船而起，狂飆到一九二〇年。到一九二〇年，汽車急駛到中產階級市民心中和家裡。到了二〇一〇年，網路和行動運算變得無所不在，改變我們的工作和互動方式，Google和電子郵件讓我的研究事業生產力至少提高三倍！

這種週期在科技在朝主流發展的二十二年半間會正向發展，行動運算和網路從一九八八年到二〇一〇年的經歷正是這樣，汽車從一九四二年到一九六五年的發展也是如此，鐵路從一八九七年到一九二〇年、輪船從一八五二年到一八七五年的發展也一樣。在具有如此強大動能產業躍進的驅策下，這種時候通常都是高成長、高生產力期間（見圖11-2）。

雖然我在這裡只強調每個週期中最重要的科技，但新科技總是集體出現，輪船、運河和麥康米克收割機（McCormick reaper）一起出現；鐵路、電報、盤尼西林和電梯；汽車、電力、電話和無線電；個人電腦、網路、行動電話和寬頻都是這樣。

例如，鐵路旅客和營收強勁成長到一九二〇年，正是汽車和卡車首次出現，開始愈來愈吸引消費者的時候（見圖11-3）。

鐵路對客運旅行的影響達到最高峰的現象，在一九二〇年第一次清楚記錄下來，鐵路旅行比搭乘康內斯托加式寬輪大篷車（Conestoga wagon）、公

圖11-2 45年創新週期

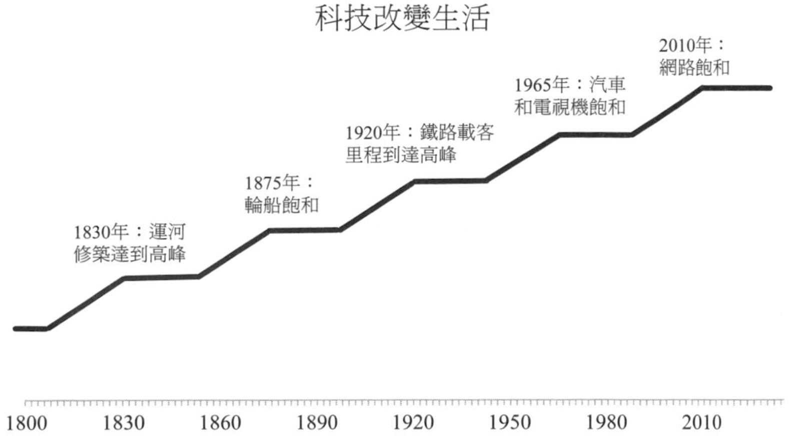

資料來源：鄧特研究中心

共馬車和輪船愉快多了，事實上，鐵路把都市之間的旅行和商務連結起來，統一了美國，在此之前，輪船連結美國北部和南部，鐵路連結美國東部和西部，汽車和卡車則把美國東西南北都連結在一起。

重要的科技引發大量生產和生產線革命後，隨之而來的是一九四〇年代至一九六〇年代之間，人口從都市大量移居郊區。

突然間，每個人都可以擁有更多的土地和空間，享受更安全的生活狀況，輕鬆的通勤上下班，不必住在走路可以上下班、或是最接近客運站或火車站的地方。

我用汽車趨勢和聯邦公路建設經費，摘要說明這種革命，因為這些是最容易衡量、又最基本的東西。

圖11-3　鐵路旅客與載客收入

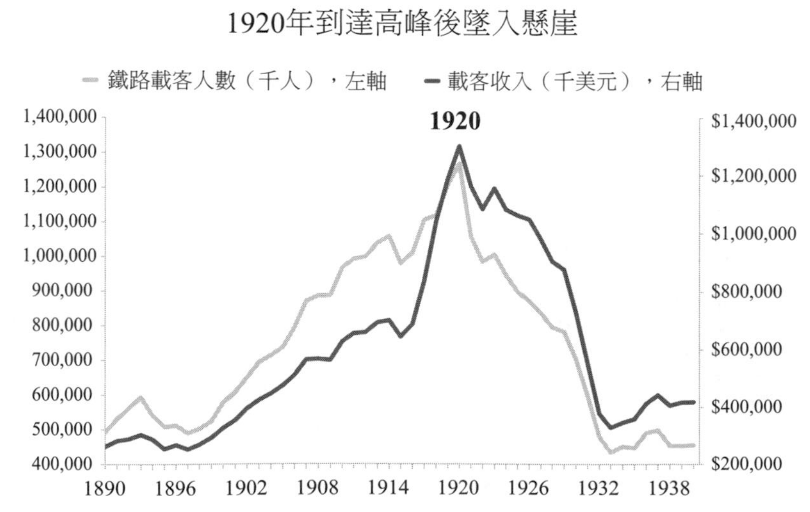

資料來源：殖民時期到1970年的美國統計摘要

你可以看看，遠在鐵路達到高峰後很久，汽車的接受度加速提高，到一九六五年達到市場飽和；也可以看到美國高速公路系統如何從一九三〇年代末期開始、蓬勃發展到一九六〇年代中期（見圖11-4）。

到一九六五年，美國八〇%的家庭擁有汽車，大部分人民住在郊區，和一九〇〇年代完全不同，甚至和咆哮的一九二〇年代繁榮期間不同。高速公路系統連結所有大都市，便於大家從郊區通勤上班。

這種週期的另一面比較中性，沒有像其他週期一樣會轉而下降，畢竟，創新**總是**會出現，只是在這段中性期間，下一批新科技會在利基市場出現，比較老舊的浪潮逐漸飽和和衰微。

圖11-4　國道高速公路里程與建設經費在1966年升到高峰

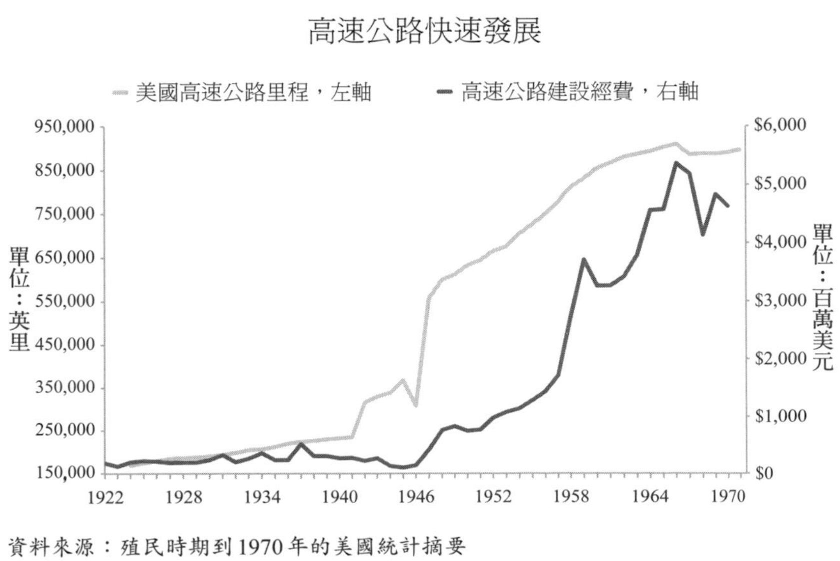

資料來源：殖民時期到1970年的美國統計摘要

其中的典範是生物科技，在這個領域裡，創新繼續呈現指數成長，但是大眾還不能利用其中的很多突破。這個科技週期大約在二〇三二年轉為向上，請注意這種週期會爆發成長為主流週期。其他突破性科技，如三D列印、機器人科技，以及更值得期望的奈米科技，現在都離主流的地位還很遠。大家預測機器人科技展現的影響應該會大很多，實際上，機器人現在還是又蠢又笨。

四十五年創新週期對生產力和工資增加影響更大，把這種週期，加在我所說週期分級中的另外三大週期上時，二〇一〇年代剩餘時間的景象看起來甚至會更清澈透明，卻也比較灰暗。

世代消費潮、地緣政治週期、創新週期和景氣循環（太陽黑子）週期全都在二〇一四年年初下降，而且這種趨勢會繼續走到二〇二〇年年初！

我之前已經解釋，過去集體出現這種的狀況時，都會產生毀滅性的結果。

請注意這種週期分級的發展，注意危機從二〇〇〇年年初開始如何加深：

- 二〇〇〇年年底，地緣政治週期升到高峰，我們碰到最慘烈的科技股崩盤，隨後發生毀滅性的九一一恐怖攻擊。
- 二〇〇七年年底，美國的世代消費潮升到高峰，隨後出現大衰退和第二次股市大崩盤。
- 二〇一〇年，創新週期升到高峰，結果隔年股市修正二〇%，形成二〇〇九年年初觸底以來最大的修正。

- 二〇一四年二月，太陽黑子週期成為最後升到高峰的週期，股市從二〇一四年十月月底就徘徊不前，無視於歐洲與日本更高水準的量化寬鬆，也無視於中國的加強舉債和過度建設。這種情形告訴我，下一個重大金融危機和股價崩盤應該在現在和二〇一七年年底之間爆發，二〇一八年年底到二〇二〇年年初之間還會出現另一次規模比較小的崩盤與後續震撼。我們要到二〇二二年年底、四大週期中三個週期同時反轉上升前，才會看到底部，最後一個（創新週期）會在二〇三二年加入上升的行列。

而且，因為各國央行已經花了很多年時間，吹出現代史上最大的泡沫，未來的危機應該遠比我們所見過的危機還大。

顯然我們處在危險的投資環境中，但是這種環境也充滿絕佳的機會。

而且你可以看出來，只要伴隨正確的週期補充彈藥，就絕對可以看清未來的變化，只是這並不是容易的事！

當然，這一切在理論上看來都很好，在現實生活中看來會是什麼樣子呢？

嗯，讓我們繼續看下去。

第十二章
最好現在真的有在復甦

前面說過，在一九八八年創造的世代消費潮中，我把出生人口的數字往後平移，還計入移民之後，才看出美國嬰兒潮世代的消費高峰，中產階級的這種週期在四十六歲時達到高峰，富人階級大約在五十四歲時達到巔峰。

現在，消費潮又來了，這次跟計入通貨膨脹後的道瓊指數重疊在一起。

圖12-1顯示這個週期的實際樣貌。

圖12-1　世代消費潮實際走勢

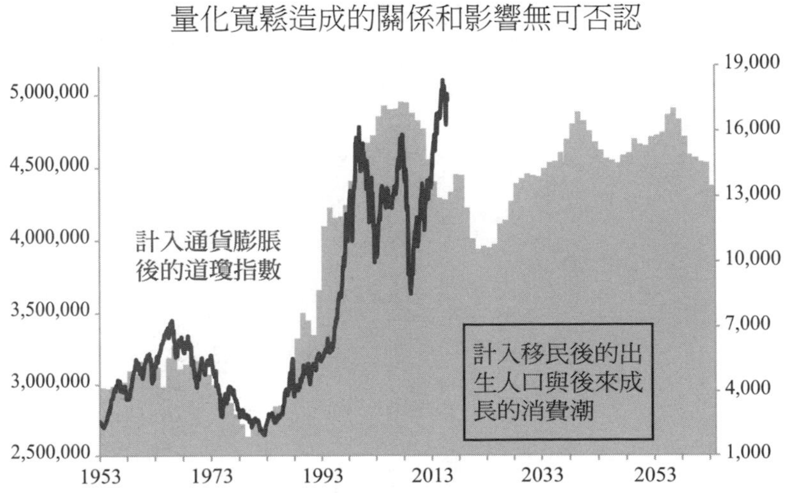

資料來源：鄧特研究中心、美國勞工局、彭博資訊

這張圖總是特別精彩！

這一點和（計入通貨膨脹後的）道瓊指數相關性極高，證明這個指標長期有效。

如果你或別人能夠找到勝過這個指標的長期領先指標，我會立刻雇用你（或他們）！

請注意，二〇〇八年年底開始的量化寬鬆造成明顯的分歧，股市現在遠遠高估，違反基本面趨勢，這種情形不會長久，記住我的話！從火箭炮式的印鈔票到負利率等無所不用其極來維持整個體系的作法全都失敗後，我們會在絕望之中變得更接近不可避免的命運。

世代消費潮對股市與經濟的影響最廣泛，也最普遍，而且清楚可見。然而，新世代崛起，達到家庭與消費週期高峰後，不只影響股票，也影響消費、生產力和企業獲利。

畢竟，人民才是美國經濟**真正的動力**，經濟學家要你相信政府政策是美國經濟的真正動力，這種看法並不正確。**這點**就是我們研究中的祕密，**這是**我們跟別人不同的地方：我們注意到最重要的因素，就是你！

表12-1更詳細的顯示這種週期的影響。

請注意，我衡量的所有指標都是計入通貨膨脹後的實質數字。

你可以看出來，股票受到世代消費潮影響最大，原因在於從歷史觀點來看，股價上漲的速度比企業獲利快，當然啦，企業獲利提高的速度又比經濟成長快。

一九四二年到一九六八年的長期上升週期期間，把股息計算在內，股票上漲一一．二%，然後在一九六九年到一九八二年的下降週期期間，下跌○．八%，波動幅度達到十二個百分點！

下一個景氣循環的上漲幅度為九．二%，下跌幅度只有六．五%，這一點要感謝量化寬鬆，因為量化寬鬆在這段期間為股票提供空前未有的支撐。

這個週期的企業獲利變化也非常明顯。

第一波漲幅為三%，接著下跌時的實質年成長率為負○．一%。

一九八三年到二○○七年最近這次週期中，漲幅高達三．九六%。但目前的下降週期相當異常，聯準會的貨幣政策罕見的大力鼓勵股票買回與毫無用處的併購。

在零售銷售額上我們可以再度看到上升週期

表12-1 實質經濟成長率

世代消費潮週期的影響

年度	週期方向	平均年成長率				
		計入股息的S&P報酬率	實質企業盈餘	實質零售銷售額	實質個人消費支出	實質經濟成長率
1930-1941	下降	–1.1%	1.6%	–	1.98%	3.32%
1942-1968	上升	11.2%	3.0%	2.9%	3.96%	4.39%
1969-1982	下降	–0.8%	–0.1%	1.3%	2.98%	2.57%
1983-2007	上升	9.2%	4.0%	2.6%	3.65%	3.38%
2008至今	下降	6.5%	17.2%	0.8%	1.29%	1.14%

資料來源：鄧特研究中心、MeasuringWorth.com, www.econ.yale.edu/~shiller/data/ie_data.xls、美國勞工局、美國經濟分析局

的時間比下降週期的時間多出一倍以上，一九四二年到一九六八年的上升週期中，成長率為二．九％，遠高於一九六九年到一九八二年下降週期的一．三％，一九八三年至二〇〇七年的上升週期中，成長率為二．六％，也遠高於目前這次下降週期中的〇．八％。

有趣又或許相當明顯的是，量化寬鬆並沒有破壞過去的零售銷售額週期型態，連企業獲利和股票都能夠對抗這種趨勢。目前的下降週期造成企業獲利成長放慢到只剩〇．八％，甚至比上次下降週期時還差，何況最淒慘的時刻還沒有出現！

回溯更久以前的個人消費，也出現類似的趨勢，一九四二年到一九六八年的上升週期中，個人消費實質成長率比隨後的下降週期高出三三％。一九八三年到二〇〇七年的上升週期中，實質成長率為三．六五％，目前的下降週期中，實質成長率只有一．二九％。

我們再度看到這次下降週期中，統計數字遠低於過去的週期，證明聯準會的貨幣政策沒有造福整體經濟和一般家庭。

最後，實質經濟成長率也明顯相關，但表現在上升和下降週期中的分歧卻不很明顯，因為政府在下降週期期間，通常會跟民間經濟逆勢而行，增加赤字，推動刺激計畫，努力抵銷經濟衰退。一般說來，一九三〇年到二〇〇七年間，上升週期的實質經濟成長率比下降週期高出〇．九四個百分點，如果把這個數字以平均二十六年的繁榮期間複合成長，就會發現這個數字很可觀。

總而言之，世代消費潮清楚顯示，量化寬鬆拉抬股價和企業獲利，卻對整體經濟或消費者幾乎無濟於事。

風險認知影響股票本益比

三十五年地緣政治週期的主要影響是在風險認知上，當世界平安無事時，股票價值和本益比會飛躍上升，大家覺得世界離全球戰爭只有一步之遙時，這些指標通常會受到壓抑。

看看圖12-2就會了然於胸。

請記住，地緣政治週期平均一次三十五年，其中上升期間為十七到十八年，下降期間也是十七到十八年（這個週期的上升期間為十八年）。

圖12-2 地緣政治週期與本益比的比較

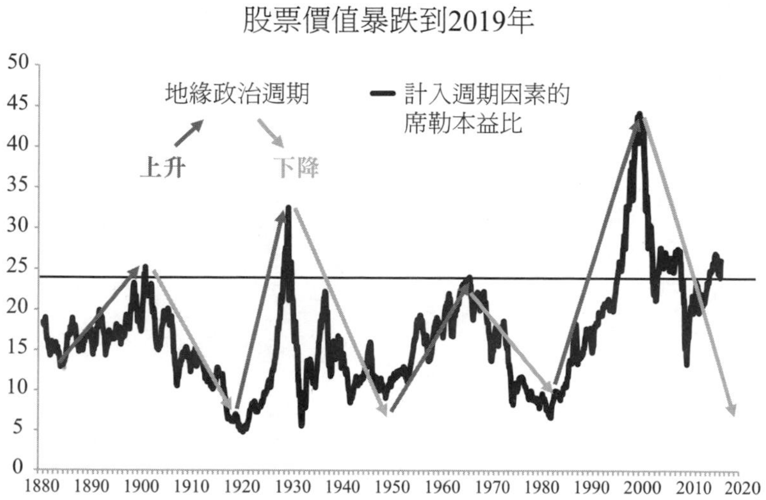

資料來源：www.econ.yale.edu/~shiller/data/ie_data.xls

請看看地緣政治週期跟本益比之間驚人的相關性，本益比在長期下降期間的變化，至少跟股票的盈餘或銷售成長率一樣大。

投資人在週期巔峰期間，願意付出遠高於二十倍的長期本益比買進股票，二〇〇〇年年初，投資人甚至願意付出高達四十四倍的本益比！

不過，在這種週期的谷底期間，投資人只願意付出五到十倍的本益比，差異真是驚人。

請注意，我在這份分析中採用計入週期因素的席勒本益比（Shiller cyclically-adjusted P/E ratios），席勒本益比以十年實質平均盈餘進行調整，消除盈餘週期中的極端波動性。無論如何，這個指標跟正常的本益比密切相關，都是以當期年度盈餘為基礎。

因此，世代消費潮主要影響「盈餘」，地緣政治週期主要影響投資人根據自己的認知，願意為購買這種「盈餘」所付出的「價格」，這就是這兩種週期重疊在一起的地方。

受到人口趨勢的不利變化影響，繁榮盛況開始變成衰退時，投資人會認定風險增加了。但是世界因為戰爭、內戰、恐怖主義、石油禁運、甚至乾旱、瘟疫之類的事故影響，看來危險重重時，投資人也會認知到這樣的風險。從二〇〇一年以來，我們不停在承受這類風險，在這段期間前，也就是一九八三年到二〇〇〇年間，世界上幾乎又有發生什麼重大挫敗事件，我們可以看出這種狀況對本益比的影響。

事實上，就是這種情形讓我深信地緣政治週期很重要。二〇〇〇年後，本益比劇烈變化，即使企業受惠於免費的量化寬鬆資金資助，獲利強勁，股市卻從來沒有接近科技泡沫高峰時所創下的高本益比。其中的原因是：我提出的三個比較長期的週期從一九八八年年中到二〇〇〇年間都正向發展。加上嬰兒潮世代在一九九〇年代大量消費，人口週期更呈現出有史以來最強勁的上升。

我認為，很多長期分析師將來會錯過市場頭部，原因之一其實受地緣政治週期有關，他們正在等待類似美股在二〇〇〇年創下的高價，但是美股根本不會漲到那裡，股票價值已經超過過去大部分最極端的價值，只低於一九二九和二〇〇〇年各種週期匯合時、所創下一生只會看到一次的極端。

這裡要說明地緣政治週期影響本益比的另一些細節（關於這個週期，我們可以追溯到更久以前，但是我認為你已經知道整體的面貌。）

我努力計算表12-2的數字，評估地緣政治週期高點時的本益比，而不是本益比的高點數字，我這樣做是因為投資人如果依據這種模型，並無法預測高點的地方。

你可以看出來，過去四次地緣政治週期高點時，本益比介於二十一．四倍到三十七．二八倍之間。

一九九九年到二〇〇〇年間的本益比最高，原因正是龐大的嬰兒潮世代以最快的速度消費、網路正在S形曲線上以最快的速度蔚為主流，加上地緣政治週期升到有利趨勢的高峰。

但是，在地緣政治週期的低點時，本益比卻降到八．四七倍到十．六八倍之間，平均只有高峰期間的一八．七％到四八．五％，顯然投資人願意為股票付出的價格差距極大。

我保守估計，在最近這次地緣政治週期的低點，本益比會跌到七倍左右，因為下次崩盤會在最嚴寒的經濟寒冬時發生，而且在這樣的時刻裡，崩盤和各種經濟數字都會降到可怕的水準，就像大蕭條時一樣。

過去四次完整的週期中（包括

表12-2 地緣政治週期與本益比的比較

風險認知變化形成的衝擊！

年度	變動方向	在地緣政治週期高點時的席勒本益比（計入週期因素）	在地緣政治週期低點的本益比（計入週期因素）	低點占高點的比例
1883-1898	上升	21.40		
1899-1914	下降		10.17	47.5%
1915-1929	上升	22.01		
1930-1947	下降		10.68	48.5%
1948-1965	上升	23.69		
1966-1982	下降		8.47	35.7%
1983-2000	上升	37.28		
2001-2019	下降		估計7.0	18.7%
1883-2019 平均值	N/A	26.1	9.1	34.8%

資料來源：www.econ.yale.edu/~shiller/data/ie_data.xls

對下次低點的估計），週期走到低點時，本益比會比高點時下降五〇％，而且降幅經常會超過五〇％，**這是**為什麼我把這個週期放在第二個分級的原因。

鑑於股市已經出現本次週期中第二高的本益比，世代消費潮又早在二〇〇七年年底見到高峰，你一定不希望在股票上坐以待斃。相反的，如果你一定要投資，你應該遵循經過考驗和證明的交易系統，如亞當．歐戴爾（**Adam O'Dell**）的《第九週期警告》（*Cycle 9 Alert*）和《最大獲利警告》（*Max Profit Alert*）、約翰．魏奇歐（**John Del Vecchio**）的《雄辯投資人》（*Forensic Investor*）、羅德尼．詹森（**Rodney Johnson**）的《三重操作策略》（*Triple Play Strategy*）或蘭斯．蓋騰（**Lance Gaitan**）的《國庫券獲利加速器》（*Treasury Profits Accelerator*）。

橫向整理的創新潮

了解世代消費潮和地緣政治週期在真實生活中的面貌之後，接著來看創新週期，在我的週期分級中，創新週期是最長期、最廣泛的週期，預測長期轉折點時，這個週期沒有那麼重要。然而，在上升週期中，創新週期每年會把生產力之類的東西提高一％，從而助長經濟趨勢，生產力在二十二年半的上升趨勢中複合成長，就會變成很重大的差異。

不過對投資人和企業來說，最重要的是，這種週期進入穩定期後，過去的成熟企業會衰微，新的部門會崛起，情勢不利時，更是如此。用這種方式就可以看出未來一定會出現大量新的機會（我在第二十一到二十四章中會更詳細的解釋）。

這種週期在二〇一〇年年底進入橫向整理階段，而且會繼續這樣直到二〇三二年年中（不像其他長期週期，在二〇二〇年年初到二〇二二年年底之間反轉回升）。這點告訴我，從二〇二三年起，世代消費潮和地緣政治週期雙雙反轉回升時，會促成另一回的全球繁榮，但不會像過去的上升週期那麼強勁，在人口趨勢退潮、科技和生產力比過去更重要的已開發國家中，更是如此。

表12-3可以感受到真實生活中這個週期的影響。這種週期有下述兩種最強勁的相關性：

表12-3 創新週期

生產力提高

年度	週期方向	平均年成長率	
		平均每人專利件數	生產力
1876-1897年年中	下降	0.6%	–
1897年年中–1920	上升	0.8%	–
1921-1943年年中	下降	–1.5%	–
1943年年中–1965	上升	2.2%	2.0%
1966年–1988年中	下降	0.6%	0.8%
1988年年中–2010	上升	3.8%	1.0%

資料來源：鄧特研究中心，MeasuringWorth.com, www.econ.yale.edu/~shiller/data/ie_data.xls，勞工統計局，美國專利和商標辦公室

一、專利活動在上升趨勢時更為強勁。在一九八八年年中到二〇一〇年最近的上升階段中，每年的專利件數平均增加三．八%，相形之下，在一九六六年到一九八八年年中的前一個穩定階段中，每年專利件數平均只增加〇．六%。

二、生產力在上升週期中會急劇升高。一九四七年前，我們沒有一致的勞工生產力資料，但是從一九四三年年中到一九六五年的第一個完整週期中，生產力在上升趨勢中平均每年提高二%，在下降趨勢中平均只提高〇．八%。從一九八八年年中到二〇一〇年最近一次上升趨勢只提高一%，不如前一次的週期，但是我認為，這是我們的社會迅速老化的結果，也是亞裔人士和移民造成工資縮減的結果。如果在目前的下降週期中，生產力提高幅度接近〇，我也不會覺得驚異。

這個週期的下一個上升階段會從二〇三二年年中，持續到二〇五五年，這時，所有令人驚奇、又有極大影響力的重大科技都會蔚為主流。前面說過，生物科技最有機會成為最先突破的科技，接下來是三D列印、潔淨能源、機器人科技和最後卻也極為重要的奈米科技。

這時，時間終於到了。

正在發揮作用的強勁領先指標

前面說過，太陽黑子週期讓我們知道股市什麼時候最可能崩盤、經濟最可能衰退。太陽黑子週期能夠掌握這種優勢，是因為科學家從十七世紀中期起就精確的測量太陽黑子的活動，你可以看看圖12-3的記錄。

我的研究分析師戴夫・歐肯奎斯（Dave Okenquist），找到回溯到一八五〇年的經濟衰退資料，並用灰色陰影來註明衰退期間。這張圖告訴我們，有八八%的衰退發生在太陽黑子週期的下降階段，這種相關性高得驚人，又不容辯駁！凡是認為這種情形太怪異，拒絕注意這種現象的人，都得自行負擔因此所產生的費用支出。

圖12-3　太陽黑子週期

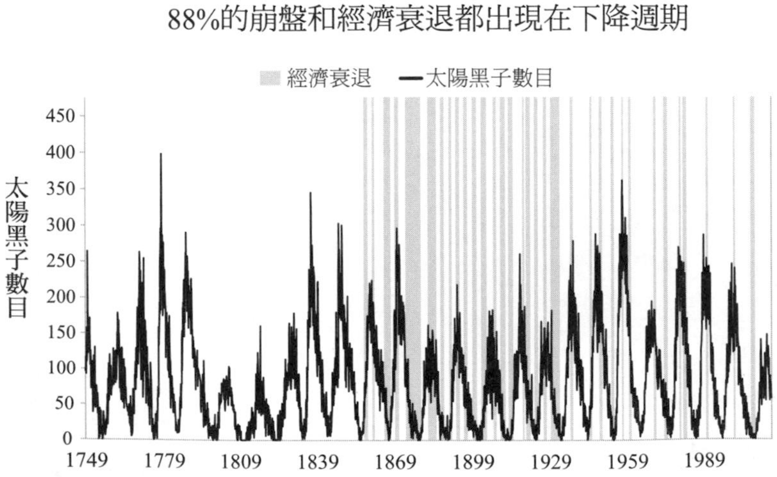

資料來源：美國太空總署網站（NASA.com），鄧特研究中心

我們在上次太陽黑子週期中，碰到二〇〇〇年三月到二〇〇二年十月科技股從最高峰崩盤的慘劇，這段期間正是太陽黑子週期下降階段的前三年。接著，二〇〇八年到二〇〇九年碰到股市崩盤和大衰退，在二〇〇九年八月出現週期底點，這樣的預測工具表現如何？

最近這次週期是幾百年來最極端的週期，期間長達十三．九年！到二〇一四年二月才達到高峰，開始反轉向下，跟過去比較常見的十年下降期間不同。

表12-4列出重大危機跟太陽黑子週期下降階段之間的相關性。

表12-4 太陽黑子週期

在下降週期，主要的股市崩盤與危機

蕭條、大衰退、大崩盤	衰退期間（美國全國經濟研究所定義的衰退和蕭條時間）	太陽黑子週期的下降期間
蕭條	1837-1843	1836年12月–1843年2月
蕭條	1873年10月–1879年4月	1870年5月–1880年3月
蕭條	1882年3月–1885年5月	1882年4月–1890年2月
蕭條	1893年1月–1897年6月	1893年8月–1902年4月
崩盤和衰退	1907年5月–1908年6月	1907年2月–1913年6月
蕭條	1920年1月–1921年7月	1917年8月–1923年8月
蕭條	1929年8月–1933年3月	1929年12月–1933年8月
大崩盤和衰退	1973年11月–1975年3月	1969年3月–1976年7月
兩次衰退	1980年1月–1982年11月	1979年9月–1986年6月
大崩盤和衰退	2001年3月–2001年11月	2000年7月–2009年8月
大衰退	2007年12月–2009年6月	

資料來源：鄧特研究中心、美國全國經濟研究所（NBER.org）、美國太空總署網站

十一次重大金融危機完全正確命中，打擊率百分之百！

再一次，在一九八八年我發現世代消費潮以來，這個週期是用來預測最好的週期。

目前這個週期透露了什麼祕密？

這個週期告訴我們，最大、最主要的危險區迫在眼前，就在下降週期初期的二〇一七年，上次二〇〇〇年至二〇〇二年下降週期初期時，爆發科技股大災難！

各國央行正拚命對抗這種情勢，他們或許只能把崩盤稍微延後一點，但是如果被動投資人冒險留在這種市場裡就太傻了，在市場（從二〇一四年十一月起）已經橫向劇烈波動將近兩年之後的現在，這樣做更是愚蠢。

這個週期也告訴我們，第二個危險區大約會在二〇一八年年中到二〇一九年年底或二〇二〇年年初出現，正好是科學家預測太陽黑子活動再次開始下降的時候。不過，科學家可能再度把預測的時間延後到二〇二一年或二〇二二年。關於這一點，最高明的科學家是我的祕密武器，繼續遵循戴維斯十年週期的投資人，可能大大的偏離正軌。

總之，四個有力的總體經濟週期都指出，到二〇二〇年年初，這四個週期會一起向下，最重要的人口週期在二〇二二年年底前不會反轉回升。每個週期都針對塑造經濟長期走勢的環境因素，提供最完整卻仍然簡單的看法，讓你從中看出未來歲月的機會之窗。

所有週期都在說，我們很快就會看到這輩子最好的投資機會，股票、房地產、企業、甚至連黃金都會大幅下跌，了解這個道理的人才能占有優勢。

因此，我們現在要談談這個重大問題。

第十三章
從泡沫破滅中致富

我最近聽到別人說：「死亡是……為了重生而暫時休息。」多麼有道理啊！你的電腦當機、用力拍拍都沒反應的時候，你怎麼辦？那就重開機吧！酷寒的冬天後，會出現什麼結果？百花會盛放，一切會重新生長。看看一九三〇年代大蕭條後的樣子？結果美國出現從羅馬帝國時代以來，歷史上最大、最長的繁榮。

換句話說，經過過度擴張後，要看到實質成長，我們首先需要重開機。這一點今天再正確不過了。

感謝美國聯準會和其他國家央行，世界市場經過七年的人為刺激後，已經膨脹成更巨大的泡沫，經濟成長卻繼續放慢腳步。

現在想要重新點燃成長的火花，唯一的方法是全球經濟和所有股市忍受一次痛苦的爆炸，清理完戰場，然後重開機。

我們就該這樣做。

希望在你看完本書時，已經做好準備，要清理重開機後留下的碎片。現在我們要一起協助你扭轉機會，直接踏進世代財富天地！

因此，我們要先看看過去的重開機是什麼樣子，以便了解重開機後會有什麼遭遇，了解其中背後的原因！

我最喜愛的當代古典經濟學家雷西·韓特（Lacy Hunt）有張很棒的圖

圖13-1　美國負債總額占GDP的比率

資料來源：霍伊斯頓投資管理公司（Hoisington Investment Management）、鄧特研究中心

表，顯示在整個現代史裡，債務泡沫如何膨脹和破滅、造成蕭條（見圖13-1）。這張表雖然只回溯到一八七〇年，但我很肯定以前的狀況大致相同。在債務成長速度高於經濟成長時，因為人類的天性，這種情形無法避免，將來總是會出現以後會破滅的經濟和金融資產泡沫，我們在第二章已經討論過這點。

美國的第一次鐵路泡沫破滅後，曾經在一八七三年到一八七七年出現經濟蕭條，債務占GDP比率升到一六四％的最高峰，然後承受大規模減除債務的苦果。鐵路泡沫最後完全化解（至少）五年後，市場上充斥著搶占好位置、追求龐大財富的機會。

大蕭條期間，債務占GDP比率升到三〇〇％的高峰，我們全都看過那次經濟崩潰後遺症的照片，事實上，大蕭條的衝擊深植美國人心中，只可惜大家已經忘掉其中的教訓！

請注意，實際的債務泡沫在一九二九年升到高峰，占GDP一八〇％，但經濟戲劇化崩潰要到一九三三年，債務占GDP比率大幅激增。先前的鐵路泡沫也是這樣，當時股價在一八七三年漲到天價，但是負債比率受到經濟衰退拖累，要到一八七五年才升到高峰。

因此，你可以看出來，在大蕭條期間，有很長的時間可以挑選能夠累積財富的投資標的，從一九三三年到一九四二年都是好時機，一直到一九六八年至一九七二年。只要想像一下，如果你當時做好準備，等待那種時刻，投資在股票、房地產或企業上，從那個時候開始，你就會笑著數著鈔票！

我們現在置身於現代史上最大的債務泡沫中，到目前為止，債務占GDP的比率已經在上次大衰退中升到三七五%的巔峰，我相信在二〇一七年或稍晚未來蕭條最慘烈、美國經濟崩潰時，債務占GDP比率還會升到四五〇%至五〇〇%以上。

就像過去每次的泡沫破滅時一樣，經濟寒冬最後要結束時，大部分的債務都會被塗銷。在不動產崩盤、很多企業與家庭破產時，債務會重整或塗銷，到二〇二〇年代初期，我們可能會看到債務占GDP的比率降到一八〇%以下。

這些債務泡沫都很類似，結果都相同：股市崩盤，戒除金融毒癮時，要從貸款、高收益債券、股票、不動產到商品上經歷減除債務的痛苦。問題是，因為我們現在已經升到極端的水準，這次因為無止境的量化寬鬆造成泡沫延長，造成的痛苦更多了。

事實上，我們看過很多股票泡沫，包括一八七〇年代末期的鐵路泡沫、一九八七年的泡沫、一九九四年年底到二〇〇〇年三月的科技股泡沫。但是，這些泡沫都沒有造成大規模的重開機問題，跟一七二〇年到一七二二年、一八三五年到一八四三年、以及一九二九年到一九三二年的泡沫不同，也跟我們即將面臨的泡沫不同。一九八七年的泡沫破滅時，美國經濟甚至沒有陷入衰退，二〇〇一年的泡沫破滅後，經濟也只輕微衰退而已。

這是因為發生大規模的重開機時，我們不只是碰到股票泡沫而已，這種情形很像今天碰到的狀況，也很像大蕭條前的狀況。

雖然每個人都熟悉一九二九年重大股票泡沫破滅，知道整個故事的人卻很少。事實上，這場泡沫的起因是銀行體系受到農地泡沫的致命重擊！

一八三五年破滅的泡沫也是這樣，是在中西部不動產大擴張後爆發。今天的情形也一樣，現在全球不動產泡沫扭曲到難以想像，全都是拜有史以來最寬鬆的借貸政策之賜。

在促成必須大規模重開機的環境中，中央銀行也扮演重要的角色。各國央行在一七〇〇年代初期的歐洲推出刺激經濟的政策；美國在一九一三年年底創設聯邦準備理事會；到了二〇〇八年年底，全球央行競相推動量化寬鬆政策，創造規模最大、最為全球化的不動產泡沫！

一九一三年聯準會創立，將近二十年後，美國發生最大規模的泡沫破滅和隨之而來的蕭條，兩者之間的關係絕非巧合！

蕭條會讓你得到這輩子最好的投資機會。

你可以自己看看。

一七二〇年至一七八七年的六十七年空頭市場

約翰．勞爾（John Law）是現代史上第一位中央銀行家。當時英法兩國剛剛打完一場漫長而昂貴的戰爭，都背負龐大的政府債務。

約翰．勞爾認為，償還政府債務最好的方法，是利用政府以低於市場行情的利率貸款給大眾購買密西西比河流域的土地，沒錯，他要賣的其實是沼澤地！

同時，英國壟斷南海公司對印度與遠東貿易的融資權利，英國政府同樣以低成本的融資對大眾發售股票，以便清償債務。這又是一件政府推動的財政陰謀！這項陰謀造成第一個股票大泡沫（股票最早是在一六〇七年以小規模的方式創造出來，期貨市場最先是在十七世紀中期出現，當時，聲名狼藉的鬱金香泡沫才剛剛破滅不久）。

我在第六章中曾經詳細討論過這兩場泡沫，都因都是政府提供低利融資、鼓勵投機，使得一七二〇年泡沫破滅，到一七二二年，價值減損超過九〇％，經濟蕭條隨之而來，股票幾乎毫無波動，這種狀況一直維持到一七八七年，長達六十七年之久！

我希望現在你已經清楚了解，泡沫破滅不是輕鬆愉快的事情，而是災難性的崩潰，世界上絕對**沒有**軟著陸這種事！但是，一旦最初的困境結束後，相關的市場和經濟會以比較慢的速度繼續滑行，然後在底部蹣跚前進很多年，這時正是發現大好機會的時候，這一點我稍後會跟你分享。

十八世紀長達六十七年的蕭條期間，很多企業家、商人、投資人和創新專家利用眼前跳樓大拍賣的大好良機，大部分投資人卻深埋在恐懼中，為崩盤造成的痛苦療傷止痛。這些成功的投資人中，最有名的人是富蘭克林（**Benjamin Franklin, 1706-1790**）。

很多人認為富蘭克林是「美國的第一位企業家」，他是一位蠟燭製造商的兒子，更是備受歡迎的作家、印刷商、發明家和精明的企業家。他發明的避雷針、玻璃口琴、富蘭克林火爐、雙焦點眼鏡和活動導尿管都很有意思，不過這些都不在本書的討論範圍內。

本書要討論的是，富蘭克林一七二三年就獨力出擊，這時，密西西比土地泡沫和南海泡沫破滅才不過一年，大多數同胞還在療傷止痛，他卻搬到費城，開創極為成功的印刷事業，印刷事業獲利極為豐厚，因此，他可以在四十五歲的壯年退休。

雖然他從來沒有明白表示自己是在泡沫破滅後，利用這種跳樓大拍賣的機會，他的行動卻證明他很精明、勇敢，能夠利用環境提供的機會。就像他說：「機會是高明的老鴇。」簡單的說，他冒的是計畫性的風險，而且得到豐厚的報酬！

一七三三年，他開始出版《窮理察年鑑》（*Poor Richard's Almanack*），化名需要用錢應付嘮叨妻子的理察・桑德斯（**Richard Saunders**）寫作，他很多膾炙人口的名言都出自這本年鑑。

他在一七三一年協助創設費城圖書館公司（Library Company of philadelphia），這時書籍稀少而昂貴，他認為，大家把資源匯集起來，就可以向英國採買書籍。一七五一年，他還跟湯瑪斯．龐德醫師（Dr. Thomas Bond）聯手創設賓夕法尼亞醫院（Pennsylvania Hospital）。

今天這家圖書館和醫院都還在，歷史已經超過二百八十五年！

羅斯柴爾德是另一個典範，同樣在六十七年的蕭條期間，抓住了大好良機。

他創立羅斯柴爾德銀行王朝，一般認為，這個家族是歷史上最富有的家族。事實上，二○○五年時，《富比世》雜誌在〈二十大歷來最有影響力的企業家〉（The Twenty Most Influential Businessmen of All Time）排行榜中，把他排名第七。請記住，前面章節中引用過他的睿智名言：「我賣出的時間總是稍微早了一點。」

約須亞．韋志伍（Josiah Wedgwood）和馬休．布爾東（Matthew Boulton）也因為在這段期間裡成功經營事業，成為歷史人物。

腓特烈．道格拉斯（Frederick Douglass）、林肯總統、巴能（P.T. Barnum）和麥康米克等人，則是在一八三五年到一八四三年的蕭條期間發跡成名。

道格拉斯是在經歷三年蕭條後逃脫奴隸生活，變成偉大的演說家、暢銷書作家和報紙發行人。

巴能在崩盤前一年創立巴能科學音樂大戲院（Barnum's Grand Scientific and Musical Theater），

他的馬戲團最後在一九〇七年由玲玲馬戲團（Ringling brothers circus）收購！此外，他也是中小企業主和報紙發行人。

麥康米克是麥康米克收割機公司（McCormick Harvesting Machine Company）創辦人，他在一八三七年的恐慌中幾乎喪失一切，但是他堅忍不拔，在別人太害怕的時候干冒風險，善盡利用他所看到的機會，其他的事情就不必多說了。

一八七三年到一八七七年的鐵路蕭條，讓約翰・洛克菲勒（John D. Rockefeller，美國史上最富有的人）、卡內基（Andrew Carnegie）、摩根（J. P. Morgan）和愛德華・哈里曼（Edward Harriman）等人抓住絕佳的機會。

洛克菲勒的事業計畫很簡單：持續不懈地提高旗下煉油廠的效率，再對鐵路公司施壓，降低運輸成本，因此可以低價跟對手競爭，買下競爭對手。這都是在企業界面臨蕭條壓力，幾乎只能勉強維持不倒的時候完成。

卡內基認真儲蓄，然後把錢投資在鐵路事業上（之後轉向鋼鐵廠的興建與投資）。

哈里曼是「鐵路投資奇才」，據說，他會吃下表現不好的鐵路公司，然後大舉投資，把鐵路公司改造成更有效率、獲利更多的企業。

他們真是善於利用這輩子最好的投資機會啊！

他們在鐵路產業賺到大錢絕非巧合，他們全都利用鐵路蕭條帶來的機會，他們都不是出身富人家庭，都是白手起家的人。

一九二九年到一九四二年間，漫長的大蕭條後遺症期間，培養出今天一些最富有、最著名的企業家和投資人，包括羅斯・裴洛（Ross Perot，電子數據系統公司〔EDS〕創辦人）、雷伊・柯洛克（Ray Kroc，麥當勞創辦人）、山姆・華頓（Sam Walton，沃爾瑪創辦人）、杜魯門總統、雷根總統、華特・迪士尼、約翰・史柏齡（John Sperling，鳳凰城大學創辦人）、阿瑪迪歐・吉安尼尼（Amadeo Giannini，美國銀行創辦人）、查爾斯・梅瑞爾（Charles Merrill，美林公司共同創辦人）、艾斯蒂・勞德（Estée Lauder）、約翰・坦伯頓（John Templeton，據說他在「大蕭條時逢低買進、在網際網路泡沫時逢高賣出」）。

一九九五年至二〇一五年間的債務與資產大泡沫

美國聯準會一直遵循使命，在一九七〇年代的嚴重通貨膨脹和大衰退後，用人為壓低的利率和刺激手段，促進經濟成長，而且和其他國家央行聯手。

從一九八三年到二〇〇八年間，美國民間與政府債務是美國GDP的二・五四倍，全世界其他國家也以類似的速度成長，只有中國例外，但是所得和信用能力低很多的國家，本來就不該像其他國家這樣做。凡是看不出這個問題的經濟學家，都不該自稱經濟學家。

但是他們大都沒有看出這個問題！

連經濟衰退都沒有阻止這場泡沫，導致泡沫膨脹到大的驚人，情況就像圖13-2顯示的一樣。

但是還發生一些前所未有的事情。

各國央行認定，不能容許下一個重開機發生，決定防止這場債務與金融資產泡沫破滅。

因此，各國央行印製超過八兆美元的鈔票（還承諾會印更多），光是美國印製的鈔票就超過三．五兆美元，目的就是提供銀行

圖13-2 美國的債務與經濟成長率比較

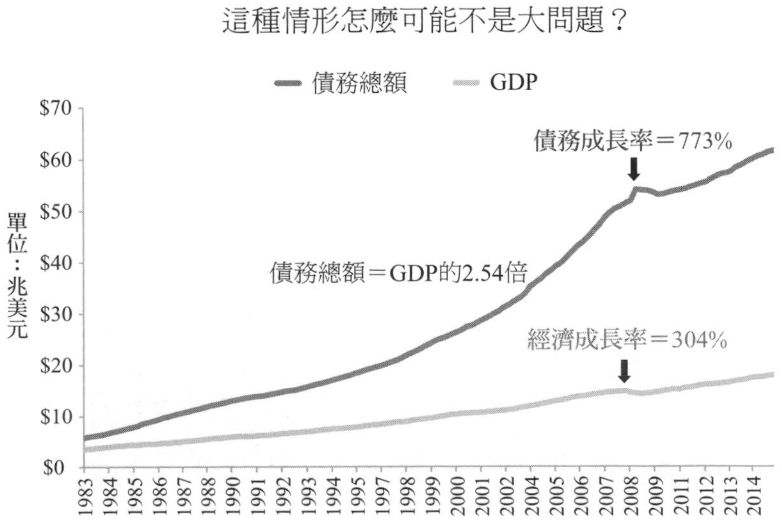

資料來源：聖路易聯邦準備銀行（St. Louis Federal Reserve）、國庫券直購網站（Treasury Direct）

流動性，防止銀行像一九三〇年代一樣倒閉。圖13-3顯示這樣憑空創造的資金爆量增加，用來購買政府公債和房貸債券。

這還不包括中國政府支持的債務爆量，從二〇〇八年起，這種債務已經成長二十三兆美元，成為最大的刺激經濟方案和免費午餐。中國大致上用這些債務興建基礎建設、工業廠房和沒有人住的房地產。

各國央行還取消銀行「按市值計價」的規則，讓銀行不必公布自己的不動產和貸款損失。

因為央行介入，應該倒閉的銀行遠比應有的家數少多了，過去的不良資產恢復正常的少之又少，為了刺激經濟，新的政府與企業債務卻多更多了。

圖13-3　主要國家央行的資產負債表

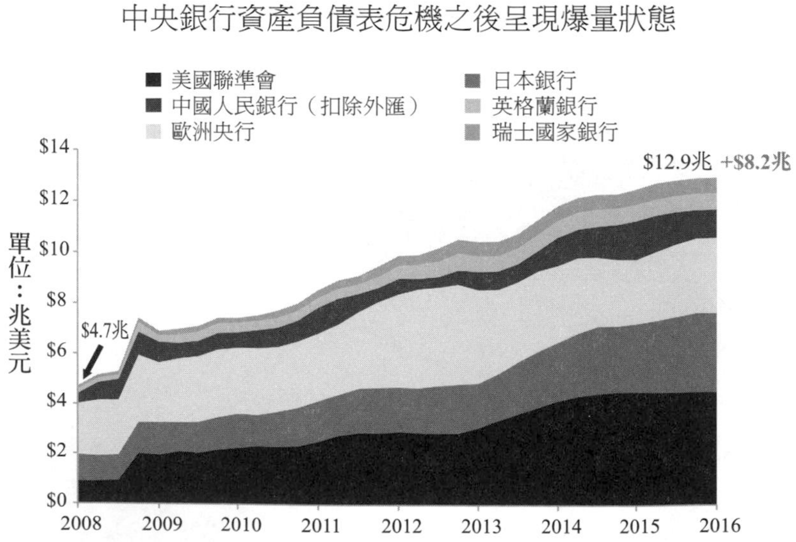

資料來源：聖路易聯邦準備銀行，亞德尼研究中心（Yardeni Research）

日本從一九九七年就採用這種政策，卻從此陷入「昏迷」狀態，人口老化，經濟靠著維生系統支撐，前途有嚴重問題，而我們也正往那個方向前進。

如果你碰到債務與資產價格泡沫，又不消除毒素或去槓桿化，那麼你會永遠無法從經濟寒冬中脫身。如果不清理雜事，就無法為新成長開闢坦途。日本就是活生生的例子，我們絕對不希望自己變成像他們那樣！

隆恩．殷沙納（Ron Insana）等主流分析師把聯準會的做法稱為新的「開明經濟學」（enlightened economics），我稱這種做法是瘋狂的行為，否定這樣的做法，其實簡單明白，繼續這樣下去，我們一定會毀滅！

這麼說來，我們應該何去何從？

二〇一六年至二〇二二年的大蕭條

靠著免費資金和無窮無盡的量化寬鬆，到底能夠把泡沫維持多久？

當然無法永久維持，而且到了此刻，已經不能再維持多久了！

你真的可以不勞而獲嗎？

當然不行！

在無止盡的量化寬鬆政策刺激下，經濟只能勉強創造二%的成長率，股票卻在這種經濟環境中繼續上漲，而且只有美國能夠如此，歐元區的經濟成長甚至更差！

債務是一種金融毒品，強化短期表現，代價卻是長期惡化和成本。

這場債務和資產泡沫在二〇〇七年膨脹到最高峰後，還繼續維持泡沫不破，就像服用更多的毒品，以免倒地不起，現在，這場泡沫像現實生活中的任何上癮情況，只是變得更難戒除。

我們沒有逃脫戒除的命運，只是使上癮變得更嚴重，使債務泡沫變的更大，變成一定會破滅、一定必須去槓桿化。

從二〇一四年年底開始，美國已經徹底以人為方式創造股市泡沫，美國股市是「靠著古柯鹼支持的市場」，雖然受到刺激支撐，現在終於開始衰微，

從二〇〇九年三月到二〇一五年五月明顯的高峰期間，股市急劇在創新高，因為每一次股價回檔，利用高水準融資的交易者和避險基金都會逢低買進。但是從上次高點以來，股價反彈都無法再創新高。

而且其中有一種典型的分歧，就是愚蠢的資金買進主要大型股，熱錢卻在撤退，小型股中尤其如此。基於前面章節中詳細解釋的多種原因，這場泡沫已經結束。

記住我的話：二〇一六年年底到二〇一七年間，股市會出現一九三〇年至一九三二年（以及一九七三年至一九七四年）以來最嚴重的跌勢，而且這次大蕭條會延續到人口下跌的歲月結束為止，時間大約是在二〇二二年年底，最糟的時刻是二〇二〇年年初，這時，四大主要總體經濟週期仍然會同時向下。這種情形很殘酷，在空前未有的貨幣政策之後更是如此。

我預期道瓊指數會在二〇一八年前跌到五千五百點的低點。

要消除從一九九四年年底開始吹脹的泡沫，股價跌幅可能多達八〇％以上，道瓊指數可能跌到三千三百到三千八百點之間，然後趨勢才會反轉回升，時間大約是在二〇二〇年年初到二〇二二年年底之間（見圖13-4）。

圖13-4 道瓊指數的喇叭口型態

資料來源：雅虎財經

因為我們對泡沫視而不見，所以大部分人還不承認泡沫是我們吹大的，更不用說開始準備面對崩盤，因此，在投資與企業市場出現大量機會時，總是會因為這樣的大規模重開機而驚慌失措！

幸運的是，你正在看這本書，不但可以看出我們身處的泡沫有多大，而且很快就會走上累積財富的道路，變成像洛克菲勒、坦伯頓和梅瑞爾一樣家喻戶曉的人。我在第四篇裡會告訴你所有的細節。

但是，在結束第三篇、開始探討一生難逢的最大泡沫前，我要指出，經過這番排毒後，我們會再度享受真正的成長，然而，我們永遠不會再看到跟一九八三年到二〇〇七年之間類似的繁榮，反之，新興市場國家才會領導下一次的全球繁榮。

當然美國還會有優異表現，但是，在未來數十年裡，我們的人口趨勢會起伏不定，限制下一次繁榮熱潮的規模。

不過，在享受下次的繁榮前，首先必須解毒，因此，我們要來看看我們會變成什麼樣子。

第四篇

一生難逢的最大泡沫和重開機

第十四章 世界最大的經濟力量

我很快要針對我們一生所見過最大的債務與金融資產泡沫，探討每一個細節，並探討由此而來最好的投資機會。但在開始討論之前，我們必須考慮另一個重要的泡沫，會引導我們來到目前所處的狀況，這個泡沫扮演極為重要的角色。我說的當然是嬰兒潮世代。

他們無疑已經證明，推動經濟與市場的是消費者，而不是「情緒」或政府，不是利率、通貨膨脹、油價，也不是聯準會、總統，甚至不是氣候或戰爭。這些事情當然都有影響，但是最強大的經濟力量是人，對我來說，從嬰兒潮世代超乎正常的龐大影響來看，這種「異軍突起」的現象已經變得十分明顯。

嬰兒潮世代已經證明自己是極為有力的族群，影響今天美國人（和世界上）跟飲食與行為有關的一切事情。他們確實的改變了世界，而且在未來幾十年裡還會經常這樣做。

前面解釋過，我把嬰兒潮世代稱為最大的世代，雖然千禧世代和回聲潮世代的人數比較多，但嬰兒潮世代的影響力卻大太多了，因為他們是在較短的期間快速增加。就像我說的那樣，他們是異軍突起的現象。

這時如果要解釋我怎麼計算世代人數應該會很有用，我要說的是，我不是採用比較常用的方法。

大部分人會告訴你，嬰兒潮世代是在一九四六年到一九六四年出生的人，總數為七千六百萬人。這是大家普遍接受的說法，卻錯過這個世代真正的龐大規模和影響力。

一九七〇年時，「嬰兒潮世代」這個詞最先出現在《華盛頓郵報》，這是由一位行銷專家所創造，目的是要創造一種**社會分類**，說明二次大戰**後**出生的人怎麼看待這個世界。一九四六年到一九六四年間，整體環境充滿成長和繁榮氣息。

這種分類的問題當然十分主觀和模糊，這是社會學家根據高於平均水準的出生率所做的分類，他們像經濟學家一樣，很少做愛或經營企業。

你可以說，我用**比較精確**、科學化的不同方法衡量嬰兒潮，因此，可以利用這一群人的預測力量，我感興趣的是出生潮的起伏。

我不考慮社會環境，而是希望簡單的看數字：看什麼時候國民出生指數（National Birth Index）出現最低的數字，而什麼時候出現最高的數字？

事實上，數字顯示，這一代始於一九三四年（一九三三年生育數字觸底後），到一九六一年升到最高峰，你可以從圖14-1中看出來。

用這種方式計算的嬰兒潮人數高達一億零九百二十多萬人（我加上可以預測的移民數字），而且還是非常容易預測的一群人，因為不管社會環境有什麼變化，他們都要在可以預測的年齡上學、結婚和生小孩，也在可以預測的年齡退休。

就像我說的一樣，嬰兒潮從一開始就是異軍突起的一代。

圖14-1　計入移民後的美國出生人數

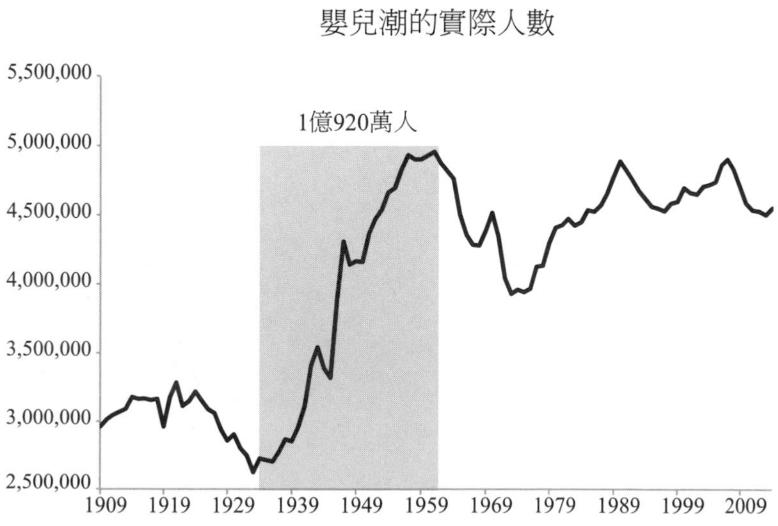

資料來源：勞工統計局、鄧特研究中心

而且，這一代把整個面貌扭曲到讓人無法辨識。他們在一九五二到一九七九年間，通過學校系統時，把入學率推升到將近百分之百！政府必須蓋更多學校、訓練更多老師（見圖14-2）。

經過計入移民後的出生數字在這個世代長到十八歲時，會從高中畢業，因此，一九七九年時，我們會看到中學教育泡沫升到最高峰，沒錯，實際的泡沫確實在那時升到高峰。

就像在第九章的解釋，這個世代進入職場後，不但讓勞動人數大增，也吹大了通貨膨脹。進入職場的時間會落在二十年後，因此，一九五七年到一九六一年高峰出生的人，在一九七七年到一

圖14-2　美國12年教育公立學校老師人數

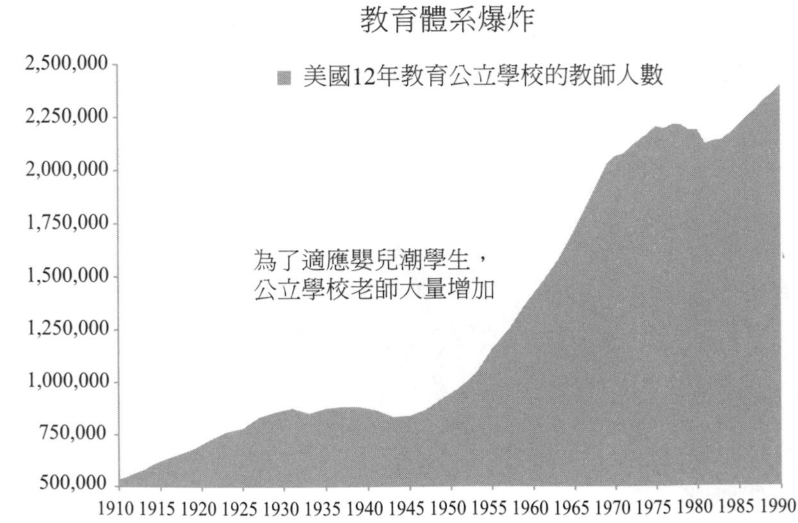

資料來源：《120年來的美國教育：統計調查》（*120 Years of American Education: A Statistical Portrait*），美國國家教育統計中心（National Center for Education Statistics）出版

九八一年間進入職場時，創造勞動人數高峰（見圖14-3）。

嬰兒潮世代擁抱擁有房屋的美國夢，導致擁有自用住宅比例從一九六五年的六三%，升到二〇〇五年六九%的空前高峰，比嬰兒潮世代首購族晚三十一年買房子（見圖14-4）。

談到泡沫與崩盤，請看看新屋銷售率飛躍上升到二〇〇六年年初，然後崩盤直到現在（見圖14-5）。

在這種過程中，我們在二〇〇八年前累積將近十一兆美元的房貸債務，加上另外三兆美元的消費者債務，又創下另一個紀錄（見圖14-6）。

但這個世代並沒有停止發展，他們也把科技變成主流技術。

圖14-3　勞動力成長率與預測

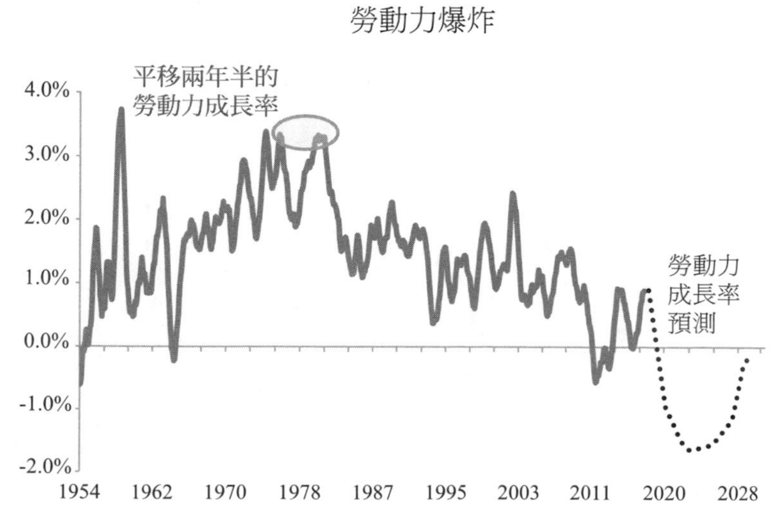

資料來源：勞工統計局、鄧特研究中心

圖14-4　美國自用住宅比例

資料來源：聖路易聯邦準備銀行

圖14-5　美國新屋銷售率

資料來源：聖路易聯邦準備銀行

嬰兒潮世代的羅伯特・賈維克（Robert Jarvik）發明了人工心臟，改變了人類健康，延長人類的壽命。

嬰兒潮世代的提姆・柏納李（Tim Berners-Lee）創造網際，造成通訊、學習與企業經營革命。

嬰兒潮世代的艾列克・謝夫斯爵士（Alec Jeffreys）和吉兒・薩姆爾斯（Gill Samuels）博士給了我們DNA、指紋與威而鋼，改變我們對抗犯罪與年齡的方法。

換句話說，要不是有嬰兒潮這個世代，我們在健康、娛樂、運動、音樂、科技、企業、藝術、時尚、通訊或教育上，應該不會有這麼多的進步，世界應該也不會變成今天這個樣子。

他們創造出不可缺少的便利、普及的通訊，

圖14-6 美國的消費者債務

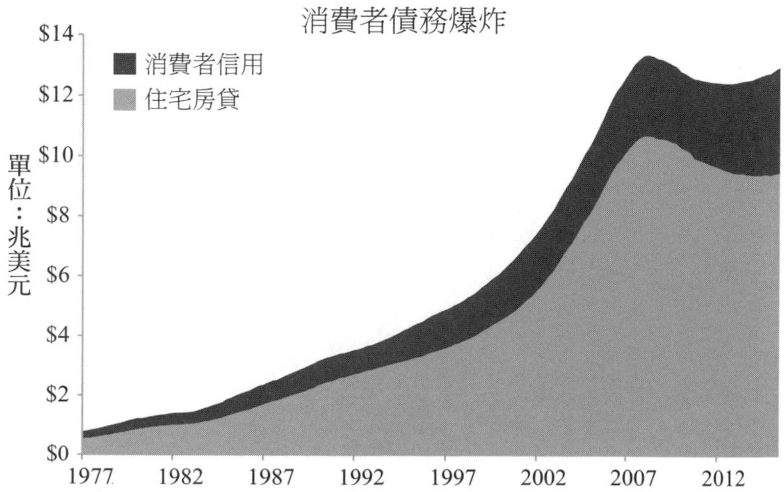

資料來源：聯準會資金流量報告（Flow of Funds）

還把健康照護變成權利，而不是特權。

因此，談到健康照護，嬰兒潮世代會繼續扭曲這個部門，使這個部門變成公共支出中成長最大的部門。

健康照護保險和成本也變成教育成本之後，促成通貨膨脹的第二大部門。

未來十年內，健康照顧會繼續上升到占GDP二〇%以上，是歷史上首次出現的空前高峰（見圖14-7）。

這甚至會變成新科技背後的動力，二〇三三年，創新潮再度轉為正向發展時，這些新科技會變成主流科技。

英國心臟學會研究（British Heart Foundation）訓練員保羅．摩里斯（Paul Morris）正利用病人的心臟影像，創造個人

圖14-7 醫療保險、醫療補助費用和其他項目占GDP的數字比較

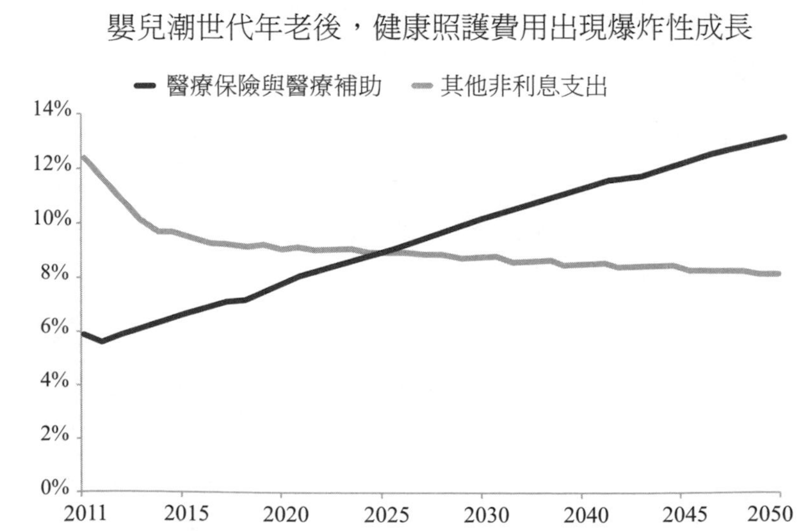

資料來源：國會預算辦公室（Congressional Budget Office）

化的「虛擬動脈」，可以精確預測手術的效果。

賓州大學一位科學家已經藉著在老鼠身上注射發展肌肉群的額外複製基因，扭轉讓老鼠的肌肉增強。

南伊利諾大學一位研究人員已經在老鼠身上進行遺傳工程手術，使老鼠可以活到相當於人類一百八十歲的高齡。

在基因組定序方面搶到第一，速度比美國政府還快的克雷格・范特（J. Craig Venter），現在有新的目標，要協助每個人健康的活到一百歲。

科學家首先在二〇一四年創造完全符合病人DNA的幹細胞，向更妥善治療疾病的目標前進一步。

科學家甚至還在研發微型機器人MagnetoSperm（和生殖無關）。將來這種機器人會在我們體內游泳，分送藥物到體內原本無法到達的地方。

這些科技要變成主流還有幾十年，一旦變成主流，會再度改變我們的現實狀況。

還要注意聯準會

嬰兒潮世代一生中做了很多好事，卻也造成一些傷害。

你可以看到這個世代喜歡吹出巨大的泡沫，這就是異軍突起時出現的現象。

但是他們造成的最大傷害，可能是他們領導的中央銀行試圖完成不可能的任務，阻止無法阻止的事情，畢竟，威廉・史特勞斯（William Strauss）和尼爾・郝伊（Neil Howe）在一九八九年出版的《Y世代》（*Generations*）中，把他們稱為「理想主義者」。早在一九八八年我就預測，從嬰兒潮世代的巨大消費潮在二〇〇七年年底升到高峰、而且債務泡沫也達到高峰之後，聯準會一直在瘋狂的印鈔票，設法填滿缺口。這是他們根本不可能打贏的戰事，因為從二〇一六年到二〇二〇年，人口下滑得最嚴重，德國和南歐國家的人口展望更是連提都不用提！

過去出現過無數的泡沫，包括嬰兒食品、牛仔褲、毒品、社會變遷、搖滾樂、健康食品、哈雷機車等等，全都是嬰兒潮世代造成的。

接下來會出現的泡沫可能是遊輪泡沫、殯葬業泡沫，以及養老院泡沫，我應該會比較喜歡從事殯葬業，死人比遊輪乘客或養老院病人好管理。

從一開始，這一代就是泡沫世代，隨著他們老去時，會繼續在相關領域改變遊戲的面貌。

退休再也不同了，嬰兒潮世代聲稱他們不會退休，至少不會完全退休，這樣是好事，因為未來經濟走緩時，他們必須繼續工作。

在嬰兒潮的「權力週期」中，政治和社會變化也會加速，這種週期會在二〇二六年升到高峰，未來兩、三任總統會像一九三〇年代的小羅斯福總統一樣，推動永不止息的改革。

這促使我在下一章要探討有史以來最大的債務泡沫（出現在一九八三年到二〇一六、二〇一七年間，尤其是在二〇〇〇年到二〇〇八年間）。

第十五章
有史以來最大的債務與金融泡沫

請記住，泡沫總是會走向極端，而且很少人看得出泡沫。最近的股市泡沫只是長久以來的另一個例子，跟已經開始去槓桿化的債務與金融泡沫一樣。

但是這麼多人對這麼明顯的事實這麼盲目，實在讓我很震驚（見圖15-1）。前面解釋過，我們要感謝聯準會和全球央行，賜給我們這個即將破滅的泡沫，投資人和經濟即將經歷痛苦，而你我都會享受這輩子最好的投資機會。

超低利率推升股票或債券，漲到大家買不起的高估程度（而且還繼續上漲）。利率下降時，債券價值會升高、尤其是比較長期的債券；股票不只是要用預測的十年盈餘評價而已，還要用無風險的十年期美國國庫券利率折現回今天的價值，因此，利率愈低，未來盈餘的現值愈高，這樣聽起來你覺得像是可以不勞而獲嗎？

看看各國央行怎麼印鈔票來買自己的債券，壓低長期利率，造成債券與股票泡沫（還有從房貸利率降低中受惠的房市泡沫、從利率下降中受惠的汽車銷售）？

短期利率接近零，讓主要金融機構和避險基金以超低的成本槓桿操作，他們開始投機，而且控制市場的能力愈來愈強，對這些貪婪的混蛋來說，這全都是白吃的午餐！

嚴寒可能摧毀樹上大部分的柳橙，價格會暴漲到消費者改喝別的東西為止。所有天災都會摧毀資源，造成暫時性的資源短缺和漲價，但是泡沫總是會自我療癒，沒有例外，這是人生與自由市場的天然機

圖15-1　1994年年底-2000年年初與2009年年初-2015年年中比較

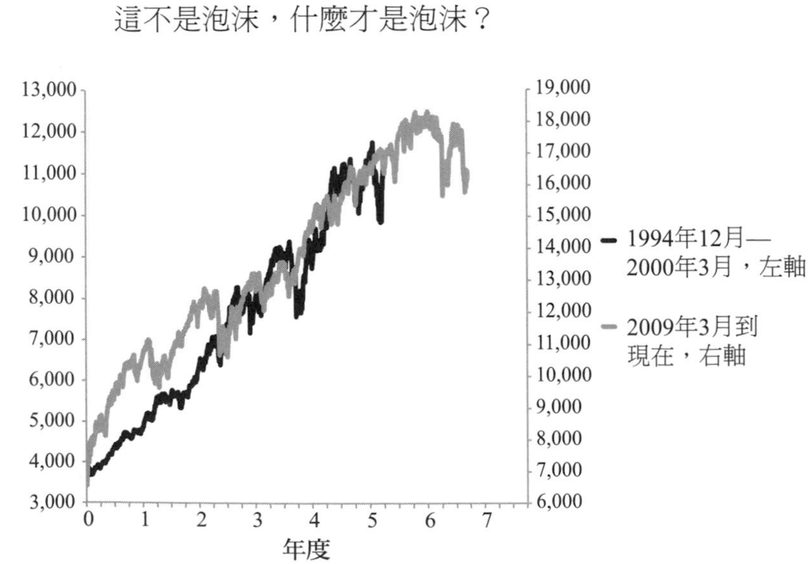

資料來源：雅虎財經，鄧特研究中心

制，讓我們總是能夠適應一切，恢復平衡，再度成長。

但是大家不懂這點，就是看不出來。每次我設法說服他們，說我們已經走到現代最大泡沫的末期，他們總是跟我爭辯。我無法告訴你我已經聽過太多次有人說：「股價還沒有像二〇〇〇年年初科技泡沫巔峰時那樣高估。」

的確沒有，但我們也沒有處在有利的地緣政治趨勢中，世界並非無憂無慮，恐怖攻擊和殘酷內戰的新聞也並不罕見。

從我的地緣政治週期（和世代消費潮、創新週期和景氣循環〔太陽黑子〕週期等三種週期分級）來看，二〇〇八年至二〇一六年的股市泡沫，幾乎已經跟二十世紀所有重大泡沫的高點一樣高，包括一九二九年、一九三七年、一九六五年、一九八七年和二〇〇七年，只有在二〇〇〇年的股價在更高的極端。

圖15-2是席勒發展出最好判斷股票價值的模型，這是典型的本益比，並以十年移動平均值將極端的波動進行調整。

你可以看到，一九二九年的泡沫比這次稍微極端一點，只有二〇〇〇年的泡沫是兩百五十年來最大的泡沫。拿科技泡沫作為基準根本愚不可及，因為就像第十章的解釋，當時美國史上最強大的人口、科技和有利地緣政治趨勢都匯聚在一起。

問題是各國央行小心謹慎，極力避免大規模的重開機，這是他們在「沒有泡沫」合唱曲中，唱得最大聲的原因，也是他們極力想防止不可避免情勢的原因。

早從一九八七年開始，各國央行就劫持了自由市場，控制利率，注入幾兆美元拯救金融機構，從二〇〇八年年底開始，更是變本加厲。

我們不是處在二〇〇七年年底那種這輩子難逢的泡沫巔峰期間，而是處在史上罕有、看到連續出現三大股票泡沫的時機上。

看看圖15-3，情勢有多麼凶險。

這是我見過最明顯的股票型態，但是金融媒體界幾乎沒有人談論這件事，只有澳洲的羅伯特・麥修（Robert McHugh）和thestreet

圖15-2　經過週期因素調整的本益比

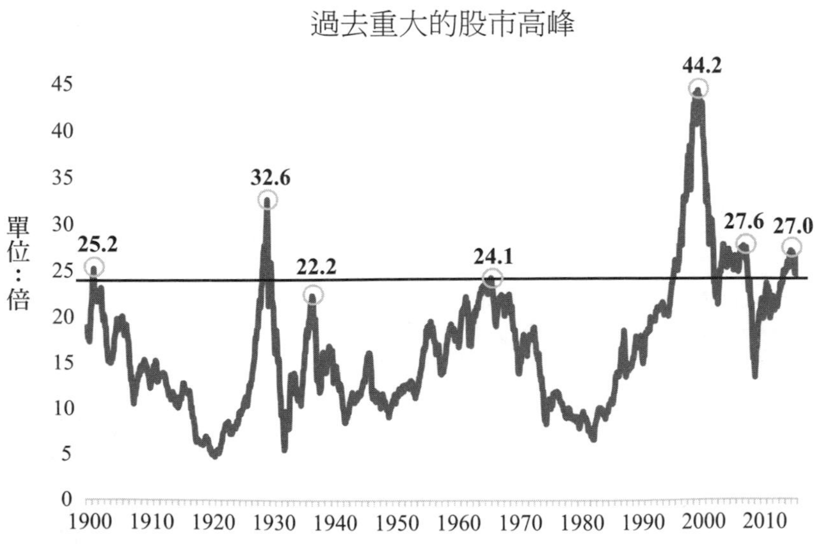

資料來源：www.econ.yale.edu/~shiller/data/ie_data.xls

.com網站例外。

為什麼不談？因為全美國都像平常一樣，陷在否認泡沫的狀態中，政客、經濟學家、股票分析師、媒體作家、投資人……全都不談。

圖15-3（這本書出現過好幾次）清楚顯示，每個泡沫如何帶領我們升到新高峰，泡沫破滅如何帶領我們降到新低點，就像二〇一五年八月一樣，每個泡沫會在跌破陡峭的底部趨勢線時破滅。

在一九六五年到一九七二年長期股價達到高峰期間，出現類似三尊頭和三重底的型態。以這次來說，最具毀滅性的崩盤發生在一九七二年年底第三個高點出現後。事實上，大蕭條最可怕的崩盤是在一九七三年至一九七四年間。

但是一九四二年到一九六八年間的鮑伯·

圖15-3　道瓊指數的波動如喇叭口開大

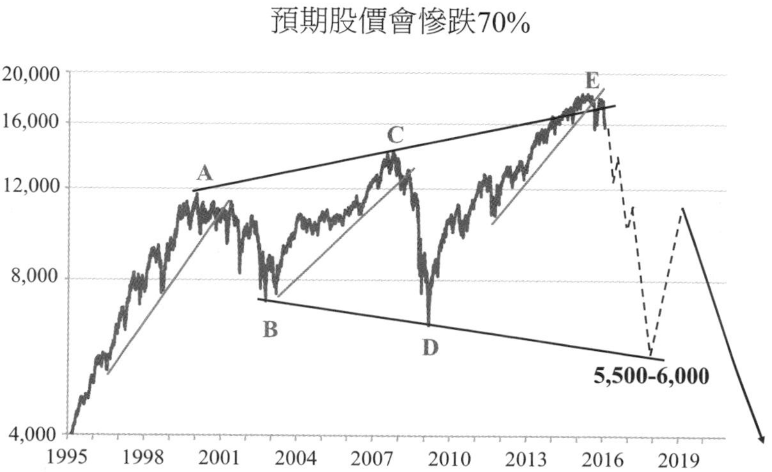

資料來源：雅虎財經

霍伯世代繁榮不像一九八三年到二〇〇七年間嬰兒潮世代泡沫式的繁榮，當時股價一年只上漲一〇%，最嚴重的修正只有二〇%而已，因此，崩盤沒有像一九三〇年代初期那麼淒慘，也不如我們在未來幾年要看到的情形那麼可怕。

二〇〇七年年底到二〇〇九年年初的崩盤期間，股價慘跌五七%，我相信，下次崩盤會出現將近七〇%的跌幅。

不錯，這表示道瓊指數會從一萬八千三百五十點，跌到二〇一七年年底的五千五百點到六千點的底部。

而且像一九七三年至一九七四年的崩盤一樣，這並不是長期繁榮後，長期跌勢的結束，這只是最糟糕的時候。股票和經濟要到一九八二年，在嬰兒潮人口消費趨勢上升的協助下，才反轉回升，現在股票和經濟至少要到二〇二二年年中到年底，才會再度反轉回升。

請記住，泡沫破滅的速度至少是膨脹速度的兩倍，典型的股票泡沫要花五年時間吹大，破滅只需要兩年半的時間。像現在面對的情勢一樣，泡沫在大規模重開機中破滅時，要花很多年的淘汰時間才能走完全程，而這時候就可以找到這輩子最好的投資機會！

大蕭條前的警訊

你在二〇一五年到二〇一六年間，是否看過跟以房養老（reverse mortgages）有關的流行廣告？

他們不是把這種貸款弄成非常容易取得的事情嗎？

你得到免稅的現金，你的房貸繳款消失，你還擁有自己的房子。

房貸要到房子最後一位所有權人去世才償還。

嬰兒潮世代的每一個人為什麼沒有爭相簽約？

因為其中有古怪的地方，總是會有古怪的地方！

你必須繳交比正常房貸高的利率，補償放款機構為你的房屋價值承受的長期風險。這表示在你死前會有高出很多的成本。

沒錯，即使你的房子（像我說的一樣）價值低於房貸，你還是會過著比較好的退休生活，到你死去為止。

但當你的小孩繼承一文不值的房子時，要付出代價。

我會提這件事，是因為這是問題最大的核心，就是我們這一代的嬰兒潮世代老去時，會把債務和負擔加在未來幾十年的年輕千禧世代身上。

我們深陷其中，而且製造泡沫的水龍頭仍然完全打開。

沒有所得、無業、沒有財產，又不需要審核文件的「忍者」貸款（No Income, No Job, No Assets, NINJA）、利率低於市場行情又有美國政府擔保的房貸、房屋淨值信用貸款，都讓大家買到自己無法負擔的房子，助長了二〇〇六年破滅的房市泡沫，傷害千百萬戶家庭。

顯然我們沒有從這些錯誤中學到教訓，反而提高賭注，把這種遊戲向全球推廣。

簡單的說，我們創造空前龐大的債務泡沫見圖15-4。

在上次最大的繁榮和泡沫期間（一九八三

圖15-4　美國債務總額成長與GDP比較

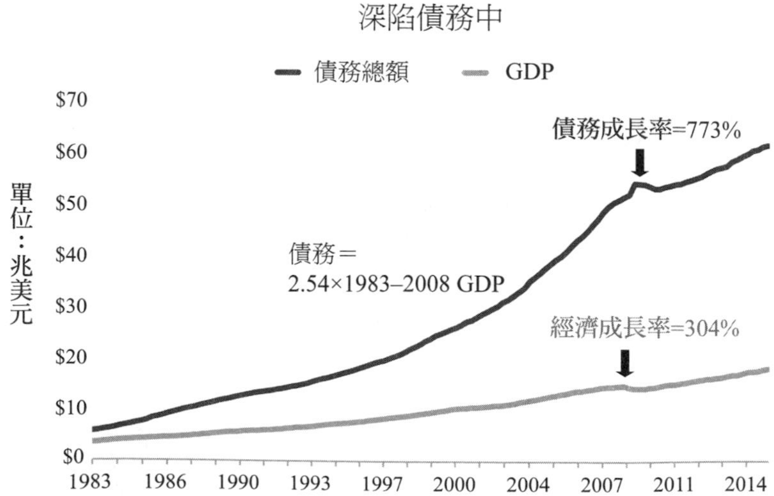

資料來源：聖路易聯邦準備銀行，國庫券直購網站

年至二〇〇八年），美國政府與民間債務成長到GDP的二．五四倍。在大部分已開發國家中，民間債務是政府債務的兩到三倍，一些比較大的民間債務自然是嬰兒潮世代養兒育女、買房、買車的貸款，但是二十六年增加到二．五四倍，未免太多了吧!?

凡是看不出這種成長有問題的經濟學家，都不算是經濟學家！

在中國，債務總額從二〇〇〇年起以類似的速度成長，對於信用品質仍然不高的新興市場國家來說的確太極端了。

從一九八三年起，英國的債務總額成長到三．五倍。

這種數字真是瘋狂！

美國的債務泡沫上次接近這種規模是在一九一四年至一九二九年間，當時美國還是新興市場國家。

猜猜看我們嚐到了什麼後果？

大蕭條！

那是現代史上最大的金融「戒毒」，或是說債務與金融資產膨脹後最大規模的去槓桿化。

請回想一下，當時的泡沫終於破滅時，道瓊指數不到三年就狂跌八九％，第一波跌勢僅僅兩個半月，道瓊指數就蒸發四二％。

我們現在面對的情況比那時嚴重多了，現在就來說明一下。

即將陷入經濟衰退

有人說，聯準會拯救美國經濟和股市長達六年的計畫極為成功，是最高明的貨幣政策典範。他們說：「光看看數字就知道，股市到二〇一五年年中一再創新高價，美國已經恢復全球經濟成長引擎的地位，雖然成長率只有二％，而不是四％。」

這之中只有一個問題：一切都會崩潰，而且靠憑空創造的免費資金資助都會揮霍殆盡。上次看到這種現象時就已經知道，在這個世界上，你根本不可能不勞而獲。

真相是量化寬鬆只不過將最大的世紀泡沫重新吹大，同時無法克服在一旁窺伺的人口下降與通貨緊縮的基本力量。

換句話說，量化寬鬆把我們拖回急流上，卻沒有交給我們一支槳。

聯準會從二〇〇八年十一月開始印鈔票，印到二〇一五年十月二十七日為止，這種作法註定會失敗。這七年中，聯準會在美國經濟灌進五．四四兆美元，高於第十三章你看到的全部資產負債表，因為聯準會必須換掉到期的債券。但是這種免費資金只是讓不可避免的情形延後出現，使最後的結果惡化，也徹底扭曲了債券與股票市場。

儘管大家普遍害怕通貨膨脹，而且擔憂超級通貨膨脹，美國卻只能維持二%的經濟成長率而已，二〇一六年第一季還降到〇・五%。在我看來，就像我們預測的一樣，即將陷入經濟衰退。

這些資金都沒有造成通貨膨脹，這是因為資金都在對抗通貨緊縮。既然聯準會停印鈔票，經濟寒冬中極為典型的通貨緊縮會在二〇一七年以後開始加速。

這是因為我們將來要面對去槓桿化的規模就像天文數字一樣大。

去槓桿化？什麼去槓桿化？

第十六版〈日內瓦世界經濟報告〉（Geneva Report on the World Economy）提出一個有趣的問題，正好支持我們對全球債務情勢的觀點，那就是全球債務已經徹底失控！

這份報告問道：「去槓桿化？什麼去槓桿化？」

雖然這是迫切需要的事，但是從上次全球債務危機以來，全球各地去槓桿化的行動卻非常少，這種情形使接下來幾年變得極為危險。

從二〇〇八年起，去槓桿，或是藉著債務重整或打銷債務降低債務水準都局限於民間部門，政府卻不知不覺，反而累積出無法想像的債務高峰，超過上次二〇〇八年的債務泡沫。

因為各國政府採用或實施凱因斯式的政策，以財政赤字和灌注資金，對抗原本應該出現的下次大蕭條。

日本繼續採用這種政策，從二〇一三年年初起，大大加強量化寬鬆的作法，把短期利率降為負值，因為零利率已經不足以促使陷入昏迷的日本經濟不再三番兩次陷入經濟衰退，而且就在本書付梓前夕，日本又承諾再度擴大無休無止的量化寬鬆方案。

他們這樣做的理由很明顯。

凡是總統、總理或央行總裁，都不希望在任內推動債務去槓桿化，看到大蕭條，因此它們會盡其所能的防止這件事發生，不顧錯誤投資和投機對經濟和國民造成更長期的傷害。

他們不知道的是，容許經濟承受應有的痛苦，熬過經濟寒冬，是經濟春天來臨時恢復成長的唯一方法。

去槓桿化和通貨緊縮有助於清理亂象。

這樣會帶來挑戰，激勵大家創新。

這樣也會消除債務和過剩產能的拖累，使企業更有效率，價格讓消費者更負擔得起，讓新穎、精簡和靈活的企業能夠大展身手。

不這樣做，我們永遠不能踏出邁向偉大國家的下一步。你只要問問日本，日本經濟在升到高峰二十六年後，仍然昏迷不醒，主要原因就是採取無休無止的貨幣與財政刺激，阻止去槓桿化。日本從一九九七年起就開始實施量化寬鬆，當時日本的人口趨勢一如預測，在出生後四十七年出現的消費潮週期開始惡化。日本的情況**仍然**很嚴峻，債台繼續高築，是典當一空的退休國度！

全球金融資產規模驚人……還在繼續擴大

所有凱因斯經濟學都創造極端的債務與金融資產泡沫。根據第十六版〈日內瓦世界經濟報告〉，二〇一三年時，已開發國家的金融資產有一百八十八兆美元，整整比二〇〇八年多出一〇％，二〇一六年則接近兩百兆美元。

這是各國央行的傑作，他們拚命印鈔票，創造本世紀最大的金融資產泡沫。

這些鈔票卻沒有流入最需要鈔票的消費者手中，反而流入投機客手中，讓他們用超低利率進行槓桿操作，大肆投機，這些鈔票也流入企業手中，讓他們買回自己的股票，融通無休無止併購所需的資金，對盈餘進行短期的財務工程，而不是用來真正的投資，以便長期持續成長。

你可以從圖15-5中看出來，〈日內瓦世界經濟報告〉把金融資產分為很多類，特別值得注意的是，股票、金融部門債券和貸款，這三種是去槓桿化時最危險的項目。（請注意，不動產沒有列入在這個圖中，但是貸款大增的確反映很大部分的房貸。）

光是股票、金融債券和貸款這三類最近期的數字就高達一百二十五兆美元（現在無疑更多多了）。

我預期在未來幾年內，其中至少一半會消失。我說的是，六十二．五兆到七十兆美元就這樣消失無蹤！

在寫到這裡時，全球央行印製的鈔票總額才超過八兆美元，只有上述金額的八分之一。

因此，這次各國央行要印製七十

圖15-5　已開發國家金融資產

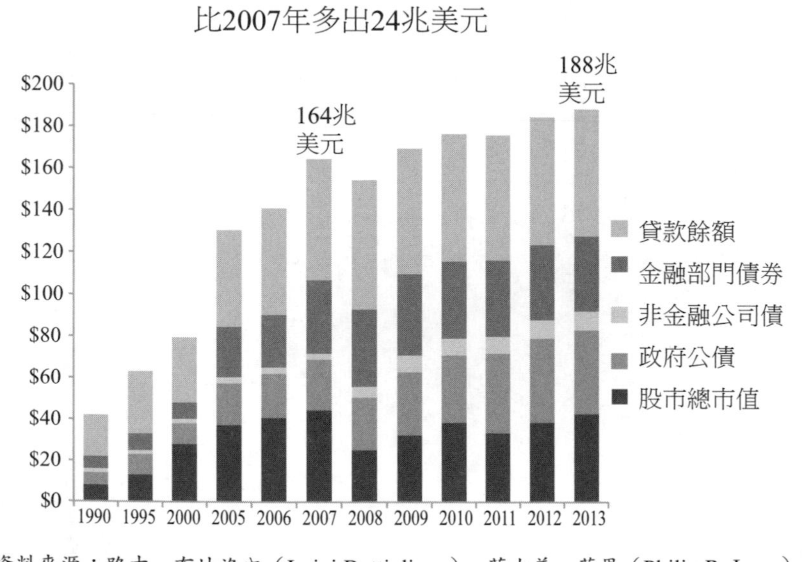

資料來源：路吉．布地洛內（Luigi Buttiglione）、菲力普．藍恩（Philip R. Lane）、露克蕾西雅．雷希林（Lucrezia Reichlin）與文森．萊因哈特（Vincent Reinhart）著，第十六版〈日內瓦世界經濟報告：去槓桿化？什麼去槓桿化？〉，聖路易聯邦準備銀行

兆美元來拯救金融機構嗎？

起初的八兆美元只是吹出更大的泡沫，將來破滅的影響會更嚴重，造成更深的經濟崩潰，在這種背景下，各國央行還有半點信用嗎？

我認為沒有。

去槓桿化和隨之而來的通貨緊縮比印鈔票和政府赤字厲害的地方就是這裡，這也是各國央行想拯救自己的國家或地區徒勞無功的原因。

這是一九三〇年代發生的事，也是二〇二二年至二〇二三年間會以更大規模發生的事情。

不管二〇一六年誰當選美國總統，可能都會希望自己沒有當選，二〇二〇年當選的美國總統會很幸運（像一九八〇年的雷根或一九三二年的小羅斯福），因為到時候，就是大約在他們第一個四年任期的後兩年裡，去槓桿化和崩盤大部分已經完成，經濟終於要開始反轉回升。

請記住，像一九二九年的股市泡沫一樣，主要的泡沫吹到最大、然後開始破滅時，需要幾十年才能收回虧掉的本錢。

道瓊指數計入通貨膨脹後，花了二十四年才重回一九二九年年底的高點，後來又花了二十五年才回到一九六八年年底的高點。

如果你在一九二九年退休，你可能要死了才等得到股票損益兩平。

很多公司和投資人沒有從這種震撼中復原，尤其是在接近底部時賣出、又很多年沒有買回的投資人。

當然，新興市場國家還有四十七兆美元的金融資產，也要壓在駱駝的背上，現在就來看一看（見圖15-6）。

這些資產從二〇〇八年一度下降，現在又增加一〇四%，增幅超過已開發國家，我寫到這裡時，這個數字已經接近五十五兆美元。

和已開發國家的金融資產相比，這些資產更容易受到危機傷害。

我把兩種資產加在一起時，可以看出在全球金融資產總額最近算出的數字是二百三十一兆美元，我寫到這

圖15-6 新興市場國家金融資產

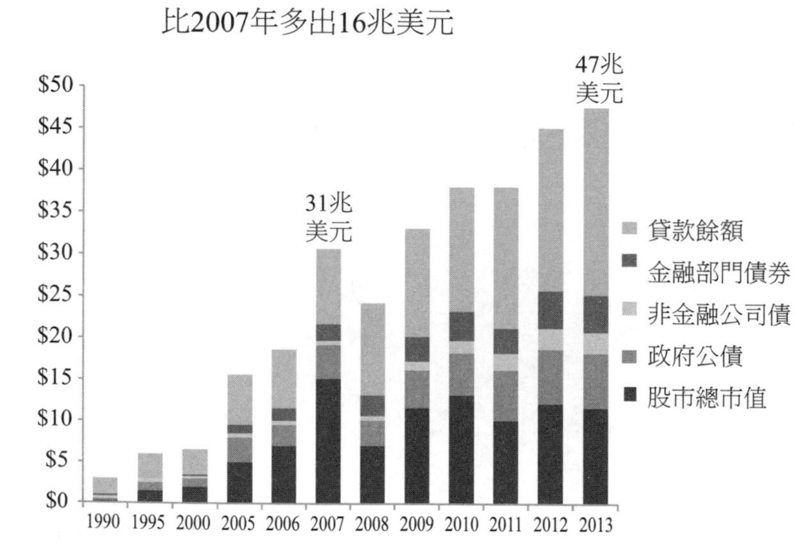

資料來源：路吉．布地洛內（Luigi Buttiglione）、菲力普．藍恩（Philip R. Lane）、露克蕾西雅．雷希林（Lucrezia Reichlin）與文森．萊因哈特（Vincent Reinhart）著，第十六版〈日內瓦世界經濟報告：去槓桿化？什麼去槓桿化？〉，聖路易聯邦準備銀行

裡時，很可能已經接近二百五十五兆美元。

這種數字真的是大到不可思議。

我預期我們會看到開發中國家的金融資產中，另外會有二十五兆到三十兆美元消失。這樣表示，接下來的幾年裡，至少會有八十七．五兆到一百兆美元的資產會消失，其中大部分會迅速消失。

你不必是天才也會知道這樣很痛苦！

另一個值得注意的是國際金融穩定委員會（Financial Stability Board）發表的報告《二〇一四年全球影子銀行監視報告》（*Global Shadow Banking Monitoring Report 2014*），關注二十個大國和歐元區的金融資產，但是更強調世界各國影子銀行的金融資產。這個部門通常是對風險最高的計畫貸款，槓桿比例最高，因此去槓桿化最快，陷入危機時，也比較不可能得到政府的協助。

金融資產失控

圖15-7列出不同部門的全球金融資產總額的分布，我們把五類資產加總起來會得到三百零四兆美元，超過日內瓦報告所說的兩百三十兆美元，這個數字可能比較精確。

這張圖顯示，金融資產去槓桿化的規模更可能使過去七年的印鈔票相形見絀。

擁有最多金融資產的部門仍然是銀行，接近一百四十兆美元。但是從二〇一一年起，這個部門持有的金融資產一直持平，最小的公營金融機構也一樣，持有的資產大約十二兆美元。

增加最快、最值得擔心的部門為：

一、影子銀行，目前持有七十五兆美元資產，等於全球GDP的一．二倍。

二、保險與退休基金，持有五十三兆美元資產。

三、各國央行，持有二十四兆美元資產。

圖15-7 不同部門的全球金融資產總額

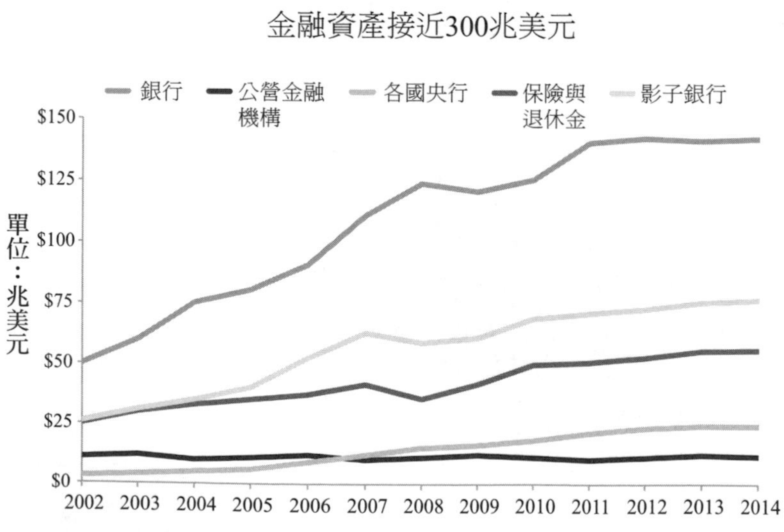

資料來源：金融穩定委員會

這三種資產是最危險的金融資產，二〇一三年的總額為一百五十二兆美元，現在已經接近一百七十兆美元。

各國央行持有的金融資產只占全球金融資產總額的七．九%，這表示他們並未擁有自己所宣稱的那種力量。

即使他們把資產**加倍**，以便對抗即將來臨的這波去槓桿化和通貨緊縮，對另外兩百八十兆美元的金融資產來說，好比是隔靴搔癢。

事實上，民間部門只要去除一〇%的槓桿，就會抵銷所有央行的資產和印製的鈔票。

如果把眼光從全球拉回到美國，前景根本毫無改善。

第十六章
美國債務瀕臨崩盤臨界點

貸款和金融證券組成上一章看到的總體金融資產，因為更龐大的債務與貸款金額有助於推高經濟成長與金融資產價值。

但是，一旦泡沫最終破滅，經濟成長急遽減緩，貸款業務將無以為繼或勢必重組，金融資產恐怕會隨之崩潰，往往得費時數十年才能重拾往日水準。

在這兩種情況下，金錢與財富都將跟著灰飛煙滅，從此蒸發。

我喜歡將泡沫比成魔術，因為會憑空生出金錢與財富，然後一眨眼，所有無中生有的金錢與財富就此消失。

「飄忽不定、難以捉摸！」

銀行體系就是立足在一個規模遠大於中央銀行印鈔總額的基礎上，借出一小部分（通常僅一〇%）管理的存款部位（實際上是你的存款）以及自有資金玩弄這套伎倆。它們這麼做是為了吸收損失。一旦貸款變成壞帳，所有憑空生出的金錢都化為烏有，包括你的存款在內。這個情況已經在一九三〇年代初期大通貨緊縮期間上演過，二〇一七年至二〇二三年即將捲土重來。

就以美國債務當作案例，深入檢視這顆泡沫吹大的過程，也釐清何以單單一個金融資產業竟然可以失去數十兆美元。

二〇一五年年底，美國債務總額有六十七兆五千億美元，比二〇〇九年年初成長一五·八%。在這波榮景才剛要起飛的一九八三年，債務總額不過五兆美元，但到了泡沫膨脹到最大的二〇〇八年，已經增加到十一倍，達五十六兆美元了。二十六年間，債務水準的膨脹至GDP的二·五四倍，但現在它的規模比起泡沫剛出現的一九八三年多得多，達到十三·五倍了（見圖16-1）！這就是債務泡沫催生的方式。我們不禁想再追問，去槓桿究竟發揮作用了沒？

二〇〇八年原本應該是債務泡沫末日，遺憾的是，大規模貨幣和財政刺激方案並不樂見，因此舀起滿滿一匙古柯鹼，灌入這顆裂縫乍現的上癮泡沫裡。

二〇〇九年以來，最大規模的債務增加就是政府部門，跳增四八%（儘管速度稍緩，卻仍繼續向上攀升）！當我們正步入經濟衰退時期，債務會再度急速竄升，有時候赤字會高達兩兆多美元。

企業債務上揚一〇・四％，因為二〇〇九年以來，它們借款三兆美元回購股票，拿聯準會出於好意釋出近乎免費的資金作帳，在財報上的每股盈餘灌水。

另一方面，近六年來，金融業的債務下降最多，從二〇〇八年年底的最高點到二〇一二年年中的最低點總共損失一九・三％；消費者債務則減少七％。

顯然，去槓桿還有很大的空間。

我們還可以看看表16-1，繼續深究消費者部門的資產、負債和淨值。

在最近一次崩盤時，消費者損失十六兆美元淨資產，但美國聯準會很快地重新吹大泡沫。

一旦這顆泡沫終於破滅，就會和所有泡沫

圖16-1 美國債務總額

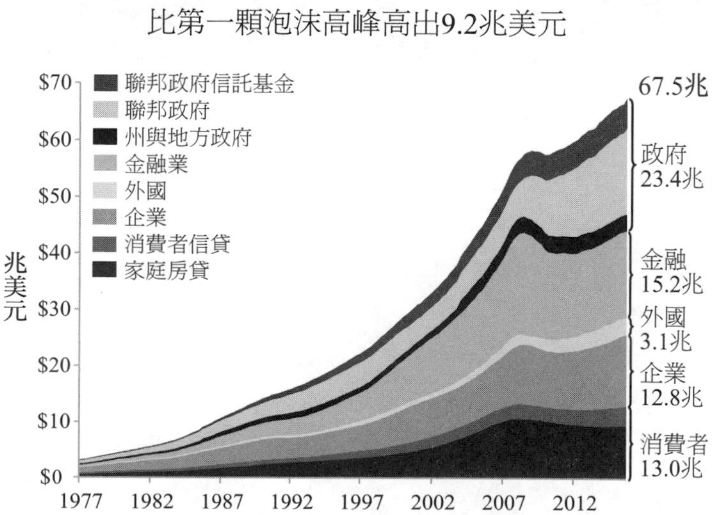

資料來源：聯準會資金流量報告，國庫券直購網站

一樣，讓所有人都看清楚這招神奇印鈔術的本質：毫無成效、破壞力強。因此，當經濟再次失靈時，市場也就不會信任聯準會還能再加把勁，推出更多量化寬鬆政策。

當二〇一六年年底新一輪經濟衰退啟動時，我合理推估，房地產和金融資產會下滑四〇％，消費債務則會下跌五〇％，其中多數是房貸；我們還會看到，剛進入下一個十年週期，股市就會重摔七〇％至八〇％，其中多數很可能在未來幾年就會出現。

這意味著美國家庭面臨虧損三十六兆九千億美元損失，但其中七兆五千億美元的債務被減免。這是筆會憑空消失、而且

表16-1：美國家庭資產負債表

超過26兆美元損失就在眼前

	2013	百分比	2017（估計值）	金額變化
資產，10億美元				
房地產	$22,070	–40%	$13,242	–$8,828
耐用消費品	$5,011	–20%	$4,009	–$1,002
金融資產	$66,498	–40%	$39,899	–$26,599
總資產	$94,042	–39%	$57,150	–$36,892
負債，10億美元				
房貸	$9,386	–50%	$4,693	–$4,693
消費者信貸	$3,098	–50%	$1,549	–$3,098
總負債	$13,768	–50%	$6,242	–$7,526
淨資產，10億美元	$80,274	–37%	$50,908	–$26,366

資料來源：聯準會、鄧特研究公司

不會再像二〇〇八年至二〇〇九年崩盤後那樣迅速回復的財富。

榮景會如何告終

重點在於，美國與全球經濟正遭逢一段異常痛苦的去槓桿時期，顯然，金融資產與其產生的債務都在泡沫圈裡，連最輕微的引爆都可能毀掉一切。

圖16-2來自第十六版〈日內瓦世界經濟報告〉，完善總結債務泡沫成形、去槓桿化，並總會隨後就引爆通貨緊縮，而非通貨膨脹的歷程。有史為鑑，請自行參考。

圖16-2 美國債務總額占GDP比率

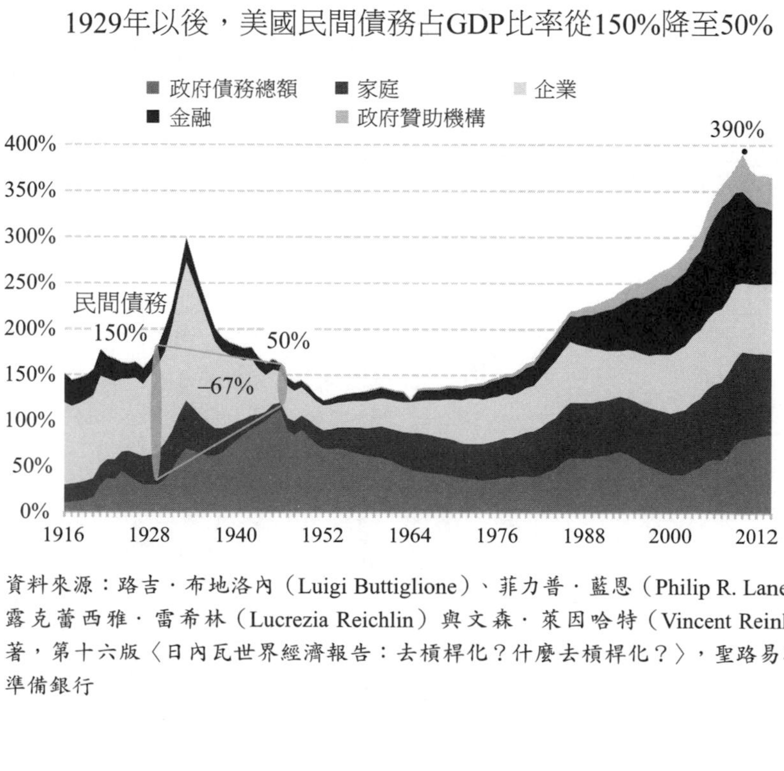

資料來源：路吉．布地洛內（Luigi Buttiglione）、菲力普．藍恩（Philip R. Lane）、露克蕾西雅．雷希林（Lucrezia Reichlin）與文森．萊因哈特（Vincent Reinhart）著，第十六版〈日內瓦世界經濟報告：去槓桿化？什麼去槓桿化？〉，聖路易聯邦準備銀行

圖16-2將美國債務劃分為四大主要部門：金融、企業、家庭與政府，顯然我們置身在一顆大泡泡裡。拿現在的數字對比大蕭條時代高峰的數字就知道了。

不過我還想請你特別留意這張圖的其他意涵，那是我從第一章起就試著解釋的重點：主要的債務泡沫膨脹到極限後就會破滅，週期約莫一生遇到一次。

債務成長速度遠比經濟還快，所以債務占GDP比重會順勢上升。最終，債務會膨脹過頭，連經濟都無法負荷。

最近一次債務泡沫高峰落在一九三三年，占GDP的二九〇%。在此之前，真正的泡沫出現在一九二九年年底，約占GDP一八〇%（之後激增是因為GDP有如土石流般快速崩解）。

目前的泡沫已經膨脹到占GDP三九〇%，是一九二九年高峰的兩倍多；一旦GDP急劇下降時，數字就會再攀高。我的意思是，未來幾年將有可能狂飆到占GDP五〇〇%。

當然，隨著我們長期致力於提高生產力、變得更富裕，收入與財富便能順勢增加，因此，每一顆債務泡沫都會比前一顆大，也使每個世代都能借到比上個世代還多的錢，但這都不會改變這顆泡沫的規模已是史上最大、而且即將破滅的事實！

一旦市場大崩盤，民間債務會先展開去槓桿化；政府赤字和債務在危機爆發的第一階段往往會先上升。

一九二九年年底民間債務約占GDP一五〇%左右，第二次世界大戰過後就縮水到僅占五〇%，整整減少了三分之二！

當債務隨著銀行、家庭與企業陷入財務危機跌價或塗銷，當初多半透過儲備銀行體系憑空而生的資金將永遠消失。

飄忽不定。

難以捉摸。

請記住，銀行不會真的拿出自己向投資人籌來的錢借給申貸戶。銀行拿出一〇%存款當作貸款抵押金，往往會再拿出一〇%資本當作存款抵押金。光是這樣其實不足以應付一九三〇年代初期美國房地產市場大跌二六%的危機，也不足以應付近幾十年來日本房地產重挫六五%。更不足以面對其他跌更多的金融資產，像是一九三二年美國股市狂瀉八九%、二〇〇九年年初日本股市也暴跌八〇%。

這就是銀行會突然破產的原因，因為，它們的資本基礎薄弱，一旦被耗盡，虧損就會吃掉它們的存款，然後就會突然完全拿不出錢還給存戶。

通貨緊縮總是隨著去槓桿化而來

一八〇〇年代初以來，全球經歷過三場主要的債務與金融資產泡沫，以及之後產生的蕭條與價格大降的通貨緊縮時代，分別發生在一八三五年至一八四四年、一八七三年至一八七七年，以及一九三〇年至一九三九年。如今我們即將遭逢第四場債務與金融資產泡沫，起訖時間約莫是二〇一六年至二〇二二年或二〇二三年。

當債務泡沫終於啟動去槓桿化，就會創造通貨緊縮；金錢與財富將毀於一旦，徒留些許資金追逐相同產品。這就是教科書對通貨緊縮的定義，只是一直看多黃金的「金蟲」（gold bugs）並無法理解，他們力推前所未有的印鈔工程，因而引來惡性通貨膨脹；這也是二〇〇九年以來，儘管聯準會推出幾兆美元刺激方案，我們仍只能設法勉強維持二%通貨膨脹率。

因此，當未來幾年經濟再度崩盤時，敬請期待，光是在美國，二十一兆美元（如果就這麼多的話）將在第一階段就憑空消失，這個數字就是二〇〇〇年至二〇〇八年的原始泡沫所創造出來的民間債務總量。隨著泡沫愈吹愈大，全球會有更多債務消失。

圖16-3顯示，大規模印鈔票（即量化寬鬆方案）行動喊停之前，我們實際上在二〇〇九年到二〇一〇年年初遭遇一陣短暫的通貨緊縮時期。

從圖16-3可以看到，M3這個定義最廣泛的貨幣供給指標，在反轉前下跌六%；就在碰觸泡沫高點一七%後維持低成長的水準。

我預計在下一次危機爆發後，M3成長率會重挫一〇%，甚至二〇%。

那是因為一旦債務與金融資產開始去槓桿化，通貨緊縮自然就伴隨而生，除非政府使用到目前為止的作法，極端卯盡全力打擊通貨緊縮。

然而，我不相信政府（美國或其他國家）能夠永無止境地吹大泡沫，聯準會已經彈盡糧絕，停止印鈔的舉措也把自己置於下一場危機爆發前的不利處境。

此外，聯準會努力阻止勢不可擋的崩潰

圖16-3 M3貨幣供給

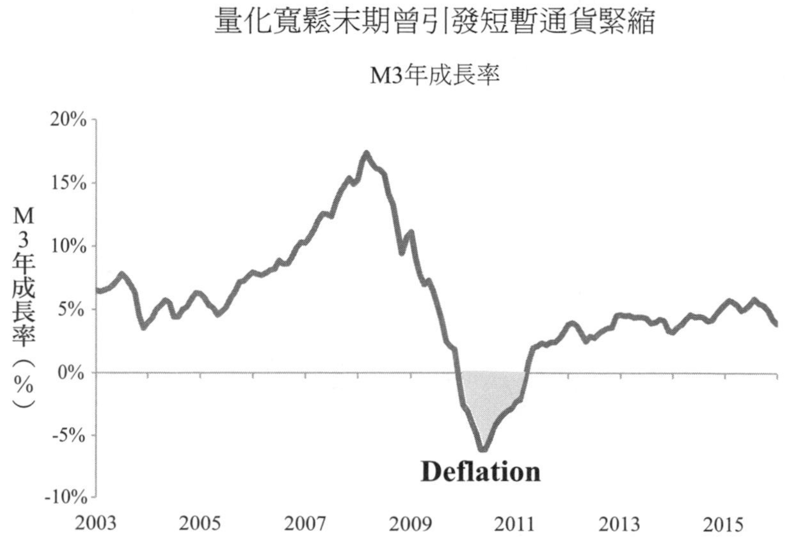

資料來源：聖路易聯邦準備銀行，經濟網站影子統計（Shadow Stats）

危機，卻只是讓情況惡化得更糟。努力維持泡沫不破滅的時間愈久，創造的不良投資、金融資產和收入不平等的失衡程度也就愈擴大，接下來去槓桿化與蕩漾餘波就愈糟糕。

總之，下一次金融危機和股市崩盤將遠比我們在二〇〇八年看到的情況更嚴峻。我們最終要忍受通貨緊縮，而非低水準的通貨膨脹。

但我明白，你正在想，我怎能這麼堅定相信通貨緊縮正是我們的未來？我怎能說過去幾年我們早就度過一段通貨緊縮時期？你走進雜貨店繞一圈，你會納悶剛剛到底發生了什麼事！

二〇一五年，我的醫療保險費用並不是照常規調升一〇%到一五%，而是暴漲**六五%**。當然，除了因應歐巴馬健保法（ObamaCare）因此一次性調整之外，沒有其他原因，我實在無法想像還有其他費用也比照這種規模暴增，但還是不太高興。

通貨緊縮不容易看到、感覺到，就這一點而言，是因為它始終透過經濟運作躲在我們的荷包中。我們人類又總是有一種天性，對於日復一日感受到的痛苦比其他痛苦有更強烈的意識。你可以把通貨緊縮想成經濟體的癌症，會蠶食鯨吞系統與基礎建設、由內而外扼殺經濟。不過，癌症病患往往渾然不覺自己得了這種可怕疾病，直到他們開始感受到它的破壞力為止。

因此，雖然我們在雜貨店和醫療保健費用花了更多錢，但有些地方我們花得比較少。

前幾天我才剛剛花了兩百七十九美元購買筆記型電腦，要是前幾年的話，至少是要花個一千五百美元才夠；二〇〇二年買一部二十七吋高畫質電視得花五千美元，現在也是只要兩百美元而已！房貸成本也是低得多。

那現在有什麼問題？

現在是通貨膨脹還是通貨緊縮？

這或許是我最常被問到的問題。事實上，這是我目前面對**最大的**論戰，對手通常是像歐洲太平洋資本（Euro Pacific Capital）公司總裁彼得．希夫（Peter Schiff）、凱西投資（Casey Research）資深研究員傑夫．克拉克（Jeff Clark），以及獨立研究機構史丹斯伯里研究（Stansberry Research）創辦人波特．史丹斯伯里（Porter Stansberry）等金蟲們。

我的答案是：通貨膨脹和通貨緊縮都有。我們在某些地區看到通貨膨脹泡沫，在其他地區則看到通貨緊縮趨勢。隨著經濟寒冬步步逼近，當全球債務和金融資產泡沫破滅時，通貨緊縮就會成為主導力量。

儘管我們每天感受到的都是通貨膨脹，但其實我們看到全球政府印鈔票、推刺激方案的作為都是在打擊通貨緊縮。經濟學家與政治人物萬分恐懼的現象是**通貨緊縮**，而非通貨膨脹，他們相信通貨緊縮是經濟發展最巨大的威脅，這一點也沒錯。

一九三〇年代極端通貨緊縮的情況比一九七〇年代同樣極端的通貨膨脹更糟糕，兩者之間的差異是失業率二五％比一〇％。這只是眾多比較標準之一，我們甚至還沒談到金融業與民間企業的破產倒閉潮。

但是，我們的貨幣「巫師群」使盡前所未有的努力打擊通貨緊縮，讓早該破滅的債務泡沫繼續苟延殘喘。事實上，這顆泡沫在他們插手後變得遠比以前棘手，也就是說，他們在奮力扭轉局勢時也順便創造出一隻怪物。

某些地區出現的通貨膨脹只是債務泡沫過度擴張現象的副產品。

三顆通貨膨脹泡沫

醫療保健費用已經貴得讓人一肚子火，到了我幾乎不想使用的程度。

但它甚至還不是最糟糕的部分。

通貨膨脹最嚴重的部門是大專院校的高等教育成本。這些教育機構已經長期箝制父母。對大多數家長而言，提供兒女最優質的教育是最終目標，大學絕對非常懂得善加利用這一點。

隨著需求增加，競爭也益發激烈。頂尖學校競逐最完善的校園與設備，所以成本也就跟著水漲船高。

諷刺的是，為兒女授業解惑的教授沒領到天價年薪，雖然他們的任期與退休條件都非常優渥。這些錢流向一群非教職的職員，以及精雕細琢的建設專案。所以，學費就不斷一路上漲，早就把醫療保健費用的成長遠遠甩到身後！

我在此重複第三章使用過的圖表，但額外加入育兒成本，因為這樣整張圖可以清楚顯示這三大部門的通貨膨脹有多麼誇張（見圖16-4）。

這簡直是瘋了！

在某個時點，教育成本飆漲到連有錢的爸媽都付不起，於是，政府介入提供就學貸款擔保，做出任何會讓泡沫繼續壯大的事情。如今，大專

圖16-4　大學學費、醫療保健與育兒成本與消費者物價指數比較

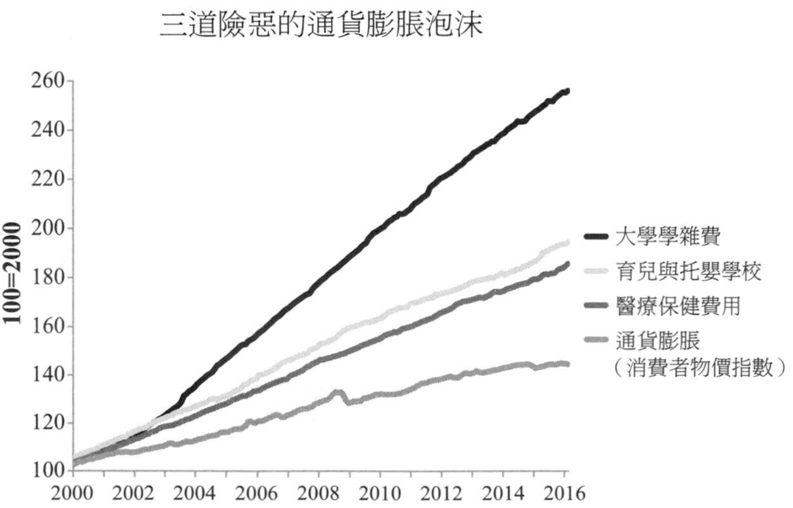

資料來源：勞工統計局

院校畢業生都背著三萬或六萬美元，甚至二十萬美元就學貸款。買房、養小孩甚至只是要活下去，費用實在太多！如果想要削弱新世代年輕人的財務能力，這還真是最好的做法了。

當然，育兒成本也已經遠遠超過核心物價的通貨膨脹率，雖然仍比不上高等教育的漲幅。其中一個原因是，近幾十年來，這些服務的需求激增。人口普查局（Census Bureau）的數據顯示，一九八七年育兒機構共有二十六萬兩千五百十一家；到了二〇〇七年上衝至七十六萬六千四百零一家，增加一九二％！

如果你是有錢人，更慘

到目前為止，我提到的都是大眾必需品，像是醫療保健和育兒服務；如果談到精品，那通貨膨脹更是嚇人。

一間位於曼哈頓的高檔公寓每平方英尺要價五千美元（最高達一萬三千美元）。

一瓶一九六一年的法國頂級酒莊歐・布里昂（Haut Brion）的紅酒要價五千美元。

要是你排得上等候清單，最新款法拉利跑車最少得花三十萬美元。

一套義大利頂級訂製西服布里歐尼（Brioni）的西裝最低價五千美元。

還有手表，別忘了！

標準普爾全球精品指數（S& P Global Luxury Index）從二〇〇九年年初的谷底到二〇一四年夏天的高點激增三七一％。現在終於下滑了（見圖16-5）。

這個產業的問題在於，就是有這麼多口袋滿滿的有錢人爭相競逐限量販售的同一件產品，但這種情形也不可能持久，有錢人在社會的比重既不可能突然從〇·一％增加到一〇％，價格也不可能繼續向上衝。

如果你得花兩千萬美元才能在超高級精華地段買下一棟大小適中的房子，但前後左右的鄰居全都和你一樣工作壓力爆表，從來沒有

圖16-5 標準普爾全球精品指數

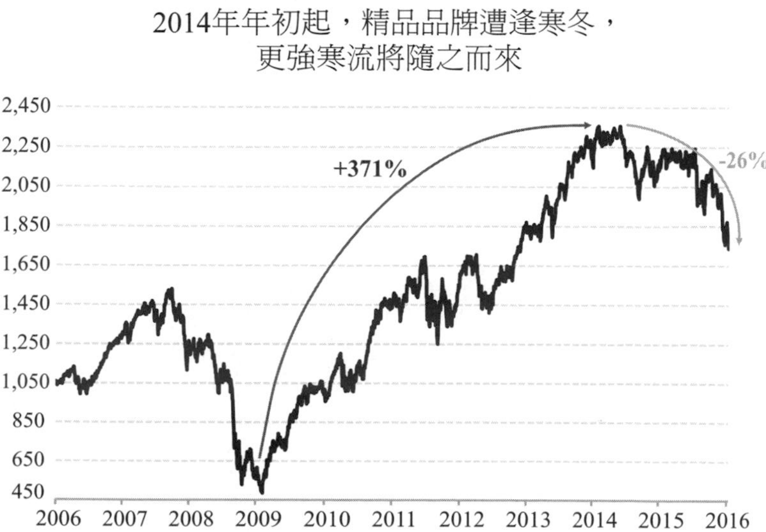

資料來源：雅虎財經

時間在後院烤肉或甚至交際應酬，那累個半死、而且還要承擔高風險才能做個有錢人到底有什麼意義?!

但現在我們正目睹通貨緊縮的壓力正發揮影響力。精品指數從二〇一四年高點到最近已經下跌二六%，而且這還只是開始而已。這些產品的價格也將隨著需求冷卻而下降，這輩子最好的投資機會就在眼前。二〇〇八年至二〇〇九年金融海嘯崩盤到谷底時，我以工廠成本價買下一輛瑪莎拉蒂（Maserati）跑車，也就是說，沒有經銷商或工廠往上加價。

所以，這就是我們日常生活中會遇到的通貨膨脹，而且因為它一直掏空我們的口袋，所以我們每天都確實感覺到這種痛苦。

對於一些部門的通貨緊縮我們反而比較沒有感覺。就現在而言，因為支出變少不會讓我們受害，所以我們不會多想。

重點是：再過不久，大學學雜費、醫療保健與育兒服務這幾顆通貨膨脹泡沫就要依循精品之路站上通貨緊縮懸崖邊緣了。而且，有很多公司都會受到影響。

我最近一次拿到的汽車貸款利息是二．二%，汽車價格也不像通貨膨脹時期一樣上漲。

然後是房地產與房貸這項負擔最重的生活成本！

目前的房貸利率介於三%至四%，幾年前則是六%以上。二〇〇六年至二〇一二年間，房價重跌三四％，這可是大蕭條以來首見跌幅。雖然從那時起它們已經再次緩緩爬升，但顯著跡象卻暗示，房地產市場正面臨日益高漲的壓力。我預期，我們將會看到價格再次急遽暴挫。

當然，我們至今尚未碰觸全球已經處於通貨緊縮夾縫最明顯的證據。

原物料大崩盤

全球原物料價格在二〇〇八年開始崩盤，二〇一一年後更加快速度。

CRB期貨價格指數是衡量所有原物料商品最好的指標，自二〇〇八年年中高峰至今已經狂跌七〇％；自二〇一一年年初的第二次高峰至今也重挫五六％。工業用原物料和能源尤其受傷嚴重（見圖16-6）。

雖然原物料只占已開發國家預算的一小部分，不過我們買瓦斯與珠寶的金額還是比以前更少，這是因為通貨緊縮正在發揮作用！

但是在印度或中國這些新興國家，這類原物料的支出比重就大得多了，對全世界的影響更大。原物料的通貨緊縮正扼殺大多數新興國家的出口產業，這正是為何儘管它們的人口成長趨勢更強，但股市和經濟表現卻比我們弱得多。

因此，住宅和與房貸成本雙雙下降，汽油之類許多原物料成本也難逃下跌噩運，連同消費者相關的工具設備還會進一步下修。

此時此刻，通貨緊縮正在發生，而且未來只會一再加速！

我們已經看到熱火（通貨膨脹），也已看到冰雨（通貨緊縮），但這些通貨緊縮泡沫就只是泡沫，總有一天會破滅。

近在眼前的趨勢是通貨緊縮，並不是通貨膨脹，而且它一直都是寒冬經濟期的正字標記。

隨著嬰兒潮世代年歲漸長、地區性與全球性經濟崩盤會一一掃除所有泡沫產業中的過剩產能，**通貨緊縮**會導正我們走上一條更能永續發展的道路。當住宅價格、教育成本與育兒服務價格被迫向下修正，千禧世代可望受惠最多。

圖16-6　在可預測的30年週期內，CRB期貨價格指數將直落

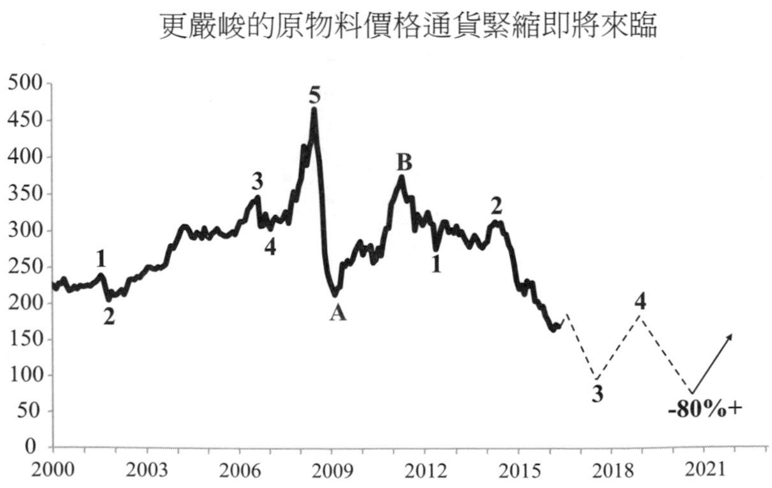

資料來源：彭博資訊

二〇一六年至二〇二二年的寒冬

這是人口趨勢，而且會四季變化的整體局勢，八十年新經濟週期隆重登場。

前所未見的量化寬鬆與零利率政策並未造成通貨膨脹，原因是許多政府正在對抗經濟寒冬期自然、痛苦的通貨緊縮趨勢。數十年前我就預言到，當嬰兒潮推升支出達到高峰，經濟寒冬就會發生。果不其然，這段時期就從二〇〇八年開始，而且，不可永續發展的債務趨勢也將自食惡果。

儘管多國政府大舉印鈔，卻沒出現什麼通貨膨脹，圖16-7最能說明箇中原因。

這張圖來自霍伊斯頓首席經濟學家雷西．杭特（Lacy Hunt），他曾在我們的非理性經濟

圖16-7 貨幣流通速度

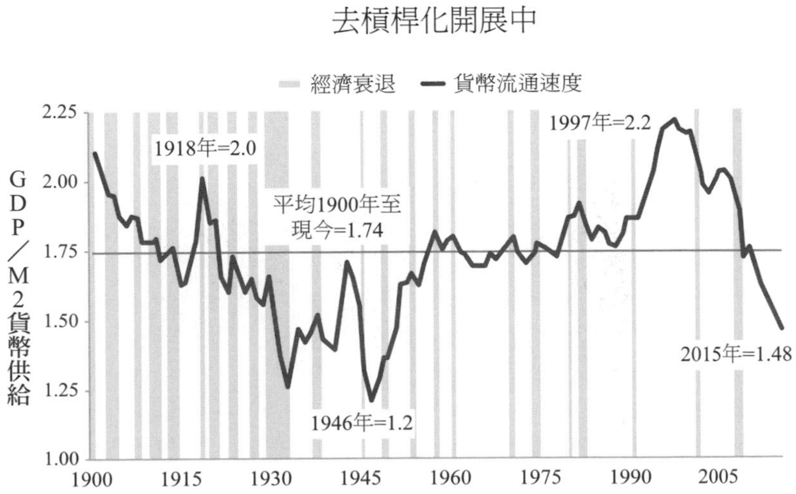

資料來源：聖路易聯邦準備銀行，霍伊斯頓投資管理公司

峰會（Irrational Economic Summits）上發言。你可以從中看到，聯準會實際創造的資金僅是我們經濟體的九牛一毛。這筆錢的**周轉率**，也就是多快會被花掉並透過部分準備銀行借款與資金投資擴充，才是更重要的關鍵。

雷西非常簡單扼要地解釋這張圖表，所以我在此重述他的意見：當貨幣流通速度高於平均值（即圖中那條水平線）並持續成長時，資金就會被投入有助經濟成長的生產性資產。生產性投資會為企業和員工創造更高收入，他們若非轉手花掉就是再繼續投資。

當貨幣流通速度仍維持正向但開始下降時，好比圖中的一九一九年與一九九八年之前的走勢，那麼貨幣就是一步步陷入不可永續發展的投機潮。投機潮不會創造生產性資產，但會吹出債務與金融資產泡沫，好比咆哮的二十年代與二〇〇〇年代。投資人愈來愈勇於投入股市或房市（當炒股、炒房客）與泡沫對賭，企業也更專注股票回購並提高股利，兩者都不是投資產能的做法。

最後，貨幣流通速度會落後平均值，這就是你看到去槓桿化與通貨緊縮時代開始的時間點。

雷西．杭特提供的圖表清楚警告我們，儘管許多政府卯盡全力，印出更多鈔票與無中生有的刺激方案打擊通貨緊縮，但通貨緊縮階段正在醞釀中。我們現在正進入一九三〇年年初，也就是一九二九年年底股市開始下跌的時候，過不了多久，大蕭條就開始肆虐，股市爆發可怕的崩盤。

二〇一五年年底，聯準會宣布升息，調高利率至〇．二五%，並表示隔年還會至少再升息幾次。我還滿懷疑實現的可能性，我推估最多就只會升一次，而且時間點會落在二〇一六年十二月左右。下一次危機爆發時，他們會發現自己處於不利地位。他們已經開倒車撞到牆，現在不管他們做出什麼政策都只會導致信譽蕩然無存。

現在的大問題是，何時才會看到通貨緊縮。還需要等一等，大概九至十八個月後刺激方案對經濟再也起不了作用的時候。這意味著，二〇一四年十月刺激方案終止後影響力也將緩緩降低，到了二〇一五年年底與二〇一六年間，通貨緊縮就會開始打擊經濟，正如二〇一五年嬰兒潮世代大都年滿五十四歲，便直接進入最嚴峻的人力缺口。

還有，如果聯準會採取行動再推出刺激方案來因應新一輪危機，直到二〇一七年我們也都感覺不到全面成效。所以，請留意，二〇一六年全年、二〇一七年大半年與至少二〇一八年年初通貨緊縮會加速發威，而且還會伴隨著幾個主要市場崩盤。

現在只需要一個引爆點，想要搶坐這個寶座的候選人多如過江之鯽。最重量級的候選人當屬前所未見的全球債務與金融資產泡沫，此刻它們已經開始有動作。第二大的候選人則是紅色巨龍（Red Dragon）中國，我會在第十八章詳加闡述。第三名是歐元區。德國正處於人口減少的緊要關頭，而且比一九九〇年代的日本情況還糟，從現在到二〇二二年，這股趨勢會感覺愈來愈顯著；再加上義大利的壞帳高築，看起來就像是下一個希臘，甚至已經膨脹到誰也救不了的地步。

無論是哪一個引爆點最終發射出震撼彈，至少請留意二〇一六年夏季至二〇一六年年底的嚴重衰退，屆時將會引發就學貸款、次級汽車貸款提前急遽違約，這兩大業務如今已滾燙冒泡了；水力裂解技術開採業者發行的公司債將瘋狂違約，引爆房地產第二次更深不可測的衰退，未來數年，更多房屋價值低於房屋抵押貸款餘額的情況只會比以前更嚴重；企業紛紛破產，銀行的核心業務也將搖搖欲墜。

這幕景象不折不扣就是一場泡沫破滅戲碼。當它結束之際，我們都要準備好抓住這輩子最好的投資機會！

第十七章
超大中國泡沫

一九六〇年代至一九八〇年代，或是冷戰期間，共產黨與資本主義兩大經濟型態大鬥法，難道我們不曾從中學到任何教訓嗎？

當柏林圍牆終於在一九八九倒塌時，全世界顯然都明白，美國及其他西方國家奠基自由市場型態的資本主義與民主而欣欣向榮，蘇維埃共和國再也無法與它們一較長短。

然而，當今一堆無腦的經濟學家卻前仆後繼吹捧中國式國家資本主義，還比喻成未來的新模式。真的是認真的嗎？

現在的中國人就像以前的蘇聯，許多泱泱大國應該負責的重要功能都付之闕如。它們不代表人民，也無法保證資本主義產出的果實會適當地下放人民；它們不為資本主義遊戲制定規則，也沒有打造法律制度來執行相關法則、規範和公平競爭；自由市場不容許的惡象，好比汙染（除了最近快讓自己窒息而死的汙染），它們視若無睹；它們不怎麼做重要的事，但說到大興土木拓展基礎建設，它們肯定又做過頭！

相反地，它們都會做出一些有害無益的事情，而且一邊做還會一邊創造出超大泡沫，最終可能會是引爆中心，把全世界都拖下水的禍首。

雖然中國極度危險，另一方面卻也有助促成這輩子最好的投資機會，未來幾年這些機會隨手就可以取得。

城市化發展觸頂

讓我們從一樁簡單的現實情境說起：二〇〇八年全球崩盤期間，即使中國經濟成長率只從一二%縮水到六%，股市跌幅之大在全球各國裡卻是數一數二。

二〇〇五年至二〇〇七年間，上海證券交易所綜合股價指數（見圖17-1）是膨脹最快的泡沫，隨後又是最快爆破的泡沫，一年就下跌七二%！

二〇一五年時它又故態復萌，而且膨脹得更大、更快！

這是顆經典泡沫！這樣的泡沫不太可能在未來數十年內再現高峰。

這裡要告訴我們的第一個洞見是，中國股市暴跌是因為先吹出超級無敵大泡沫！請謹記，泡沫破滅後，會回到起漲（或是更低點）的地方，就像圖中的走勢，而且我也一直提到。

但更重要的是，中國在第一次危機過後，儘管經濟成長率仍傲視全球各國，但股市反彈的力量最弱、時間最短。它在緩慢費力地進入二〇一〇年二月，是全球主要經濟體中股市報酬最低的國家，但隨即又重挫至接近二〇〇八年年底的低點；與此同時，美國、德國、英國和許多其他國家卻紛紛創新高。

中國是全球第二大經濟體，也是成長最快的國家，為何股市如此不堪一擊？

圖17-1 上海證券交易所綜合股價指數

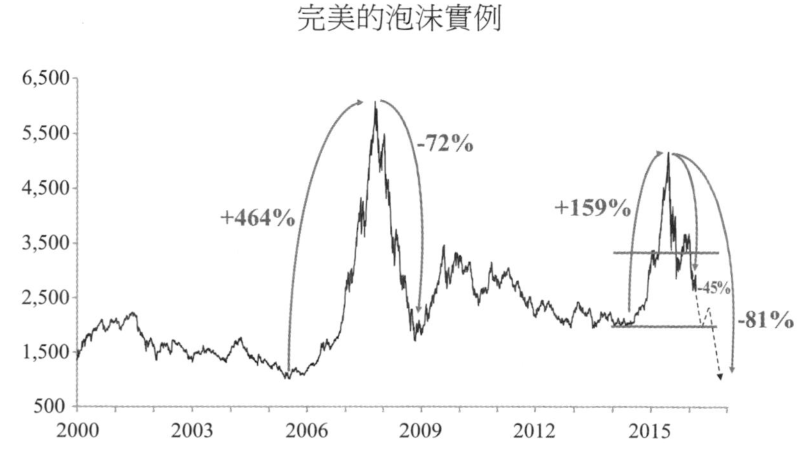

資料來源：雅虎財經

答案是政府政策導致各地出現過度建設的產能，這是推進經濟成長與都市化的力量（也就是說，中國經濟是中央計畫由上而下所驅動的扭曲經濟）。

過度建設會製造出過剩產能，還附帶高昂的固定成本與貸款服務，最終會侵蝕獲利。而股市最重視的指標是獲利，並不是經濟成長率。

因此，先讓我們回顧過去數十年來中國經濟成長的真實面貌。

首先，不像其他已開發國家，消費者收入與支出是經濟的成長動能，它絕大部分的經濟動能來自政府。你可以從圖17-2看到，消費者或個人消費占GDP的比重從一九六四年的七〇%左右降至二〇一五年的

圖17-2 個人消費占GDP比率

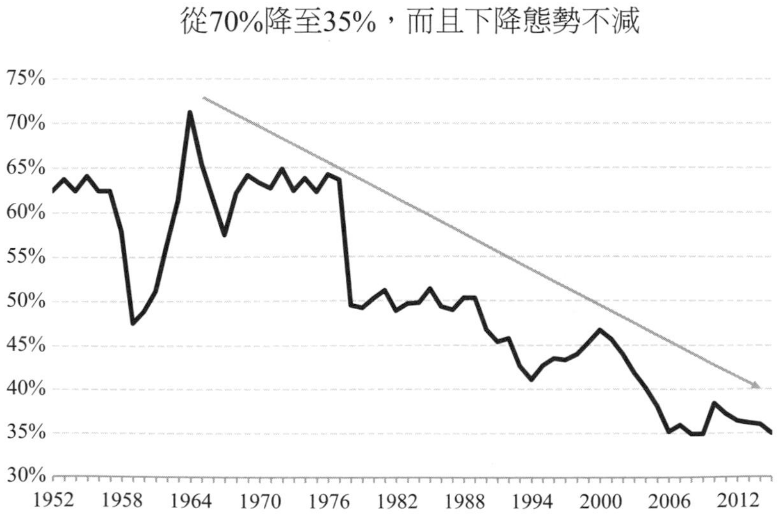

資料來源：《經濟學人》2011年9月24日的報導〈單行道的困境〉（One-Track Bind），世界銀行（World Bank）

三五％。

若與美國這麼一個體質更健全、更能永續發展的經濟體相比，個人消費占GDP的比率大約是七〇％。

圖17-3可看到政府、出口和消費支出的變化。

你對照兩個圓餅圖會發現，從左圖到右圖的重大改變是：政府投資占比從二六％驟升至五八％，增加超過一倍。

淨出口從一六％下降至七％，消費支出則從五八％大減至三五％。

政府就這麼一手包辦經濟、決定成長方向，對啦，是有可能身強體壯，但實在無法苟同這種做法稱得上健康。

當然，我能理解，新興國家發展之初自然

圖17-3　中國三個部門的GDP比重

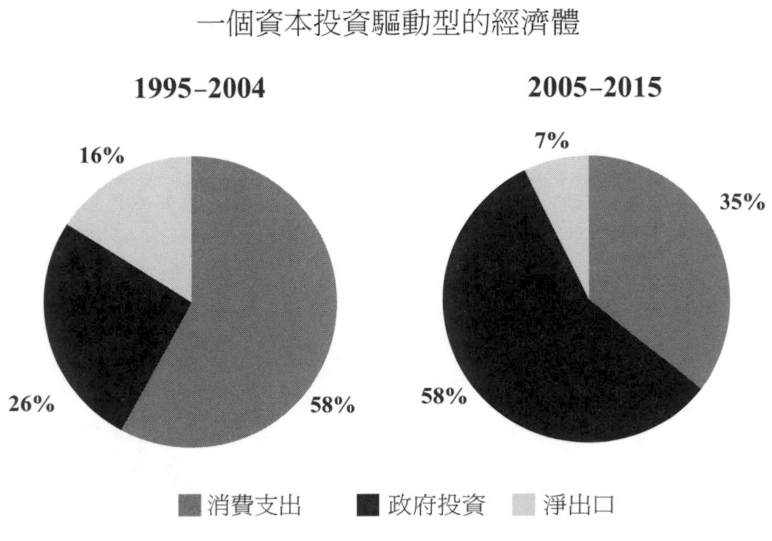

資料來源：經濟合作暨發展組織

是需要更多政府力量介入，就和父母養兒育女一般。政府得投資在加速城市化的基礎建設，因為這最能有效刺激收入成長、生產力和消費者需求。不過消費者需求的成效最後才看得到。因此，鎖定有助於促進城市化與就業成長的出口產業對提升消費者收入與需求成長也扮演關鍵作用，這點再自然不過。

這就是過去十年來中國的政府投資和淨出口日益驅動全國成長的主要原因。

但是，明明消費者需求應該跟著上揚，為何事實上是不升反降？況且，沒有其他新興國家能將資本投資發揮到如此淋漓盡致。

這是因為一條鞭的共產黨（我偏愛以「黑手黨」比喻）本身就是一個從上到下都貪汙的政府。但在談這點之前，先看看圖17-4。

圖17-4 資本支出占GDP比重

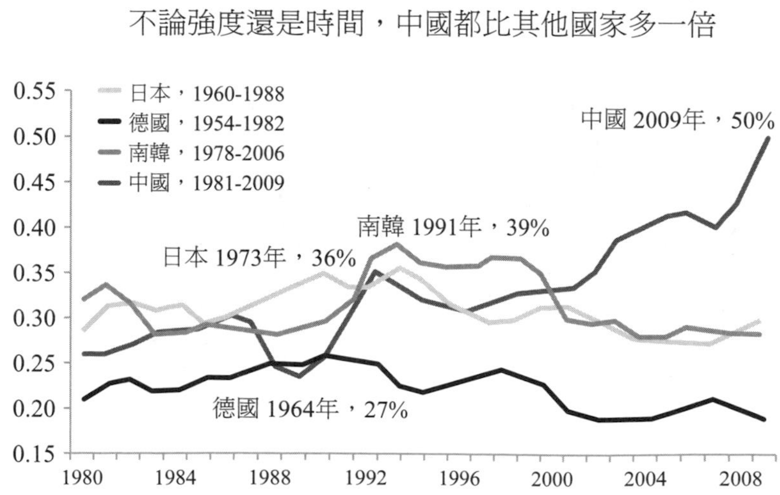

資料來源：國際貨幣基金、中樞資本管理公司（Pivot Capital Management）

圖17-4可以看到，中國政府推動的投資熱潮已經比日本、南韓與德國這些出口驅動擴張的國家更誇張，而且也持續更久。事實上，無論是規模與強度都翻了一倍！

最近一次類似的熱潮發生在東南亞和韓國，結果是一九九七年至一九九八年釀成亞洲金融風暴與貨幣競貶，情況直到二〇〇二年年底才緩和。

中國恐將重蹈覆轍，不過後果會更嚴重、危害更長久。

我必須一再大聲疾呼：任何泡沫或大規模擴張都會在某個時間點攀抵高峰，隨後就會是強力緊縮。這會刺激新一輪創新，也會再次推動成長，特別是下一代會迎來消費週期，但唯獨中國並沒有一個呼應熱潮的世代。

當我們拿中國與鄰近國家政府比較時，會發現中國政府推動的擴張模式是在走極端。這並非好現象，因為幾乎每個政府都會利用過度擴張來創造就業機會、討好人民，特別是在大選中落敗的政黨。

這個號稱擁有五千年文化的國家和多數新興國家沒什麼不同，一樣都持續過度投資。這樁事實正預示，眼前有一場危機步步逼近，和一九九七年年底至二〇〇二年年底的亞洲金融風暴如出一轍。

但中國的過度投資泡沫是現代史上規模最大的泡沫，確切而言，當泡沫破滅時，不只會造成地區性毀滅，全球無一不受到波及。一旦所有投資泡沫一一破滅，特別是當債務與資產泡沫已經膨脹到撐不住，終究會自爆，就像我們常說，如果不斷往駱駝背上堆疊稻草，終究會被最後一根稻草壓垮！

接著來談中國的人口問題。

人口老化速度遠比你預期快

在未來這幾十年可以看到，中國是唯一在二〇一一年勞動人口或人口支出成長觸頂的新興國家，而且二〇二五年後還會加速下滑，接著它就會比包括美國在內的多數**已開發**國家老化得更快，但與此同時，其他新興國家卻持續成長。

拉丁美洲、東南亞應該會在二〇四〇年至二〇五〇年間觸頂；印度與和南亞會在二〇五五年至二〇六五年間；中東與北非可能會在二〇七〇年左右；撒哈拉沙漠以南國家則是在二一〇〇年後。

為什麼差這麼多？

全拜中國的一胎化政策所賜，最早是在一九六〇年代中期非正式實施，一九七〇年代正式上路；過了四十年終於開始影響消費的全盛時期。

一九六〇年代，中國的出生率為每一千名婦女生下六名嬰兒，到了二〇〇〇年大概是一．八名嬰兒，遠低於人口替代率二．三名的低標，而且至今不變。在中國內部日益城市化、收入水準逐漸上升的發展趨勢下，這種局面倒是可預期的結果；還有，像這樣下滑的出生率讓政府很容易便能預測勞動力與人口成長的發展趨勢，只不過，只有極少數的人看到前景不妙，勇於發言的人更是鳳毛麟角。

中國政府估計，一胎化政策導致四億名嬰兒無緣出生，大概占全國人口三分之一。於是，二〇一三年年底，中國政府稍微鬆綁這項政策，允許皆為獨生子女的夫妻可以多生一胎。他們預期，每年可因此增加兩百萬名嬰兒，不過截至二〇一五年九月為止，只允許一百七十六萬件申請案，平均一年只有八十五萬件。這些還只是要求而已，究竟實際上多生了幾名嬰兒，根本就沒有正式統計數字可參考。

話說回來，既然勞動力已經放緩，中國幹嘛還要重金投資？很簡單，因為城市化和它所帶來的豐碩回報可以推升人均GDP。只要有工作，加速城市化幾乎可以讓收入與支出三級跳；不過，中國卻搞錯重點，本末倒置，它先讓人民移動。

一個比較自由的市場發展模式將是創造經濟和出口成長，然後才吸引農村人口進入城市，以填滿剛出現的新工作。中國政府主導的模式是先建設城市地區，然後才導引農村人口移入，希望往後能創造職缺，好讓新移民順勢成為日益龐大的消費者。

換句話說，這一批新來的消費者興建不知為何而蓋的建築、花費自己賺來的錢，為自己創造就業機會。

創投業者會願意投資這種模式嗎？別傻了！當市場上餘屋過多時，正常的投資者還會買進公寓投資嗎？

萬一工作增加的速度不夠快，跟不上人口湧入的速度怎麼辦？這就直接造成社會不安。而且我們還沒談另一件事：這些人多數缺乏能在一開始就找到工作的技能。

然而，這些現實都無法阻止中國政府一意孤行。

二〇〇〇年至二〇一二年間，中國的城市化進展飛速，從三八％大幅躍升至五三％，這意味著，短短兩年間就有兩億人從農村移入城市。你能想像，短短十多年間，有大約美國三分之二人口從農場湧入城市的光景嗎？

那麼，這麼一大批人現在都在哪裡？等等我會告訴你，但我想你也猜得到。

與此同時，儘管中國不顧一切繼續推出刺激方案，但在全球經濟持續走衰之際，眼前還有一個更大的危機，僅次於前所未有的債務與金融資產泡沫與中國的債務與基礎建設泡沫。

第十八章
中國空前巨大的房地產泡沫

一九九〇年代的日本、二〇〇〇年代初期的美國或二〇〇〇年代末期的愛爾蘭或西班牙都吹過房地產泡沫，你覺得情況不妙嗎？它們的泡沫不是已經破滅，至少也開始往破滅方向前進。

還是你覺得目前在英國、法國、加拿大、北歐各國、澳洲與多數東亞國家的房地產泡沫比較糟？這些地區都還在吹大泡沫階段，在金融海嘯期間只有微幅修正（修正幅度幾乎不值得一提）。

這樣吧，老兄，不妨來看看中國！

現代史上，從來沒有哪個重量級大國竟能吹出這麼大的泡沫。怎麼說？因為這一切都是不負責任的中國政府搞出前所未見的過度投資，加上中國人特有的超高儲蓄率，有錢人還格外愛存錢。他們鍾愛房地產投資、刻意迴避股票與債券；他們是儲蓄模範生，資產配置的功力卻不及格。在超強通貨緊縮潮即將來襲之際，這種理財方式將會置他們於死地。

儘管空屋與過度建設還在增加，看看成長迅猛的城市化、ＧＤＰ、儲蓄金額與房地產投資就知道，超大泡沫已然出現眼前。現在就來談論這個矛盾的怪象！

二〇〇六年年底與二〇〇七年年底，我在杜拜發表演說時，當地的公寓大廈售價一年大約飆漲三〇%至四〇%，相較之下，當時美國邁阿密的漲幅是一五%至二〇%，已經很明顯是一顆泡沫了。在那幾年，全世界大多數起重機都集中在杜拜，這一點透露出什麼？

我告訴當地人：「這是一顆等著要破滅的泡沫。」

但他們回答：「哈利，你不懂。政府大力支持這顆泡沫，絕不會讓它破滅。如果消費者和企業不埋單，政府會照單全收。」

「這樣的話我就更擔心了，」我反駁。

一如我的警告，二〇〇八年，正當全球最高大樓哈里發塔（Burj Khalifa）與天爭高時，杜拜的泡沫也開始破滅。我指出這一點並非只是巧合而已。二十世紀有許多城市選在經濟成長一馬當先的區域搶建摩天大樓，它們完工的時點幾乎就落在三、四十年以來長期房地產與經濟發展的顛峰期。

我不認為杜拜的房地產泡沫已經結束，所以請繼續關注，它應該還會進一步下跌，特別是未來幾年如果原油價格一如我預期般重挫至一桶十美元價位。

美國克萊斯勒大廈（Chrysler Building）、帝國大廈（Empire State Building）與華爾街四十號（40 Wall Street）都是在一九二九年股市達到高點時期落成。

同樣的，芝加哥的西爾斯百貨公司大樓（Sears Tower）和紐約的雙子星大樓（Twin Towers）也在一九七〇年的股市崩盤與經濟衰退之前完工。

馬來西亞吉隆坡的雙峰塔（Petronas Towers）是在一九九七年完成，剛好那一年亞洲金融危機爆發；再來就是我剛剛提到的杜拜哈里發塔。

這麼說來，當今全世界多數起重機都集中在哪裡呢？

你猜對了！就是中國。

當今最高的摩天大樓又是在哪裡？

你又猜對了！就是中國。

不僅如此，正如圖18-1所見，中國現在正以最快速度興建更多超高摩天大樓。務請特別留意二〇〇九年年底至二〇一五年間大興土木的熱潮，多數是在二〇〇八年的金融海嘯後才開始。實在愚不可及！

這種現象無疑是摩天超高大樓泡沫，從住宅、商業、基礎設施和工業產能來看，這稱得上是一個中國過度建設的徵兆。

所以，且讓我們拿中國的房地產泡沫與其他地區相比。

圖18-2顯示新興國家及已開發國家的全球主要城市房價所得比。

看仔細了！

占比前五高的城市有四個在中國：香港的房價所得比將近三十七倍、北京三十三倍、上海將近二十七倍，廣州則超過二十五倍。

這些數字遠高於其他新興經濟體的城市，好比新加坡的房價所得比是二十二倍、曼谷二十倍。

西方世界裡，房價所得比最高的城市是倫敦，但也只有十六倍；再來是溫哥華，差不多是十倍、雪梨九倍（我看到其他的指標還高達十倍）。最後是舊金山和洛杉磯，稍比八倍高一點。

中國住房的平均房價所得比是十五．七倍，這

圖18-1　摩天大樓完工進度

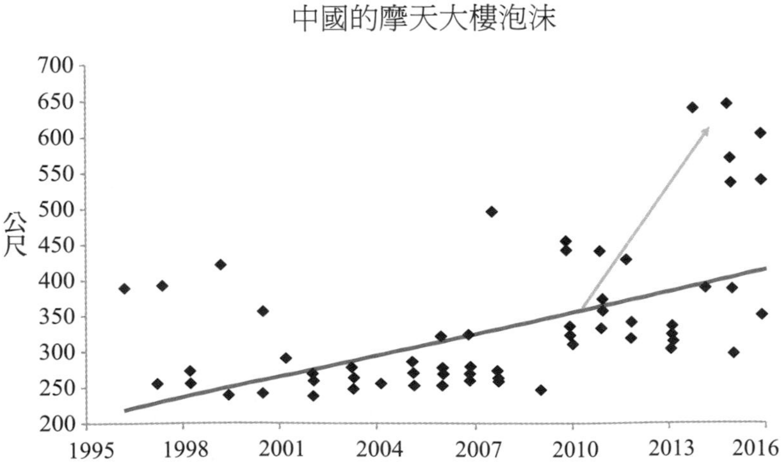

資料來源：www.skyscrapernews.com，巴克萊資本（Barclays Capital）

還是包括相對便宜的農村和小型城市，但相對倫敦而言依舊是高得嚇人。

就讓我再舉一個中國房地產泡沫的「具體」例子。

看圖18-3，這是四個主要房地產泡沫國家的人均水泥消耗量。

西班牙是歐洲最極端的國家，二〇〇七年攀抵高峰，人均水泥消耗量上衝一千六百公噸。

美國的高峰是落在二〇〇五年，達到六百公噸的高峰後就下跌。

中國的消耗量早就衝破兩千公噸，卻依舊陡峭上升。事實上，光是在二〇一一年至二〇一三年間，中國生產的水泥總量就高於美國在整個二十世紀的產量。

而且，中國還是一個不如美國和西班牙富裕

圖18-2　全球主要城市房價所得比

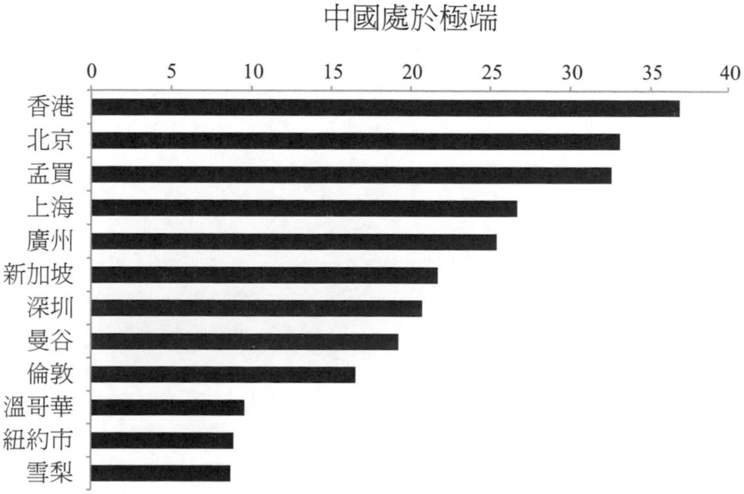

資料來源：城市生活資源數據網站Numbeo.com

的國家！

其實，不只房地產過剩，橋梁、鐵路、道路、購物中心、辦公大樓與工業廠房都供過於求。香港中文大學金融學客座教授郎咸平估計，中國的電解電容器產能過剩達五〇％、太陽能電池四〇％、鋼鐵三五％、平面顯示器三〇％，銅礦則為一七％。鋁礦產能過剩公認最嚴重，可能超過五〇％。

西班牙和中國的極端發展反映超高的房屋自有率、外國投資與商業和住宅強力擴張現象。

這種局勢持續壯大的唯一途徑是，最有錢的一％至一〇％的族群願意在一個更大規模的前提下出手消化中國與全球主要城市的過剩資源。不過對脆弱的經濟來說，外國買家表面上看起來友好，實際上卻是害人不淺，因為他們實際上根本就不住在當地，隨時見到苗頭不對馬上就撤資落跑。

圖18-3 人均水泥消耗量

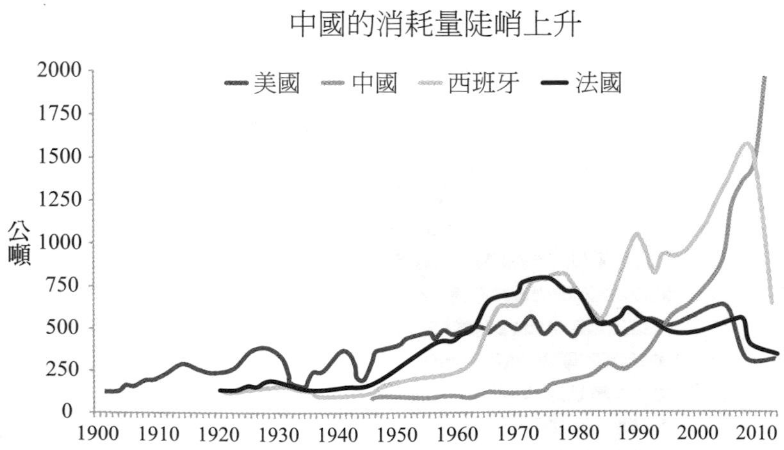

資料來源：法國興業銀行跨資產研究部門（SG Cross Asset Research），美國地質調查局（US Geological Survey, USGS），義大利水泥公司（Italcementi）

調查顯示，中國超過一半的百萬富翁正考慮遠走他鄉來保護名下財富；至於全球最富裕城市一％至一〇％最有錢的族群只要泡沫無止境地膨脹，就會因為坐擁最高價值的事業、股票、房地產和其他資產受到高度敬仰。

還記得美國有線電視新聞網（CNN）創辦人泰德．透納（Ted Turner）哀嘆，十多年前網路泡沫破滅期間，他的身價從一百億美元狂跌至十億美元，改變世界大夢也從此毀於一旦嗎？你知道未來幾年你會看到更多泰德．透納這樣的輸家，唯一差別僅在於泰德．透納實際上真的拿出財產做了不少好事，其他人卻花了九千五百萬美元在紐約市置產。

無論你怎麼看，中國的房價被高估的程度比全世界任何國家嚴重。當已開發國家忙著印鈔票的同時，中國正在印公寓！

真正駭人之處在於他們還不打算收手，加倍推動這種服用類固醇的城市化政策，並承諾即刻起至二〇二五為止，還會再將兩億五千萬人從農村移入城市。真是瘋了！

這時中國主要城市裡有高達二四％的公寓大廈與房舍都空無人住，這還不是最糟糕的部分，整個中國還有一大批新建的城市，有些大到足以胃納一百萬名人口，但幾乎都是蚊子城。

全世界占地最廣的購物中心和建物群座落於四川省成都市的新世紀環球中心，但內部空空如也。室內有一座主題樂園和海洋沙灘，但因為乏人問津，現在中國政府正想指定它為觀光旅遊區。

還談什麼迪士尼樂園過度開發。

湖南省長沙市原本打算花九十天左右興建名為天空城市的全球第一高樓，總高度是八百三十八公尺，約二百零二層。但開工兩年後便因安全考量嘎然而止，因為占地二十六公頃的建物地面下方全是一片汪洋，現在附近居民利用此地養魚，已是名副其實的釣魚洞了。

最後是浙江省杭州市的天都城，這座國家主導興建的城鎮原來是想設計出帶有巴黎風情的面貌，城中心有一座高約一百零八公尺的山寨版艾菲爾鐵塔。杭州也到處複製威尼斯和其他知名城市。儘管這個概念城市已經徹底失敗（已經廢棄不用），但共產黨政府依然繼續在這座城市的南邊不遠處打造另一個全新城市。

總而言之，全中國現在自誇擁有四百七十棟高度超過一百五十公尺的摩天大樓，另有三百三十二棟施工中、五百一十六棟規劃中，但至今尚無明確進度。中國的逐夢之道可以套一句美國電影《夢幻成真》（*Field of Dreams*）的台詞形容：「如果你蓋了，他們就來了。（If you build it, they will come.）」

要是商人可以愛怎麼蓋就怎麼蓋，管他什麼短期獲利，而且還能確保長期可行，因為政府會力挺，那豈不是皆大歡喜？

但你想想，美國有這麼多家被說成大到不能倒的銀行和企業，而且它們大都向政府索討肥美多汁的紓困方案。所以，或許美國也沒有比中國好到哪裡去。

最大的問題是，中國的人口趨勢已經到頂，因此現在即將成為第一個感受到人口老化、勞動力衰減的新興國家。二〇一一年來人口已經開始減少，二〇二五年以後減幅還會加快。

而且中國自上而下的共產主義政府還不用負擔連帶責任。它一直祭出歷史上最快速度推動城市化、最強力道刺激經濟成長率。一八〇〇年代至一九〇〇年代初期，當時的美國還是新興國家，但就算如此，當年的實質經濟成長率也只有五％至六％，相較之下，近數十年來中國則高達八％至一二％。

事實上，近數十年來中國的發展軌跡和一九〇〇年代初期美國崛起有許多雷同之處，不過也有一些明顯差異。

中國：二十一世紀的美國

一九〇〇年代初期，美國多虧有創新和大量湧入的移民，成為欣欣向榮的新興國家，並主宰許多劃時代的發明，從電燈、電話、留聲機到福特汽車的T型車。亨利．福特（Henry Ford）的裝配線堪稱上個世紀最偉大的進展之一，問世以後數十年內引領一般人晉升中產階級。

第一次世界大戰剛開打時，歐洲的工業轉向生產戰爭物資，美國因此成為工業和農產品主要供應商。這段時期堪稱美國的「轉捩點」，我們就此開始積存大量貿易盈餘，直到大戰結束，歐洲的農業和工業產能重新回復運轉，結果導致供過於求，並在一九二〇年至一九二一年間引發全球經濟崩盤與小規模的經濟衰退。沒錯，生產無人聞問的產品就是會產生這種後果！不過多數經濟學家根本就不討論這一點。

價格下跌、泡沫壓抑利率波動，再加上汽車、電力、電話與收音機等威力強大的新技術紛紛出現，在咆哮的二十年代，即使歐洲的農業和工業產能重新回復運轉，美國的神速發展仍遠超越以往。因此，在咆哮的二十年代，我們藉著低成本的債務傾全力過度擴張。這就是上一段長期經濟週期進入晚秋泡沫榮景的縮影，和一九八三年至二〇〇七年見到的情況相差無幾。

但是這樣的晚秋泡沫總會在進入經濟嚴冬時告終，屆時就必須度過通貨緊縮，還有債務、過度擴張與任用親信亂象必須去槓桿化的痛苦歷程。長期看來是件非常好的事，但是短期卻會很痛苦。

我們耽溺於過去的技術，流程和生活方式，如果沒有必要就不願意放棄，但經濟寒冬的通貨緊縮週期會迫使我們放手；迫使我們面對並全面接受新現實，包括新消費者、新商業與新政府。當某件事開始看起來毫無價值，你終於會樂意把它丟進垃圾桶！

一八七〇年代起，當美國的創新超越大英帝國時，稱得上是來勢洶洶的新興國家。一九二九年的超大榮景、債務泡沫達到高點時，我們只有一半人口住在都市裡，還有貿易與預算盈餘，雖然和一九八九年的日本、今日的中國差不多，但遠不如現在這麼極端。

只是，這個全球成長最迅猛的新興國家卻在一九二九年間栽了史上最大的跟頭，一切瞬間崩壞。

現在我希望你知道，就長遠的歷史來看，一切都在不斷重演，只是泡沫愈來愈大、泡沫破滅力道愈來愈強。

一九八〇年以來，中國一向都是最大、成長最快速的新興國家，由於握有龐大貿易順差，現在更是全球製造和出口龍頭；儘管人口是美國的四．四倍，卻是全球第二大經濟體。不過它的購買力（依人均GDP計）僅為美國的二〇％，換算成美元，實際人均GDP只有五千美元，幾乎不到美國一〇％。這就是為何它的整體GDP只比美國的一半多一點。

但它竟然還能吹出當今全球最大的經濟成長率、股票與房地產泡沫。

事實上，中國的債務總額已經遠高於一九二九年美國泡沫高點的規模，而且它的人均GDP成長率卻未曾顯著成長，無法像美國在一九二〇年代至一九六〇年代一樣，努力讓自己躋身已開發國家之列。

此外，它依舊缺乏民主政府或必要的自由市場，因此也無緣爬上已開發國家地位。

最重要的是，美國搭上強勁的龐大移民潮與嬰兒潮順風車，數十年來驅策經濟發展，但中國幾乎沒有移民，近五十年來出生率持續下降。

多快看到泡沫破滅？很嚴重嗎？

中國房地產泡沫已經發展得太極端，即使政府要求第二間房時必須有超高頭期款，以及額外課徵二〇%的資本利得稅等諸多舉措，想藉此冷卻過熱房市仍不得其法。因此，富人開始鳥獸散。他們看到泡沫了，亟欲盡全力逃離這個鬼地方。

這裡的問題是：多快就會看到泡沫破滅？後果又有多嚴重？

如果想要找到答案，就必須先了解中國共產主義／資本主義系統的運作方法。

中國政府希望快速成長，挹注資金給地方共產黨政府以便實現目標；也力挺地方政府及企業債務，這樣它們就能以更便宜的成本採購更多原物料，資助各自領域裡的基礎設施專案。那些地方政府自然就會坐擁一群討它們歡心的裙帶企業和開發商。

中國政府更下調銀行和儲蓄存款利率，以便支持銀行運作，並鼓勵放款投入建設。但是這種做法在民間製造出日益茁壯的影子銀行體系，很像美國那些幫忙搞出次級貸款危機的金融機構。

財富管理公司從投資人手中獲取資金，轉身就投入基金裡，然後這筆錢會再轉借給房地產與基礎建設專案，從中獲取高於銀行願意付給投資人的收益。

就來看看中國的影子銀行體系如何加速成長，見圖18-4。

二〇〇七年以來，中國傳統銀行放款占GDP的比率開始下降，而且自二〇一二年以來就幾乎不見成長。不過，與此同時，影子銀行的放款速度直衝雲霄，短短兩年內就高占GDP六〇%。

傳統銀行與影子銀行貸款總額占GDP的比率高達一八〇%，而且仍急速攀升中。對一個新興國家而言，這個數字極端的高。事實上，它還高於大多數所得較

圖18-4 中國的信貸泡沫

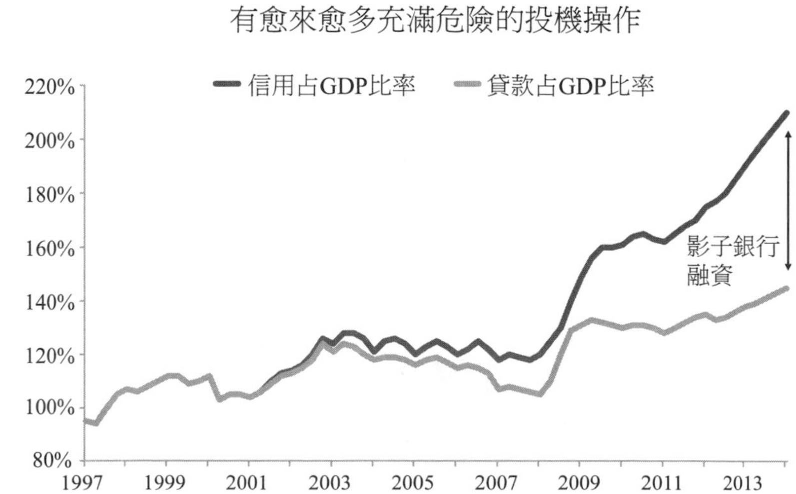

資料來源：瑞士信貸銀行（Credit Suisse），美國布魯金斯研究院（The Brookings Institution）

高、信貸較穩的已開發國家。

我估計，中國的債務總額至少占GDP二九五%，而且持續攀升中。你可以在圖18-5看到各種債務比率。

相較其他金磚國家成員，巴西的債務占GDP一五二%、印度為一三〇%，俄羅斯則是七八%。

新興市場國家的家庭、企業與金融機構可信度都不如已開發國家，因此所有負債總額占GDP超過一五〇%的對象都會被打入極端危險的黑名單。

中國還是新興國家，但它的數據早已超出應有水準，而且再次顯示，中國政府有多麼積極主動地過度建設，以利推動經濟成長。你自己看看就知道。

圖18-5　中國各類債務占GDP比率

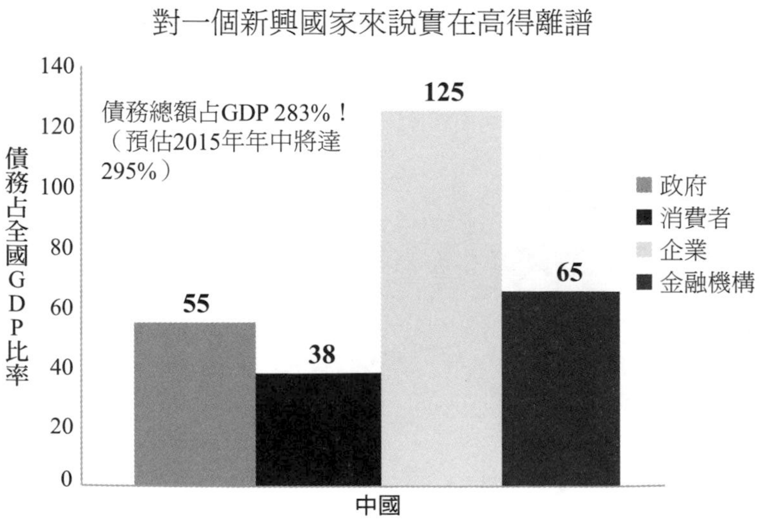

資料來源：2015年2月，麥肯錫全球研究院（McKinsey Global Institute）報告〈債務與（微弱的）去槓桿化〉報告

影子銀行債務膨脹意味著中國政府正失去掌控力，它大可以管制頭期款金額和採取其他措施，但如果借貸業務都出自影子銀行系統，中國人就會繼續投資與投機。

無窮無盡的建設專案養肥了地方政府與周邊的裙帶企業；中國投資人又特愛玩房地產，只會拿零頭去投資股票與債券。

這種現象導致房地產過度建設。

圖18-6顯示，二〇〇〇年以來，中國大興土木建造的住宅與新增家庭形成數量。

中國的過度建設已經有十多年！二〇〇五年至二〇〇七年間，基本上建案供給量已比需求量多出一倍，每年大約有二百二十萬餘屋。

二〇一三年公布的中國家庭金融調查（China Household Finance Survey）顯示，房屋

圖18-6 住宅數量與新增家庭數量比較

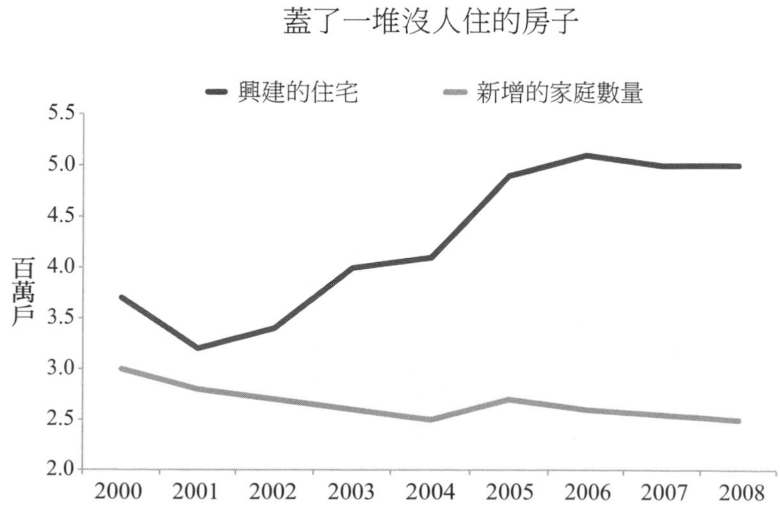

資料來源：中樞資本管理公司

開工數高達一千九百萬，但二〇一二年前六個月的需求平均年增量才五百八十萬套，供過於求高達三・三倍。

報告亦指出，五三%買家的動機是投資。在這麼一個房屋自有率全球最高、幾近九〇%的國家裡，哪些沒有房子的人可以填補巨大空缺，特別是多數中國投資者不愛把房子出租，也不愛使用，以便保有原貌、提高賣相，一段時間以後再轉手賣出。

圖18-7顯示中國有超高的房屋自有率，領先全球。

農村地區自有率有九二・六%，因為房屋便宜得多，而且很可能都是以自建為主。

圖18-7 中國的房屋自有率

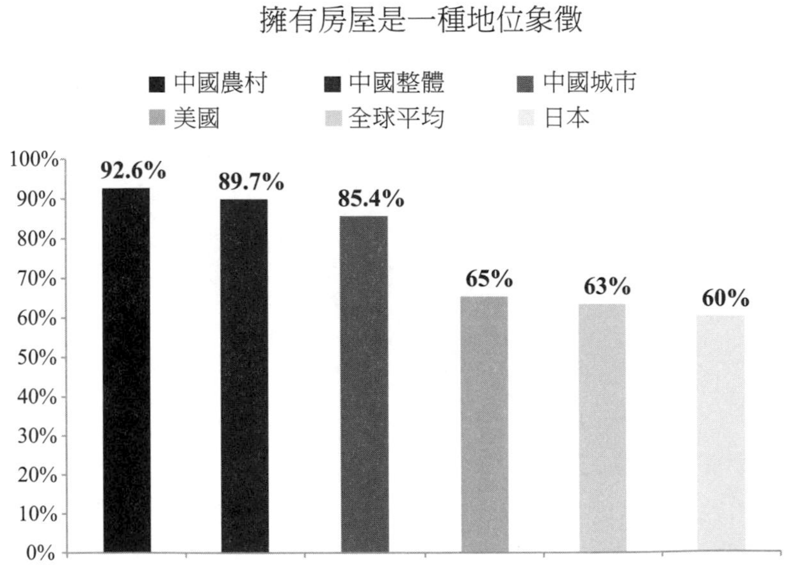

資料來源：美國德州農工大學（Texas A& M University）終身教授暨中國西南財經大學教授甘犁所著〈中國家庭金融調查〉

城市地區的房屋因為昂貴得多，自有率為八五．四％；整體而言的自有率達八九．七％。相較之下，美國才六五％，而且還持續下降，日本則為六〇％（見圖18-7）。

這種情況只會發生在全球房價所得比（valuations-to-income）最高的國家，因為中國人存了太多錢，而且願意住在非常小的空間裡。

房屋自有率同時也是中國文化極重要的部分，在多數情況下，倘若單身男性連一間小公寓都買不起，他也別奢望找個女朋友或結婚了。

有錢只想往銀行存

中國的儲蓄率之高，遠非美國人可以置信。

中國家庭平均會把收入三〇％存下來，我知道能存這麼多的美國家庭根本寥寥無幾！

中國的有錢人甚至比一般人存更多：所得最高的五％有六九％的儲蓄率、所得最高的一〇％則有六六．五％的儲蓄率，這兩個族群的存款高占中國存款總額七四．九％。

所以中國人顯然可以輕而易舉地付清頭期款，而且只有一八％的屋主背負房貸。考慮到政府政策嘉惠金融業，銀行無須為存款支付準備金，加上中國人又不愛投資股票與債券等金融資產，購買、炒作房地產的資金潮幾可說是氾濫成災！

但統計數字也表明，中國的有錢人擁有絕大部分房地產，圖18-8也證實這一點。

所得最高的一〇％擁有八四．六％的家庭資產，其中絕大多數是個人房地產；他們也擁有八八．七％的非金融資產，包括房地產和商業投資。

請特別注意，當中國的房地產泡沫破滅，屆時就是所得最高的一〇％受傷最重。他們辛苦攢下來的錢一夕之間就化成泡影。

當這個掌握六〇％個人收入的族群再也掏不出錢炒作房地產，就會產生下面的情況！

一旦所得最高的一〇％再也沒錢投資房地產、花費驟減，甚至避走他鄉，中國就會像紙牌屋一樣瞬間垮台！經濟崩壞的程度遠超乎以

圖18-8　中國所得最高10%所持有的家庭資產

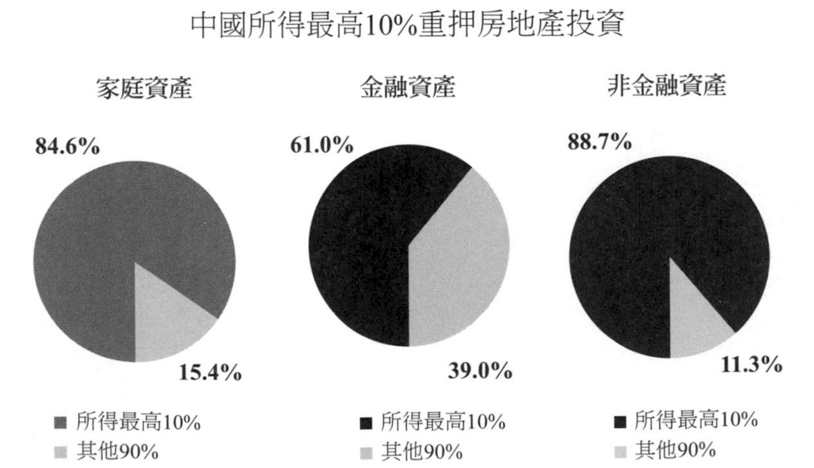

資料來源：美國德州農工大學終身教授暨中國西南財經大學教授甘犁所著〈中國家庭金融調查〉

往所見，絕不會是軟著陸，反而像是一隻巨象從天而降！

雖然這些富人階級坐擁八五%左右的房地產泡沫，但口袋不夠深的家庭卻因為搶買一丁點中國夢，承擔最大的債務負擔。

圖18-9顯示，中國經濟四等分位組的貸款所得比（loan-to-income）。

因此，如果經濟崩盤，有錢人會失去大筆財富和資產，但所得後段班的家庭才會淪於赤貧！

所得最低的二五%族群承擔貸款所得比高達三十二．四倍，處於最高的水準。

四等分位組裡排在第三位（二五%至五〇%）的家庭承擔貸款所得比達十

圖18-9 中國家庭四等分位組貸款所得比

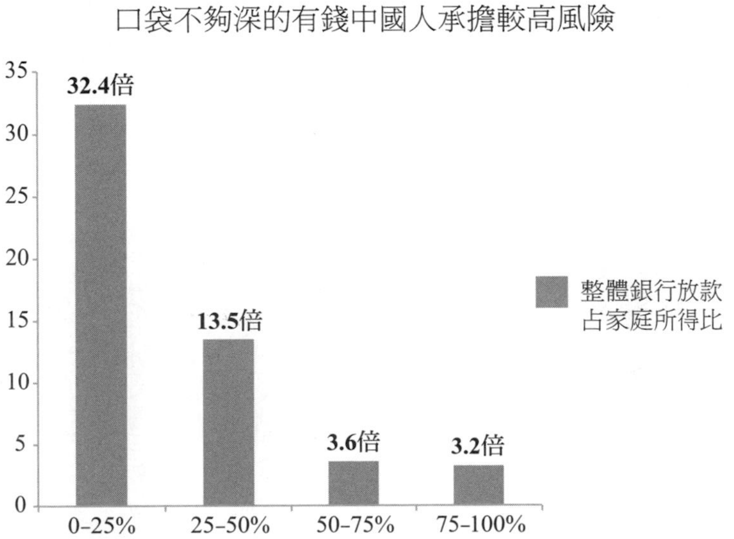

資料來源：美國德州農工大學終身教授暨中國西南財經大學教授甘犁所著〈中國家庭金融調查〉

三・五倍；第二位（五〇%至七五%）則是比較正常的三・六倍，最高的前二五%更好，為三・二倍。

多數人甚至根本與自有土地無緣，他們有些選在次級城市，找一棟虛有其表的高樓大廈買下其中一間破爛公寓，有部分人則在城市裡擇屋而租。以務農為業的人至少還能耕田滿足多數基本需求，那些身無一技之長的勞工則毫無希望可言。

來自農村的移民負擔不起在全世界房價收入比最高的城市買房，他們根本也買不起任何基本服務，甚至連餬口飯吃都成問題。

但這些都還不是最糟糕的現象，更嚴重的問題正在醞釀中。

「中國奇蹟」的致命傷

時至今日，中國五六%的人口住在城市，總數約七億六千萬。這些人當中，只有六七・五%有城市居民的戶口，有三二・五%城市人沒有戶口，總數接近二億四千七百萬人，他們因而無法享有受教育、醫療保險與或其他社會福利的權利（見圖18-10）。

基本上，他們就是「非法移民」，一如美國的「非法境外移民」，唯有機會存在、經濟繁榮持續，他們才有容身之處。

但是，當繁榮即將幻滅時將會發生什麼事？

就像美國一方面有許多非法移民正盡快返回墨西哥，另一方面卻也有新移民進入；中國的非法移民如果能逃過唯利是圖的開發商剝削的話，也會收拾行囊準備回老家。

眼前所見，人口外流已經開始了。

八百磅巨象正要離開房間

有個重大事件在鮮少有人注意下悄然開展：二〇一五年，中國龐大的移民人口開始下降。這是近三十年來第一回。來看

圖18-10　中國都市與農村有戶口和沒戶口的人口數字

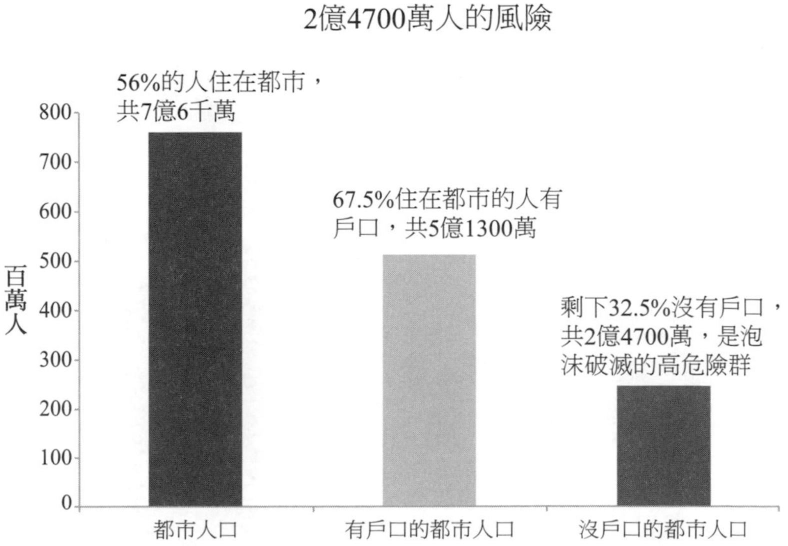

資料來源：美國德州農工大學終身教授暨中國西南財經大學教授甘犁所著〈中國家庭金融調查結果〉；鄧特研究公司

圖18-11。

二〇一五年，中國的移民工人數減少五百六十八萬人到二億四千七百萬人。二〇一〇年移民工人數增加達到高峰一千兩百萬人，之後幾年，每年都以兩百萬人的數字減少；也就是說，僅僅五年內，一年增加的移民工人數從一千二百萬人驟降至六百萬人。

而且自二〇一一年來，勞動力（指十六歲至六十四歲人口）人口也持續降低，光是二〇一五年就少了四百八十七萬人，二〇一一年至今累積三千萬人（二〇二五年以後還會降得更快）。

這迫使我們面臨一道關鍵問題：當中國成長主要引擎的城市移民潮戛然而止，甚至反轉直下時，哪些人會想購買這些中國政府不顧一切建造的空屋，或使用供過於求的基礎建設及工業

圖18-11　中國的勞動力人口與移民工人數

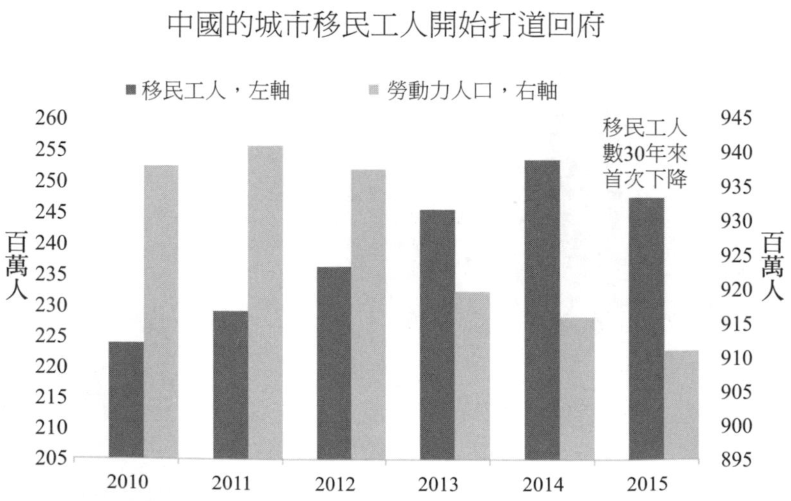

資料來源：中國國家統計局

產能？

肯定不是這些移民工人自己。他們正返回務農老家，原因再明顯不過：房價比天還高、交通堵塞與霧霾的生活環境，還有職缺與工資的成長緩慢。

他們在打工的城市裡只能過著沒有戶口的生活，所以根本就無法享有受教育、醫療保險或任何其他微薄的社會福利。他們要回老鄉探視雙親（但因為他們的兒女無法享有城市裡的教育，生活成本又太高，只好把他們送回老家讓雙親隔代教養）。相形之下，農村地區有更乾淨的空氣、更安全的食物、自然美景與更高的薪資，有些人乾脆決定不再回到有如煉獄般的城市打工了。

多年來我不斷示警，全世界最可怕的災難莫過於這一批高達二億四千七百萬名沒有戶口的城市居民，他們被困在過度建設、職缺縮減的城市裡。這些人未來何去何從？他們當中有許多人擺脫不了空屋，不可能全部返回老鄉務農！

還有一件事

中國不斷高築債台，以便實現前所未有的過度建設和城市化，二〇〇〇年至二〇一六年年底，總債務已經成長十六．四倍：從二兆一千億美元跳增至三十四兆五千億美元。

赤色中國一直是最強大的貨幣創造者，二〇〇九年以來債務成長四・八倍，讓已開發國家所施行的量化寬鬆方案都相形見絀。它還是堅持這條路，光是在二〇一六年就增加一兆美元，約占GDP的三六％，也將債務占GDP比率推升至接近三〇〇％水準。

正如我先前所說，十六年來，中國的總債務大膨脹，如今已是GDP的二・四倍（在美國債務泡沫期間，美國債務占GDP二・五倍，但民間產業的信貸品質與水位遠優於中國）。企業是造成這種局面最強力的推手，就是它們濫用政府擔保的貸款過度建設。

二〇〇七年到二〇一四年，企業債務占GDP比率從七二％增加至一二五％，我預計多數終會成為壞帳，因為大部分都流入空屋和不賺錢的國有企業，它們手上有大量過剩產能。

同樣這七年裡，金融業的債務從二四％成長到六五％。

看看圖18-12。我可要先警告你，膽小勿看。

當多數債務都被用來打造空洞產能時，這麼龐大的債務規模是怎樣才能繼續壯大下去？而且中國還選在利率最高的二〇一六年第一季為當地建設專案創造由政府擔保的債務與債券，二〇一五年就額外增加四兆美元以上的債務！

這絕對是瘋了才這麼做，根本不可能持續下去。

中國正迎來一場史無前例的超大災難，而且全世界似乎都還大聲叫好。

中國創造出一顆瘋狂膨脹的基礎設施泡沫。

這個國家擁有全世界最高的儲蓄率，而且人民喜愛自己擁有房屋，因此創造出全世界最被高估的房地產市場。

但它也創下全世界城市最高空屋率的紀錄，高達二四％，而且還在繼續飆高。

當幾千萬、甚至上億名人都飛也似地奔回戶籍地的農村老家，而且光靠老家土地就足以養家活口，會發生什麼情形？

當中國的房地產泡沫破滅，我再強調一定會破滅，財富蒸發的速度將比午後雷陣雨還快；當這顆前所未見的超巨

圖18-12　中國各部門的債務占GDP比率

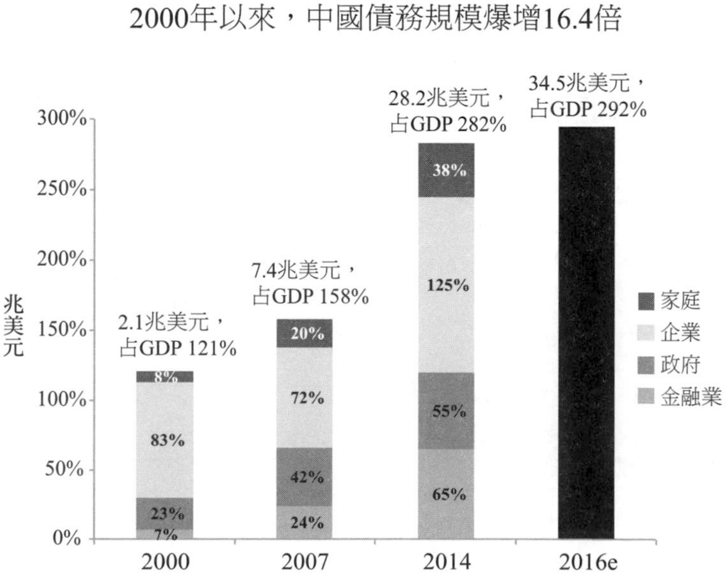

資料來源：2015年2月，麥肯錫全球研究院報告〈債務與（微弱的）去槓桿化〉報告；鄧特研究公司

大泡沫破滅時，全國人民的財富連同他們強盛的購買力必將蒸發，就與一九九〇年代初期的日本社會如出一轍，屆時，房地產價值驟跌所引爆的海嘯將席捲世界各地。

來看上海的住宅泡沫（圖18-13）。在深圳等許多新興崛起的二線城市裡，近幾年來，房價已經隨著中國的泡沫日益失控變得更極端。

一九九九年年底以來，上海房價飆漲一一五〇%，也就是變成十二．五倍！

美國泡沫破滅前，房價也才大漲一二七%，只變成二．三倍。

這意味當中國的房地產泡沫破滅時，損失至少六八%，更糟的情況會高達八

圖18-13　中國有最大的泡沫

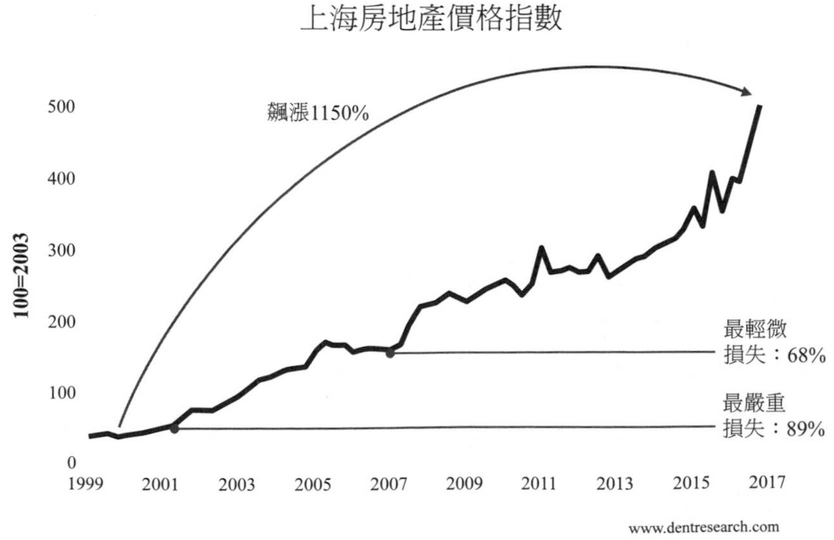

資料來源：中國房地產指數系統（China Real Estate Index System）、彭博資訊、鄧特研究公司

九%。我個人粗估，最好的結果也得修正八〇%。

不過，中國還有一顆全新、規模更大的泡沫，那就是深圳。

我手上可靠的數據只能回溯到二〇〇〇年，但從那時起，深圳的房價就已經飆漲二〇七%，上海也才一一〇%。

深圳的新趨勢是，一間僅六十六平方英尺（不到兩坪）大的公寓，大概衣櫃大小，要價十三萬二千美元。也就是說，一平方英尺高達兩千美元。雖然這間單人房內附上一張摺疊床、洗手台、衣架和廁所，但如果這種天價稱不上泡沫，我還真不知道什麼叫做泡沫了。

毫無疑問，我心中的古老中國即將目睹現代史上對任何重要經濟體來說都是最險峻的債務危機與泡沫破滅，不僅看不到軟著陸的機會，而且重挫程度就像巨象跌倒一樣。

多虧中國的政府可以強烈地由上而下掌控，而且缺乏問責機制，因此它可能是全世界最後一隻倒地的巨象，但**一定**會倒。

千萬不要將中國視為資本主義的典範，相反地，這應該視為一個重大教訓，為什麼由上而下掌控的政府計畫與永無止境的刺激方案只會扼殺自由市場資本主義這隻金雞母，特別是全球的資訊革命正方興未艾，使得由下而上的管理與變革變得更加容易的時候。

請繞道。

中國巨龍即將自爆，而且還會把我們所有人都拖下水。

在進入下一章探討全球債務、金融資產泡沫為何與何時破滅，以及最後我們應當如何善加利用這輩子最好的投資機會絕佳良機之前，我還想針對中國問題提出最後一點警告。

雖然紅色巨龍的快速城市化已經打造出一隻難以想像的醜陋又危險的泡沫怪物，但它確實帶著許多人擺脫貧窮，並大幅提高人均生活水準：從數十年前的兩千美元提高到一萬二千美元（經購買力平價調整）。至今，許多在中國城市生活的居民收入在五千美元至兩萬美元之間。

我擔心的是，中國卯足全力加快油門推動城市化的模式會不可避免地引發反彈，也就是說，在催生一個完全無須負擔責任的黨政高層階級、任用親信的商業模式之際，也正在創造一個巨大的低下階層（大約有兩億四千七百萬人正往下沉淪）。

這是一場即將發生的災難，屆時中國得從各個層面著手，去化令人難以置信的過度生產，而且自二〇二五年起，它們的人口趨勢將會變得更像日本的走勢。

中國再見，印度快來！

第十九章

全球債務與金融資產泡沫

二〇一六年二月十一日，全球市場失速重挫，不到兩週下跌超過六%，主要是投資人對銀行業的疑慮增加。

媒體頭條大肆報導德國旗鑑業者德意志銀行（Deutsche Bank）一再增加不良貸款與義大利國內銀行經營惡化。

日本也來搶分投資人關愛的眼光，先是日本政府宣布負利率政策，隨後日圓卻出人意料地反向升值，這只會進一步傷害它們的出口業者和股票市場。

說真的，到底這些蠢蛋什麼時候才會想通？假如你一直做些沒用的糊塗事，怎麼會有任何信譽？

那些規模破表的刺激方案除了只會激起一絲絲漣漪以外，並**無力**重振日本麻木不仁的經濟，而且對我們這個幾近衰退邊緣的全球經濟也起不了什麼作用！所有事情的進展都開始失控，而且，只要一直推出單純的刺激方案，一個正在「白吃午餐」的泡沫最終無可避免會失控。

避險基金海曼資本管理（Hayman Capital Management）公司創辦人凱爾·巴斯（Kyle Bass）還在CNBC上告訴觀眾，中國的壞帳危機比次貸危機糟糕五倍，單單為了重整銀行就得印鈔五兆至十兆美元。這會導致人民幣貶值一五％至三〇％，然後在全球市場掀起狂風暴雨。當今情況不好的大宗原物料出口商、借錢給中國企業的全球各地銀行雙眼都緊盯著這場即將來臨的災難。

終於有人說出合理的話了！

只不過，當時市場開始反彈，歐洲央行總裁馬力歐·德拉吉（Mario Draghi）與日本政府，以及其他國家信誓旦旦地承諾會祭出更多的刺激方案時，聯準會主席珍娜·葉倫（Janet Yellen）說，聯準會至少會考量負利率的可能性，全球市場就樂翻天了。任何毒蟲光是聽到可以得到更多毒品就自嗨了。

但這改變不了什麼！中央銀行已經逐漸失去經濟的掌控權，而且我們每天看到愈來愈多證據。它們祭出永無止境的刺激方案與免費奉送的資金，結果創造出一隻怪獸，現在這隻怪獸已經擺脫政府限制，即將大肆破壞。

因此，這章我會詳述幾家最讓人憂慮的國際銀行、義大利有如滾雪球般膨脹的債務與銀行危機，還有即將引爆的超駭人中國炸彈。這些內容都是要提醒你，儘管中央銀行傲慢又盲目，最龐大的債務與金融資產泡沫已經開始逐漸破滅，除非全球經濟體內的毒性完全排除，不然所有事情只會愈來愈糟。

下一個雷曼兄弟

你知道德國、瑞士和奧地利健全的銀行體系擁有什麼美譽嗎？

我告訴你，不管有何美譽，早已今非昔比。

現在他們臭名滿天下，龐大的全球債務泡沫正步步破滅，它們就是始作俑者。這些國家裡的銀行與投資銀行得了失心瘋，它們變成投機客，而非銀行家或股票承銷商。

多數人都以為，在總產值超過五百五十兆美元的衍生性商品市場中，幾家重要的美國銀行曝險金額最高，好比摩根大通的五十一兆九千億美元。我沒寫錯，金額就是這麼高！但他們都大錯特錯。曝險冠軍的是德意志銀行。寫到這裡的時候，它的總曝險金額高達五十四兆七千萬美元。

你嘛幫幫忙，這個金額可是德國GDP的二十倍。比起花旗銀行的五十一兆兩千億美元、高盛的四十三兆六千億美元，和美國銀行的二十七兆八千億美元，你還敢說德國的銀行業者比較謹慎觀望嗎？呿！

你想知道美國哪家大銀行算是比較負責任的嗎？答案是富國銀行（Wells Fargo），衍生性商品的曝險金額只有六兆一千億美元，這就是為何它的股票價值向來最高，我馬上就來說明。

二〇一二年，當時全球衍生性商品市場產值攀升七百兆美元高峰，已是全球GDP整整十倍！套句華爾街那些狡猾槍手的白話說法是：「哦！沒什麼好擔心的啦。那些衍生性商品大多是放款銀行和債券買家的保險商品，承蒙金融機構投機玩家慷慨惠顧，拿長期證券來抵銷短期證券而已。」啊，抱歉，這是電影《魔境夢遊》（*Alice in Wonderland*）裡強尼・戴普（Johnny Depp）主演的瘋狂帽客（Mad Hatter）所說的台詞。欸，不對，不是瘋狂帽客說的，不過確實聽起來很像是他會說的話！

我的回答是：這絕對是胡說八道！完全是痴人妄想。

問題是，這些高槓桿的金融證券被用來當成保險商品，但背後卻完全沒有抵押品，所以它們不像是真實世界中受到法規監管的保單，一旦某個曾經信誓旦旦的投機客在高槓桿的投機市場中輸了一屁股債，突然拿不出錢購買時，情況會怎樣？

到時候，整體負債情形就得完全攤在陽光下檢視，結果發現完全沒有東西可以抵銷，就像二〇〇八年的雷曼兄弟與美國國際集團（AIG）。

信用違約交換（Credit default swap）商品市場只是華爾街在槓桿程度日益高漲的世界中創造更龐大風險管理的另一道魔術伎倆，他們將各式各樣的問題貸款集合成「多樣化資產包裹」（**diversified packages**），然後再拿不知所云的信用違約交換當作擔保。信評機構還經常反過來看，甚至給予某些垃圾商品AAA級，因為它們最慷慨的客戶就坐在華爾街，它們非得要死命抱住對方的大腿不可。

假使你還沒看過《大賣空》（*The Big Short*）這部電影，拜託趕快去看。你在看這部電影時請務必記得：不管這部電影把二〇〇八年的金融海嘯描繪得有多糟，真相遠遠比劇情更糟糕。

二〇〇八年，所有這些假掰金融機構情況急轉直下，導致整套系統癱瘓，甚至幾乎完全搞垮它。現在，這一切即將開始重蹈覆轍。過去有這麼多的錯誤可茲學習！

二〇一五年十月，德意志銀行公布最高單季虧損金額：七十億美元，都是源於不良貸款和投資，而且其中有許多是高槓桿的商品；一旦全球和歐洲經濟前景變得更糟時，不良貸款和投資會更屢見不鮮。

當然，絕對不可能就此停止。

不只一顆炸彈即將引爆

二〇〇八年的大蕭條引爆後，資本重組有一部分做法是發行額外股票，但它們真的很貴，而且還稀釋股東權益。當股市崩盤時，他們已經損失超過八〇%，現在發行新股像是第二記致命打擊。所以下次最好是發行具優先受償順位的債券，但這種做法同樣是置股東權益於不顧，而且第三度損害他們及其他債券持有人的權益。所以，想都別想了。

最簡易的籌資方法是發行應急可轉換債券（Contingent Convertible Bond，俗稱 CoCo Bond），這是一種全新的次級具優先受償順位的債券！

實在是太天才了。

就繼續吹大泡沫好了！

二〇一三年至今已經發行一千零二十億歐元（約合新台幣三兆八千八百億元）債券。我稱之為哭哭債券（Coo-Coo bonds）。

但再看接下來的情況。

舉例來說，德意志銀行（在我寫這段話的時候）發行利率六%的高收益債券，有優先受償順位，但是可以贖回（在情況好轉時免付高額利息），也可以轉換成股票（在情況不好時不用付出利息）。

箇中精妙在這裡：就算不付利息也不會被視為違約，日後也不必償還之前沒付的利息。只有它們手上握有足夠的現金流量才需要支付利息。

在零利率經濟中，難道為了獲得漂亮的收益率就必須這麼做嗎？有太多的投資人抱持著這種心態。糟糕的是，這些債券最後造成的風險遠高於那些無可救藥的投資人所想的。他們就像你、我一樣被迫追求更高收益來滿足退休收入、年金目標等。

但銀行才不管你！

這些債券完全是依據銀行的利益產生，完全把投資人丟到一旁。當情況轉壞，銀行不用支付利息，反而是投資人身陷泥淖，滿手都是跌價速度遠快於違約債券的水餃股。

這些債券還是沒有違約，但它們的價格已經重跌超過三〇％，而且殖利率也在近期如預期般從六％飆升至一二％。

下列兩張圖說明德意志銀行的內幕，堪稱二〇一五年新一輪銀行危機的典型代表。

第一張顯示德意志銀行的股價（見圖19-1）。

德意志銀行在二〇一五年虧損七十億美元，比大衰退期間任何時間點都還要高，而且市場質疑它能否可以支付應急可轉換債券的利息，股價一瀉千里。

從二〇〇八年年初的高峰至二〇一六年二月十一日為止，股價大跌八九%；如果從二〇一五年高點起算則下跌五九%。

德國金融業龍頭商業銀行（Commerzbank）在這兩段期間則大跌九七%與四四%。

第二張圖顯示，德意志銀行發行應急可轉換債券以來，殖利率增加一倍（見圖19-2）。

從二〇一六年一月一日至五月，被當作保險（或看起來像是保單）的應急可轉換債券五年期信用違約交換利差的利率激升不只一倍，從一・八七%增至四・三八%。整道過程最劇烈變化發生在一月二十八日以後。

二〇一三年至二〇一五年年初，那些利率六%的債券，殖利率緩步上升至八%，但此後就突然上衝到二月十一日的一二%。

圖19-1　德意志銀行股價

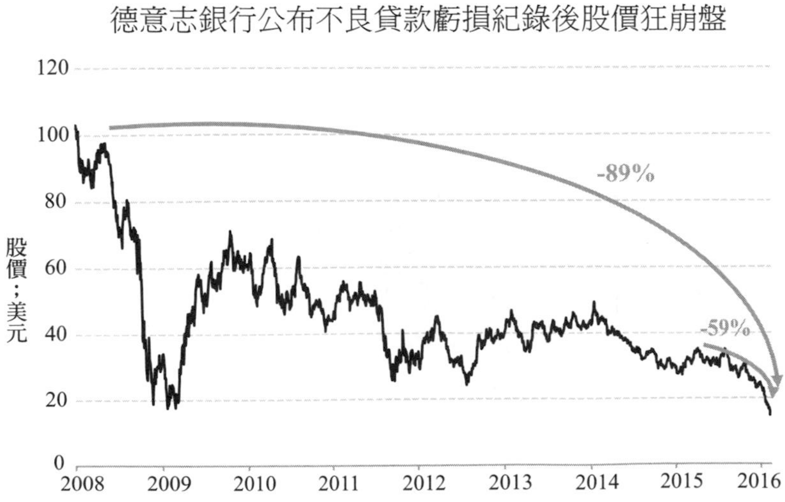

資料來源：雅虎財經

甚至每天還都有投資者都被哄騙買下這些有風險的債券，畢竟德國的龍頭銀行又不可能倒閉，對吧？德國政府絕對不可能放任它倒閉。真的嗎？

真是一整個糟。

德意志銀行必須出售資產和採用其他策略來多活幾天，而且德國政府無疑會使盡全力支持它，但在我寫這本書的時候，德意志銀行幾乎是死定了，差別只在於還沒有人宣布下葬時間！

德意志銀行崩盤以來謠言滿天飛，說它可能先回購高達三十三億四千萬美元的優先權債券，應急可轉換債券則不在計畫之內。這可以降低槓桿比重，並展現實力。不過，也就只是展現而已，實質上並沒有改變任何事。

圖19-2 德意志銀行應急可轉換債券的殖利率與5年期信用違約交換利差

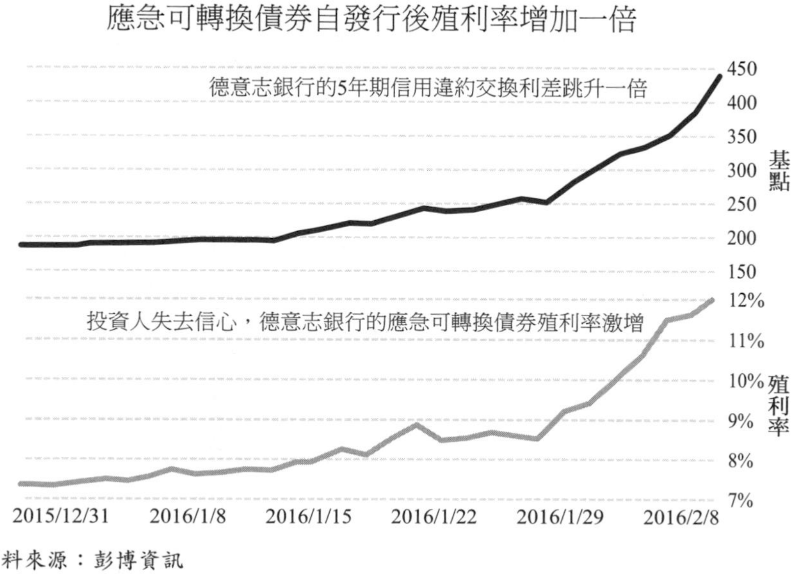

資料來源：彭博資訊

德意志銀行還大舉投資美國頁岩氣產業與中國企業，這兩者都是現在最可怕、最駭人的投資領域。

德意志銀行執行長措詞強烈地表示，集團營運強健無比。對啦，沒錯！只要還沒倒下來，就還可以自稱是巨人。

但真相是，如果全球經濟步步惡化，這類舉措會耗盡它們支付那些應急可轉換債券所需的現金、吸收日益高築的虧損金額，然後情況變得更加惡化！

且容我擅自修改二十世紀自由派經濟學家海耶克（Friedrich August von Hayek）的經典語錄：通往地獄之路……皆由貪婪與詐欺鋪成。[1]

難兄難弟

繼德意志銀行之後，我們來看看圖19-3，在這個超過五百五十兆美元的衍生性商品市場中，美國前十大銀行曝險程度。光是美國的銀行曝險金額就高達一百六十八兆美元！

---

1 海耶克原來是說：「通往地獄之路，皆由善意鋪成。」

顯然德意志銀行不會是最後一家出問題的業者，甚至這還不是最糟糕的新聞。

看看許多西方銀行的股價跌得多慘就知道。圖19-4衡量它們的股價與票面價值或淨值，正常來說，股價會遠高於票面價值，而且是愈高愈好；泡沫膨脹期間往往還會高出好幾倍。

這張圖更加證明危機已經開展。

正常來說，大銀行的股價會是票面價值的好幾倍，但現在大部分都已經小於一倍。這張圖揭示醜陋的現況，但這還只是下一個階段的開始而已，未來甚至還可見到更嚴重的金融危機、通貨緊縮帶來的去槓桿化。

你可以在圖19-4看到，德意志銀行的股價僅為票面價值的五九％。這些醜八怪中

圖19-3 主要銀行持有的衍生性商品

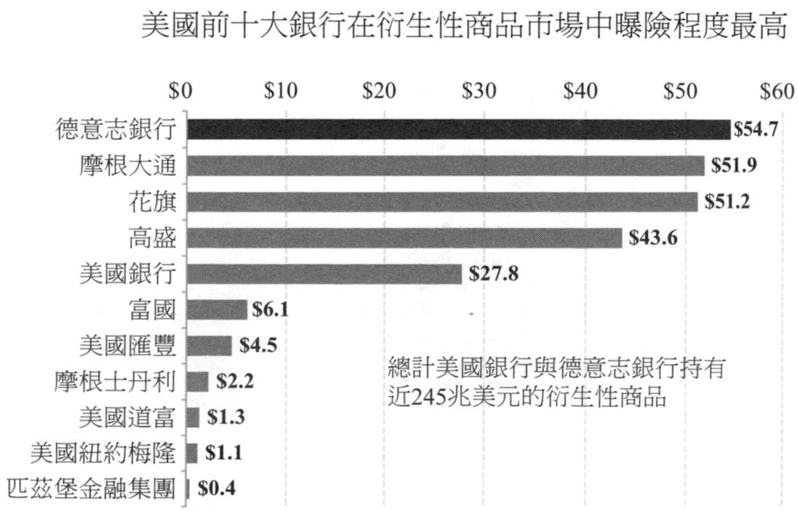

資料來源：美國金融管理局（Office of the Comptroller of the Currency）銀行交易與衍生性商品活動季報

最漂亮的就是瑞士的瑞士銀行，賣相最差的對象則是義大利的卡里奇銀行（Banca Carige），股價僅為票面價值的三％。顯然歐洲會開槍引爆這場危機。

我們把二○○八年以來歐洲四家主要銀行與美國一家主要銀行的股價納入考慮就會更清楚。

圖19-5顯示，在超大型銀行集團中，義大利龍頭聯合信貸銀行（UniCredit）狀況最差，股價自二○○八年的高點重挫九一％、自二○一五年的高點算起則下跌五八％。

西班牙桑坦德銀行（Banco Santander）的股價自二○○八年高點暴跌八三％、自二○一五年高點算起下跌五七％。

瑞士信貸則是分別重挫七九％、

圖19-4　全球銀行股價淨值比

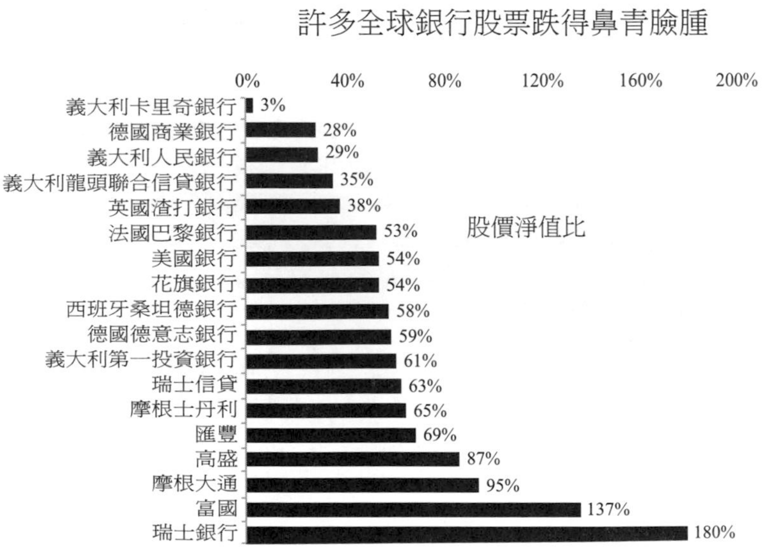

資料來源：彭博資訊、雅虎財經

五八%。

英國的匯豐銀行表現相對最抗跌，自二〇〇八年的高點只縮水六六%、自二〇一五年的高點則下跌四〇%，不過，英國銀行的債務曝險程度全球居冠，所以不要把這當成好消息。

縱使美國的銀行業復甦相對比較強健，而且資本重組更容易也更快速，但事實上，花旗銀行並未真正從二〇〇八年的大崩盤恢復，股價自當年的高點算起大減八八%、自二〇一五年的高點下跌四三%。

顯然，下一場銀行業危機正逐漸顯現，而且這一次將從歐洲開跑，因為下一回主要的主權違約國家看起來將是義大利，而這個國家也被視為大到不能倒。

圖19-5　聯合信貸銀行股價

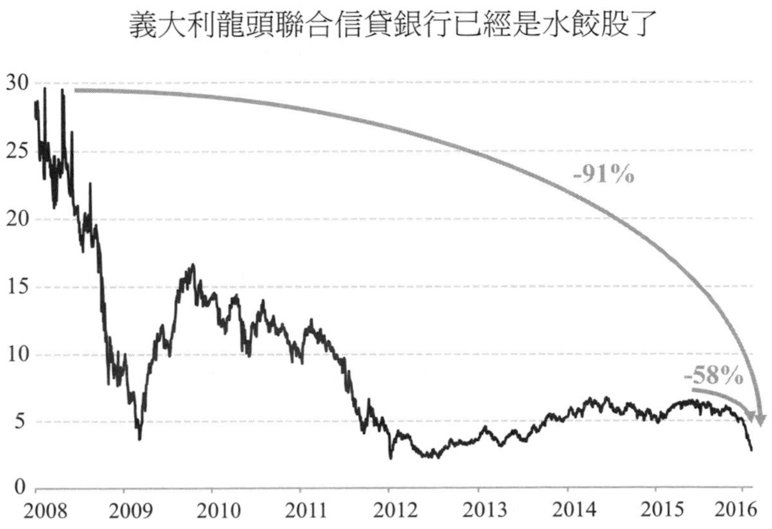

資料來源：雅虎財經

早就破產了，只是因為大到不能倒

二〇一六年第一季的另一則重大新聞是，歐洲中央銀行（European Central Bank，ECB）與國際貨幣基金（International Monetary Fund）終於達成協議，將出售義大利銀行最糟糕的不良貸款給民間投資人，不過政府會擔保。

真是天才到不行！

另一招掩蓋問題的金融魔法伎倆啊。他們究竟還可以從帽子裡變出幾隻兔子？為什麼沒有任何政府做出明顯的最佳決策，強迫銀行打消呆帳或重組不良貸款，並乾脆讓它們的股票與債券持有人承擔損失就好了？種種彌補之道充其量只是短視近利的做法，讓這顆泡沫橫行全球，一旦破滅就會造成遠比原有規模還要強大的附帶後果。

全球政府因應二〇〇八年泡沫破滅之道就是狂印愈來愈多免費資金與刺激方案，並抬出愈來愈多政府保證，一旦事情出了差錯，政府真能保證一切？

想都別想。

銀行存款、房屋貸款、大企業與銀行債券、應急可轉換債券……什麼時候才會收手？

許多主要的政府主權債務最終會出問題，這無可避免。它們背負太多沒有經費可用的重任，好比醫療保險與退休福利，在普通債務比率達一〇〇％或更高的前提下，根本就別奢望付得出錢來。

許多年來，我一直大聲疾呼中國的龐大債務和過度建設泡沫，最終看來即將走向泡沫破滅，應驗我在第十七章和第十八章的預期。這次破滅將會引爆全球債務危機與去槓桿化，遠比二〇〇八年至二〇〇九年更糟。另一道引爆力量則可能來自歐洲，特別是自義大利。

來看圖19-6，它顯示出歐洲不良貸款最嚴重的人口與競爭地區：南歐地區（愛爾蘭除外）。

這個圖完全不讓人意外！希臘是第一個不良貸款高占總貸款三四％的國家，這早就遠超過破產的標準，甚至再多紓困也不夠。

圖19-6 義大利的呆帳問題

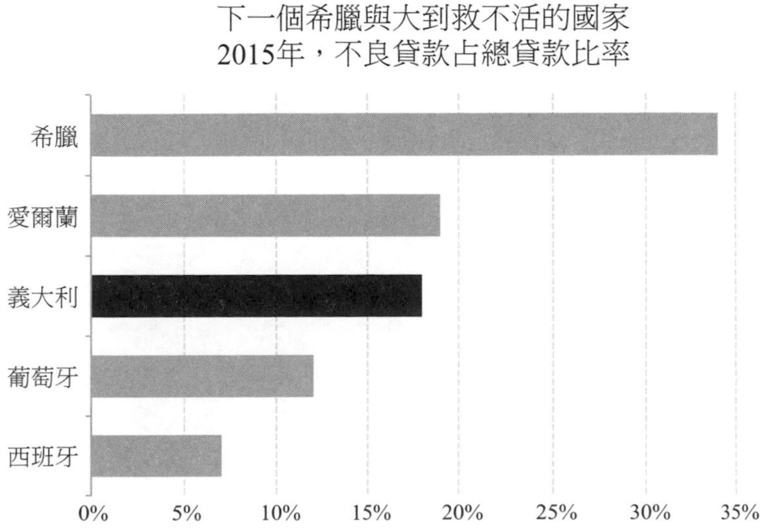

資料來源：《經濟學人》

愛爾蘭居次，也有一九%。

但現在來看義大利。二〇一〇年，它的不良貸款占總貸款八%，至今飆升到一八%，遠遠高於葡萄牙和西班牙。

一旦不良貸款占總貸款達到一〇%，就技術上來說，多數銀行已呈破產狀態，因為它們通常僅有一成左右的儲備金（政府就要求這麼多）以及／或是支應貸款的資金。

除此之外，義大利的勞動生產力也在下降，指數從一百一十降至九十六，二〇〇〇年以來下跌一三%。

二〇〇四年以來，實質GDP也已經大減一二%。

義大利的勞動成本穩定上升，但通常在債務危機、經濟衰退過後，勞動成本應該會下降。

總之，眼前所見景況悽慘！債務一路上升，收入卻一路下跌，近八年來，義大利有五年都在衰退中度過，在寫下這段話的時候，縱使馬力歐・德拉吉都搬出量化寬鬆銀彈庫，還做出擔保，還是會再次回到衰退。

在主要的歐洲經濟體裡，義大利的大學教育水準最低、稅負高漲、官僚習氣嚴重，而且還有占壓倒性的地下經濟在驅逐合法企業和政府稅收。

許多義大利人移居他鄉謀求更好的工作，留下來的人口中，將近七〇%都在五十名員工以下的公司工作。

逃稅很正常，因為政府課徵的工資遠高於支出。

在充斥官僚習氣的政府體制裡，即使想要得到最平凡無奇的回應都非得賄賂不可。

義大利顯然是歐元區裡下一場即將崩壞的骨牌，而且看起來似乎愈來愈迫切，早在進入二〇一七年之前我就預見義大利就是下一個希臘。

記得義大利龍頭聯合信貸銀行的股價自二〇〇八年的高點重挫九一％、自二〇一五年的高點下跌五八％吧，那麼，再來看看情況最糟糕的卡里奇銀行，它的股價自二〇〇八年的高點重挫九九％、自二〇一五年的高點下跌八二％；人民銀行（Banco Popolare）的股價自二〇〇八年的高點重挫九二％、自二〇一五年的高點下跌六二％。別再說什麼「血濺街道時就該買入。」[2]

因為就算紓困義大利政府再多錢，它的債務從來就沒有減少，反而還一直增加，如今占GDP已高達一三九％，甚至在前四個債務占GDP比重最高的歐洲國家裡屬一屬二，僅輸給希臘。義大利的民間債務並不像其他國家那樣極端，所以占GDP三三五％，但仍然很高，特別是考慮到前面提到過去八年來的衰退傾向，以及持續下滑的生產力和人均GDP之後。

[2] 這句話出自大衛．瑞內．詹姆斯．羅斯柴爾德爵士（Baron David René James de Rothschild），他是羅斯柴爾德永續控股集團（Rothschilds Continuation Holdings AG）主席。

要解決這些總價值高達三千八百二十億美元不良貸款的方法，首先就是在政府願意擔保的前提下將它們賣給民間投資人。二〇一六年第一季這種做法已經出現，但歐洲央行同時也在考慮，允許這類不良貸款當成義大利貸款的抵押品，但義大利根本就沒打算買回，結果歐洲央行被擺了一道，還得出面收拾爛攤子。最終如果真的演變成這種局面，多數債務會把義大利人民卡得動彈不得，這又是另一招金融魔術伎倆。

這些用以扭轉債務危機、避免有人實際得承受損失、重組債務的做法其實都只是加深絕望的短期措施。繼續放任致命的債務愈滾愈大、聽憑殭屍銀行在體系裡橫行，終將自食惡果，使得恢復永續發展更不可能。這就是二十六年來日本經濟所走的路，你還需要更多證據嗎？

底線是：義大利實在太大了，不能放任它崩壞。但是歐洲央行、歐元與歐元區卻無法紓困，所以結論是歐元區經濟仍就會一直衰敗下去。這是我預見的唯一景象，特別是幾十年來這個地區的人口趨勢如此走弱。由於人口前景黯淡無光，使得德國、義大利、希臘、葡萄牙和奧地利都身陷泥淖，未來恐怕難放光芒。

歐洲已經緊臨通貨緊縮的邊緣，和日本一樣。任何經濟衰退、銀行破產都會在短期內就製造出更嚴重的通貨緊縮、股票崩盤及更高的失業率。

最有可能引爆下一場更大規模金融危機的地方就是這裡，而不是前一回禍首的美國。除非中國出了大亂子。假如二〇一七年年初歐洲就開始分崩離析，中國就會跟進，使得全球危機變得更糟。

隨著義大利的情形日益惡化，德國可能會使出先前對付地中海東方島國賽普勒斯（Cyprus）一樣的手段：「自救政策」（bail-in），也就是將銀行存款轉換成股票來彌補不良貸款（就像應急可轉換債券一樣）。

但是，誰會想買進一家垂死邊緣銀行的股票？你是在開玩笑吧？！

二〇一三年，賽普勒斯在自救政策之前的不良貸款高達五一%，時至今日，不良貸款仍有四五．八五%，差不多是三百億美元。沒有呆帳被打消，僅有一九%貸款經過重組。

賽普勒斯的自救政策一共用到四七．五%的存款，超過十一萬一千美元，主要是用來打擊貪腐的俄羅斯寡頭、以及比較有規模的小型企業。

不久前我在賽普勒斯的帕福斯廣播電台（Radio Paphos）與莉蒂雅．奇萊奇多（Lydia Kyriakidou）訪談，她說，多數小企業從來不曾從債務危機和自救政策中復元。這是她的第一手經驗，因為她自己就是一位小企業主！

歐元區除非面對現實、重組債務，否則將永無機會復原。這條路是苦不堪言。

歐元也必須重組。一個選項是創建兩種歐元貨幣。第一種涵蓋比較強勢的出口商，第二種則納入比較弱勢的進口商／借款者。這樣一來，較強勁的貨幣就可以矯正貿易不平衡。

最終結果是，一旦義大利的債務危機爆發，以歐元和歐元區目前的形式與政策，這兩者都將無法倖存。

這將是「永無止境的」量化寬鬆告終、壞帳氾濫之日。這裡的政府與國家都該硬起來，打消一屁股爛帳，然後一勞永逸地解決它！

最終結果是，在經濟復元比較緩慢的前提下，歐洲的銀行重組資本的速度也比較慢，它們很可能像中國一樣引爆下一場全球債務危機。水力裂解技術開採業者與能源公司也會是其中一道推力，請記得，許多大型歐洲銀行在這個產業的曝險程度遠高於眾人想像。

義大利是這個地區裡銀行和經濟最弱的國家，所以它們就是下一個垮台的國家。不過，因為義大利實在大到不能倒，因此歐元區國家與歐洲央行終將會要求投資人與大型存款戶承擔重任，不會動到一般人的錢。往後歐元與歐元區會巨變並大規模重組。

所有這一切都是為了要使中國這個最大的債務和金融資產泡沫破滅。當紅色巨龍向下沉淪，終將面對龐大的產能過剩和債務時，我們就會充分目睹下一場超嚴峻的經濟蕭條，屆時情況不堪設想！

提醒澳洲與東亞讀者：請當心，這場金融大海嘯衝擊你們的程度將遠遠超過置身美國的我們。

第二十章
泡沫什麼時候破滅？

在檢視未來的投資機會之前，先來聊聊技術理論。

圖20-1最適切描繪出，當最近這顆第三大泡沫達到顛峰時，股市會有甚麼變化。我稱這是「道瓊指數的喇叭口型態」（Dow Megaphone Pattern），近年來我一直密切觀察。

這可能是我畢生所見最明顯的模式，但除了澳洲專業財金機構主力投資人（Main Line Investors）總裁羅伯特．麥修與財經網站thestreet.com之外，都沒有人對此發表高見。

當美國一代天王喜劇演員鮑伯．霍伯所代表的嬰兒潮世代消費熱潮時，標準普爾五百指數也曾出現相似的走勢（高峰分別在一九六五年、一九六八年和一九七二年）。每一次反彈都將市場推向全新高點，每一次崩盤也都下挫到更低的谷底，直到一九七三年至一九七四年間這個模式終於徹底崩盤結束為止。

那麼，在今天這個道瓊版模式中，看起來我們終於要攻頂了。

二〇一四年年底至二〇一六年年中，道瓊工業指數稍微越過前波高點。這是艾略特波浪理論中典型的最後一道E波，指的是下一場崩盤應該會重跌得更深，根據我的計算，最糟的後果大概在二〇一七年年底，指數會回到五五〇〇至六〇〇〇點。

正是這個模型讓我相信，在一九三〇年至一九三一年間投資人咬牙撐過大蕭條帶來的最慘烈崩盤之後，二〇一六年至二〇一七年將重蹈當年最可怕的覆轍！

市場歷時三年才徹底崩盤，屆時大盤可以看到暴跌八九％的慘況。

五五％的損失都發生在一九三一年，我預見

圖20-1　道瓊指數的喇叭口型態

資料來源：雅虎財經

二〇一七年的發展軌跡相似，二〇一六下半年的變化很可能只是開胃小菜而已。

即將來臨的崩盤可能有十七個月，這是二〇〇八年至二〇〇九年年初的金融海嘯肆虐時間長度；二〇〇〇年年初至二〇〇二年年底的網路泡沫股市則花兩年七個月才終於觸底。

所以我估計的最佳狀況是，下一場最大的崩盤會在二〇一七年十二月觸底。不過，如果市場自我修正，硬撐過二〇一六年年底，下一場崩盤可能為時更久，觸底時間大概要拖到二〇一九年年底到二〇二〇年年初了。

泡滅前的跡象

一顆泡沫一旦急遽下降跌破上升趨勢線，泡沫就破滅了。第一道跡象就是，自二〇〇九年年初至二〇一五年八月，原本大漲的股市最後跌破上升趨勢線。

圖20-2顯示標準普爾五百指數漲跌區間的缺口。

二〇一一年年底至二〇一五年，股市反彈上揚，區間不到一〇%。不過，股市動能在二〇一四年年底開始減速，終於在二〇一五年八月的小崩盤期間跌破上升趨勢線。當時我正向投資報告訂戶大聲疾呼，這顆大泡沫很可能結束了；而且因為那陣子只有標準普爾五百與道瓊工業指數小創新高，其他美國與全球指數卻都無法再創新高，因此我還是相信結果會如此。

我稱這是圓形頂（rounded top pattern），就像圖20-3顯示。

就像你看到的，對財政刺激方案上癮的市場一直試圖重複過去七年來的所作所為，而且還在中央銀行不會任憑經濟或市場衰退超過某個水準（加上投資者如果還想要賺到不錯的成長率，除了這些市場，實在無處可去）的假設下迭創新高。

但是最近它的努力卻很難再有成果。二〇一四年年底以來，股市就沒什麼看頭了！

標準普爾五百指數的第一波高峰是在二〇一五年五月十八日。同年八月十五日又在重挫一五%後小創新高，漲至兩千一百九十四點。不過請留意，唯獨標準普爾五百指數、道瓊工業指數

圖20-2　S&P 500指數

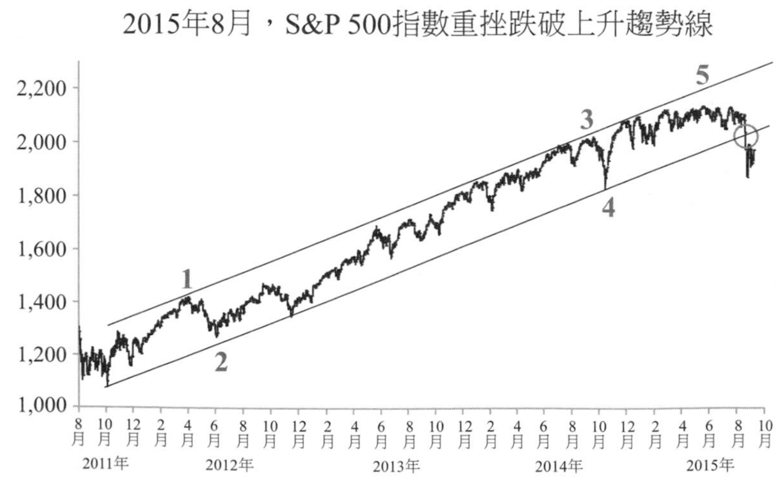

資料來源：雅虎財經

與那斯達克指數這三個市值龐大的指數創下新高，其他美國指數和外國指數並沒有創新高。所以，全球的高點還是落在二〇一五年年中。

最有可能的結果是市場稍有進展，推進標準普爾五百指數在二〇一六年十二月上升到兩千兩百點至兩千兩百四十點，屆時聯準會必須調升利率，否則將失去誠信；德國與義大利的銀行則相繼出包。

第二種可能的結果是我們會看到更急速的崩盤，一路壞到年底，結果打破原本頗具說服力的分界線，亦即標準普爾五百指數一千八百一十點的支撐線。二〇〇四年年初以來，股市只要碰到這條線就會反彈。在第二種情況下，無論市場將如何評價聯準會，它都會按兵不動，因為經濟會瞬間急凍。

圖20-3　S&P 500指數的圓形頂

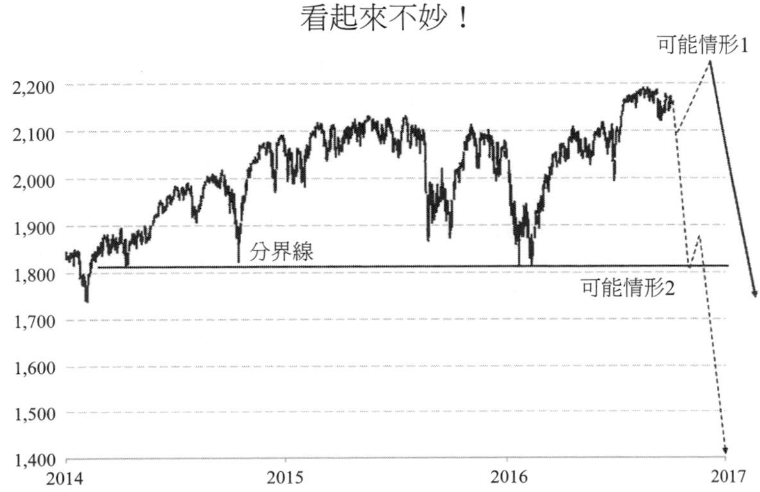

資料來源：雅虎財經

這種支撐無以為繼，很可能會快速地將標準普爾五百指數再下壓至一千四百八十五點或甚至更低。最終的結果將強烈顯示，第三顆股市泡沫氣數已盡，接著就要大崩盤。

記住，根據我觀測道瓊指數的喇叭口型態，標準普爾五百指數最低目標價會落在五百五十點至五百七十五點，道瓊工業指數則會跌至五千點至五千五百點。

最晚在二〇二二年，市場就會看到更低的低點，那時人口趨勢會開始再次上升。我說的是標準普爾五百指數會落在四百點或更低、道瓊工業指數會只剩三千八百點或更低。

但是，我的四大總體經濟指標卻一致指出，崩盤最嚴峻的階段應該是二〇一九年年底至二〇二〇年年初。

在這種模式中，第一次高點是在二〇一五年五月十八日，標準普爾五百指數達到兩千一百三十四點；第二次高點則是在二〇一六年七月二十日，只會比前一次小漲一・九％，來到兩千一百七十六點。股市嚴重超買，那就是快到幾個月後的大幅修正階段了。

大型股與小型股發展分歧

除了先前顯示的兩種收斂模式，還有幾個因素讓我相信我們將看到不可避免的崩盤。

一個是精明的投資人已經開始出場。這是警告前方危險的經典指標，從大型股與小型股的發展分歧就可以清楚看見。

最後，愚鈍的投資人前仆後繼搶進購買蘋果或可口可樂這些家喻戶曉的股票；精明的投資人聚焦在比較小型的股票，因為如果你夠資深的話，在這些族群中發覺價值低估的股票可能性較大。這是為何漫長的多頭走勢期間，大型股在最後階段表現都會優於小型股。

看看圖20-4。它顯示未加權的價值線幾何指數（Value Line Geometric index）中的一般股票（即小型股）與標準普爾五百指數中的大型股表現比較。

如果想要定期更新市場走勢，請上網站HarryDent.com。

圖20-4　代表小型股的價值線幾何指數與S&P 500比較

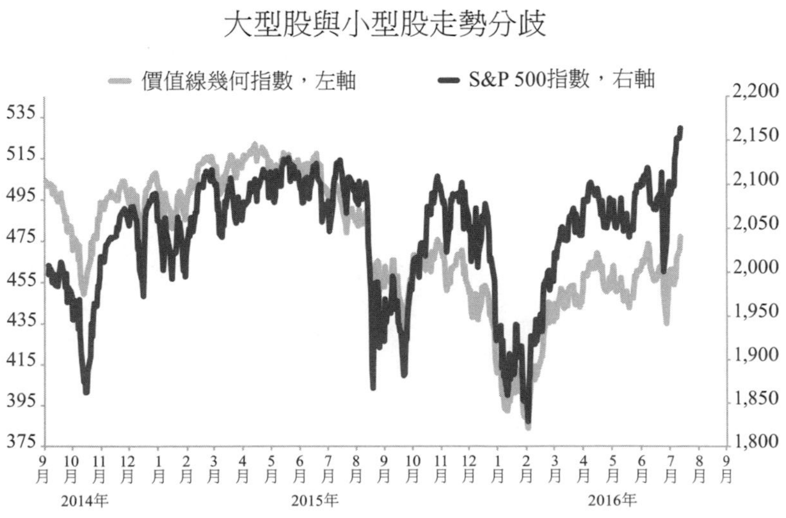

資料來源：彭博資訊

第五篇

把握這輩子最好的投資機會

第二十一章
投資利滾利

我們即將看到這輩子最好的投資機會，但更重要的是保護自己別讓出現在前面的投資機會給奪走。

所以，先來看第一部分。

我和投資人談話時，最常聽到的一件事是：

「我有很多全球分散、不與景氣連動的高殖利率股票，所以就算你預期會出現經濟衰退，我應該還不至於受傷吧。」

事實上呢，才怪！你會死得很慘。

這道假設背後的基礎是，許多大型跨國企業都會多元分散，通常是選在人口趨勢還未面臨下跌危機的新興國家，其中有不少是食品或衛浴設備產業，它們都不跟景氣連動，而且多半不可或缺。許多這類型企業通常配發二%至三%股利，可以帶來收入，抵消一些潛在損失。

這種觀點其實具有一個大問題。

二〇一六年年中到二〇一七年年底間，股票市場可能會出現一九二九年年底以來最大的崩盤，肯定是你這一生看過最大的浩劫。市場可能會重挫高達六五%至七五%，幾乎每一支股票都難逃一劫，無論它們有多麼多元配置，也不管它們是否和一九三〇年代一樣或是不是景氣循環股。為什麼？因為隨著風險意識日益高漲，股票的價值或本益比（price-to-earnings，P/E）全面下跌。

它們配發的任何股利都不足以抵銷崩盤前兩年的虧損；此外，在景氣蕭條期間，高殖利股票通常會削減配發股東的股利。

另外還有一個大問題。

在崩盤初期，如果還想要錢滾錢，幾乎沒什麼可以投資的標的，除非你準備放空股票。但我不建議這麼做，除非你正遵循一套行之有效的系統，好比投資顧問約翰．德爾．維奇歐[1]（John Del Vecchio）發展所謂的雄辯投資人（Forensic Investor）。

---

1 約翰．德爾．維奇歐曾經創辦一支借助基本面的紅色預警進行放空的基金。

然而，還是有些值得投資的標的，現在就來看看。

依靠政府保證

好比美國國庫券債這種優質、長期的政府公債就是一個好起點。

圖21-1顯示，在上一段經濟不景氣期間，它們和股票的比較，比較條件涵蓋股利與收益率，這些合在一起就稱為總報酬率。（請注意，這張圖僅採用年化平均的數據，不標示特定高點與低點。）

大蕭條期間，債券收益率與更高的股利會提高股票的報酬率，即使我們當時看到美國歷史上最嚴重的崩盤。但是你可以看到，股票依舊慘不

圖21-1 美國股票和債券總報酬

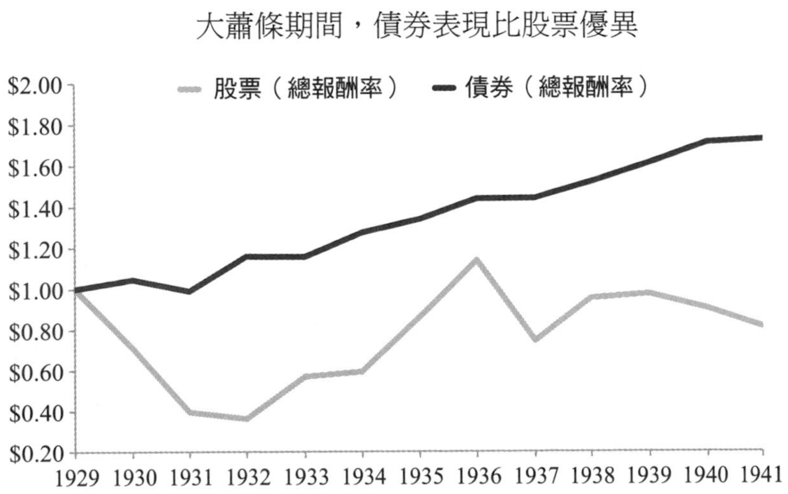

資料來源：財金網站 JeremySiegel.com

忍睹。當然，之後隨著股利調整，慢慢在一九三七年三月回升到高點，距離一九二九年九月的高點僅七年半；但其實在高點過了十二年後，即使股利持續調整，股票依舊下跌二〇%。（在這段十二年期間，投資者看到了二十世紀千載難逢、這輩子最好的投資機會，特別是在一九三二年年底至一九四二年年初！）

顯然，如果像前面提到抱著股票度過一九二九年至一九四二年的經濟寒冬，或甚至度過一九六九年至一九八二年的經濟炎夏期，根本就是毫無意義的事。

另一方面，一九二九年至一九四一年，優質、長期的美國國庫券加上利息支付的總報酬大幅增加至七八%！

留意AAA級債券

下一個潛藏機會的標的是AAA級的公司債。

看看圖21-2，這是上一段經濟不景氣期間，長期公債與最優質的AAA級公司債總報酬的比較一九三二年年中至年底，最優質、長期的美國國庫券殖利率從三・一五%飆升到四・三%。在那段期間，美國國庫券的價值曾短暫下跌一〇%（其實這不算糟糕），但利息卻維持不變。

同時，AAA級公司債的殖利率從四・四％至五・四五％，價值則下跌一五％（但地方政府債券殖利率卻從三・七五％躍升至五・三％，價值重跌約二五％）。

然後，當一九三一年年底那些小規模的波折都過了以後，隨著一九四〇年和一九四一年間利息逐漸下降到當代最低水準，所有這類債券都強力升值。

當利息往下調整時，債券價值就會上揚（就此而言，這可說是價格出現通貨緊縮），你持有的債券到期期間愈長，收益就愈大。

對一九三〇年代至一九四〇年代初期的債券持有者而言，通貨緊縮變成他們的好朋友，此外則還有持續支付的利率。在**這一回**經濟寒冬期，這種情形也將再度重演。我們將從二〇一六年起

圖21-2 美國企業長期債券與長期公債的總報酬

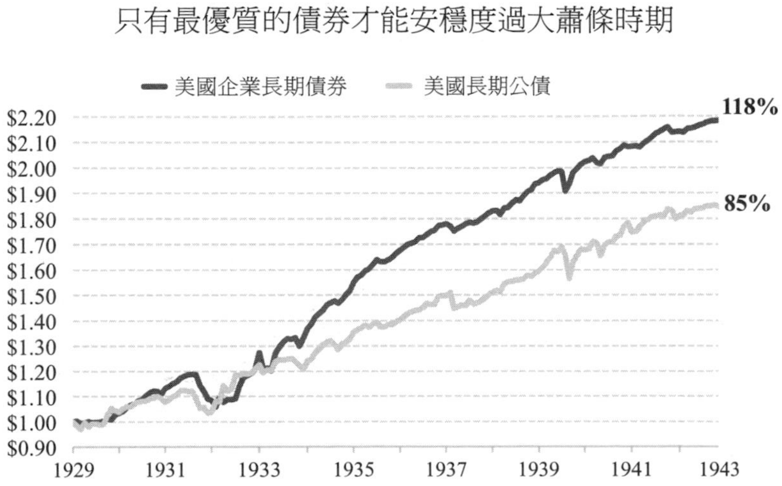

資料來源：全球金融數據（Global Financial Data）

進入通貨緊縮期，直至二〇二二年左右為止。

一九三〇年至一九四一年，美國國庫券加計利息的總報酬率為七八%；至於ＡＡＡ級公司債的總報酬率就更高了，同一段時間高達一一八%。

在一個幾乎其他金融資產都下跌的時期，你把資金放進相對安全的投資領域，結果大賺超過一倍。當房地產與股票都跌到谷底時，現在進場將是一場以錢滾錢的好買賣，當你需要現金時，這類債券的流動性正好超高。

當然，這並不意味著，任何舊債券都是投資的好標的。話絕對不是這麼說的；而且也不意味著，黃金、白銀與大宗原物料這些你肯定都聽過更傳統的「安全避風港」就是好標的。所以，除了股票與貴金屬外，你還要在下次崩盤前**避開**一些投資標的。

現在就遠離垃圾債券

你**不該**投資高收益債券或垃圾債券，至少別在二〇一七年年底的第一個主要崩盤時期進場。當經濟開始崩垮時，儘管通貨緊縮趨勢緊隨在後，這些債券的收益會先一飛沖天，因為違約風險驟然飆升，特別是比較風險較高的企業。

先快速看看一九三〇年代ＢＡＡ級的債券收益率，這張圖非常清楚地闡明我的論點（見圖21-3）。

（請留意：這不是債券價格或總報酬率，只是年收益率。）

正如你所見面，一九三〇年年中至一九三二年年底是經濟情況最糟的時候，收益率從五·七%上升到一一%。這些債券的價值突然暴跌四五%。（請記住，收益率上升、價值就下降。）想像一下，利率較低的債券會怎麼跌！

此外，雖然它們比股票更晚才開始下跌，直到一九三二年七月股票落底後才跟著觸底。但因為有通貨緊縮的趨勢，利率最終是在一九四一年年底跌至四·二%。那是因為，當你考

圖21-3 BAA級的公司債收益率

資料來源：全球金融數據

慮到風險溢價時，垃圾債券的波動就會更像是風險資產股票、房地產與大宗原物料。

搶賺這輩子最好的投資機會

然而，一旦第一場大規模通貨緊縮危機浮現，買進高風險債券或垃圾債券可能非常有利，因為通貨緊縮對你有利，情況最危急的企業會在前幾年就陸續違約，政府也會趕緊再次推出強而有力的刺激方案。一九三二年年底到一九四一年，垃圾債券很可能曾出現一波超強買氣，但也只有那段時間！

我預期二〇一七年年底、二〇二〇年年初，垃圾債券可能會是一個很好的投資標的，不過先決條件是這場危機如何爆發。

接著要避開的投資標的是公用事業股票。

需求或許難以抗拒，但不要被愚弄

許多人以為，未來一旦景氣急凍，只要持有南卡羅萊納州電力及瓦斯（South Carolina Electric & Gas）這類公用事業類股，應該就安全無虞，因為這類型企業的需求減少太多，加上配股條件優異，而且就算低利率引爆通貨緊縮，反而對它們有利。

雖然這套論點聽起來很吸引人，但不要被愚弄

看看圖21-4，這個圖顯示一九二九年年底到一九四二年標準普爾五百指數的公共事業類股表現。

一九三五年年初，公用事業類股票重跌八九％！

圖21-4　S&P 500公共事業類股

1930年代大蕭條期間，表現出乎意料的差勁

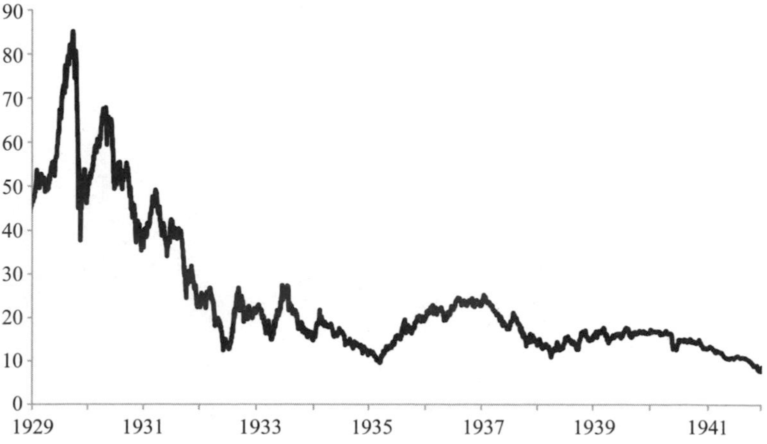

資料來源：全球金融數據

事實上，一九二九年年初，它們比規模更大的股票市場更早下跌，短短幾個月便下跌五六％。只能對那些想把錢藏在公用事業類股的投資人說聲抱歉！它們並非你所想像的安全避風港。

十多年前，我回頭檢視一九三〇年代各類股的表現，想知道公用事業、酒類、賭場、電影、香菸等各種類股在景氣不好時的表現是否能夠維持。

結果全軍覆沒。

真的沒有一個能夠挺過。

這些股票的風險溢價都上揚，股價全都慘不忍睹，跌幅估計達到五〇％至九九％。

甚至連電影製片市場都摔得鼻青臉腫，原本以為看電影不過是小筆花費，因此景氣蕭條期間了不起只是停滯，甚至還有可能稍微走升。如果是我倒楣碰上不景氣，可能會繼續花錢看幾場電影。但顯然很可能全場只有我一名觀眾。當股市在一九三二年年底觸底時，電影類股重挫九七％。

電話類股也未能全身而退，一九三一年年底的最黑暗時期，指數大跌七六％。這讓我想到下一個應該要全力避免的「安全避風港」。

房地產不會提供預期的保護作用

首先讓我說明一下，大蕭條期間，房地產泡沫不像二〇〇六年那麼多，因為這裡並非當年投資炒作的領域。一個普通家庭買房必須拿得出五〇%頭期款，而且房貸只能申請五年，加上期末還必須付出一大筆錢的年代，泡沫很難四處湧現。既然比較少人能買得起房，根本無須擔心炒作。

只不過，房價到了一九三三年還是縮水二六%，而且和二〇〇八年的危機如出一轍，背著大殼的蝸牛族身受重傷。

房價直到一九四〇年才回到一九二五年的高峰。

請注意，消費支出通常在購買生平最大一間房屋後五年達到巔峰，因此房地產通常會比股票市場早幾年觸頂。

二〇〇六年年初，房地產是美國及全球泡沫的中心，投資炒作更頻繁，銀行放款流入房地產的資金比股市多。所以，當市場才出現第一波崩盤時，房地產就先驚跌三四%。對一個週期比股市不活躍，而且通常是藉由房貸抵押操作的投資標的而言，這個數字算是很高。

下一場大崩盤爆發期間，我預計，房地產將再次狂跌，至少會比二〇〇六年年初高點以來下跌五五%（有可能甚至會到六五%），即使從近年反彈的高點來算，房地產也必將縮水四〇%或更多。真要命！

最大的問題是，最有錢的人現在都將大筆的錢投入價格最高、人人最想買的地區，好比紐約、舊金山、倫敦、溫哥華、新加坡和雪梨。他們以為這些地區的需求居高不下，特別是超級富豪與國外買家都搶著買進，但供給卻如此有限，以至於這些城市的房價根本降不下來。「它們都是獨一無二的特殊地點」，這套邏輯常在他們心中。

我只能說，如果歷史真的教會我們什麼，那就是這些人都錯了！

泡沫吹得愈大，破滅就會愈徹底。這個世界上沒有哪個地方的房地產獨一無二到價格只漲不跌。

國外買家通常是要苗頭不對就第一個閃人了，這就是為何下一場崩盤開始時，超級富豪家庭的財富與收入會最先人間蒸發。

只要看看大蕭條時期曼哈頓的房價就知道了（見圖21-5）。

一九二一年到一九二九年，曼哈頓的房價總共飆漲八九%（比美國的平均房價多撐了四年），之後就一路下挫，到了一九三七年總共崩跌六一%（平均房價跌幅則為二六%）。一九三九年，這個地區的房價仍接近低點，而且恢復速度不像全國各地房價一樣快。

直到一九五〇年代末期，紐約的房價和租金都沒有回到一九二九年的高點。

從那時起，當房價漲至每平方英尺十二美元、租金每個月六十美元，那就算是上漲一百倍了。時至今日，每平方英尺的平均價格超過一千四百美元，租金則飆漲六十四倍，也就是說，現在紐約每個月租金高達三千八百五十美元。

但大家竟然還覺得這種離譜房價竟然不可能下跌！因為他們都說，在紐約：「少蓋了，我才不信。」

我將在下一章深入討論房地產。

現在，行行好：別相信你非得把錢投入股票這種鬼話，那些穩定的跨國、高殖率股票或公共事業類股都根本無法保護你

圖21-5 曼哈頓房價指數

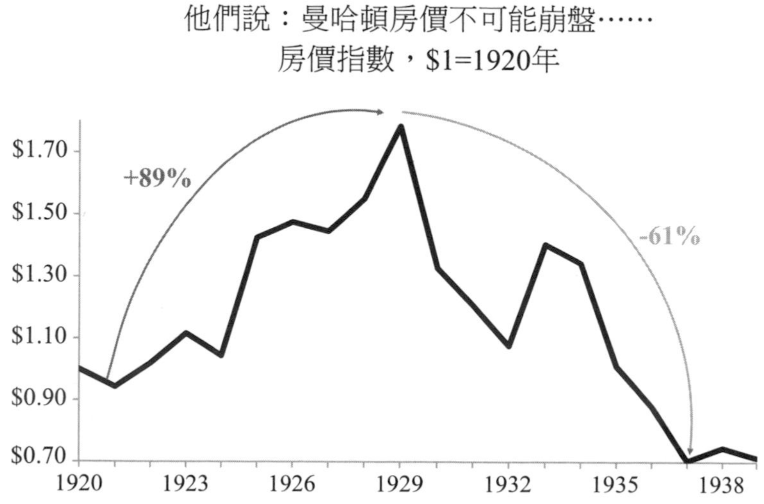

資料來源：湯姆・尼可拉斯（Tom Nicholas）、安娜・雪比娜（Anna Scherbina）合著〈咆哮的二十年代與大蕭條時期的房地產價格〉（Real Estate Prices During the Roaring Twenties and the Great Depression）

不受傷。高收益債券也別碰。

當整顆泡沫終於破滅時，請務必確定你已經準備好：

✓現金、美國國庫券和優質定存單

✓優質、長期公債（國庫券），以及

✓AAA級公司債。

同時請務必遠離：

✘公用事業類股

✘垃圾債券

✘股票

✘房地產，以及

✘黃金，白銀與原物料商品。

注意十年國庫券的發展

稍早我提到，必須遠離垃圾債券，直到崩盤過後才是出手搶購的好時機。不過我想稍微深入探討債券，因為這是我們發覺這十年值得交易的重要標的。

多虧量化寬鬆政策所賜，所有債券產品都被圈在泡沫裡，因此把零風險、十年期國庫券利率下壓到零（經通貨膨脹調整）。

這個數值比市場目前的利率還要低兩個百分點。

換句話說：十年期國庫券利率原本應該接近四%，但事實上卻是已經低於二%了。這種情況應該很快就會結束。

看看圖21-6顯示十年期國庫券收益率的漲跌

圖21-6 國庫券的漲跌區間

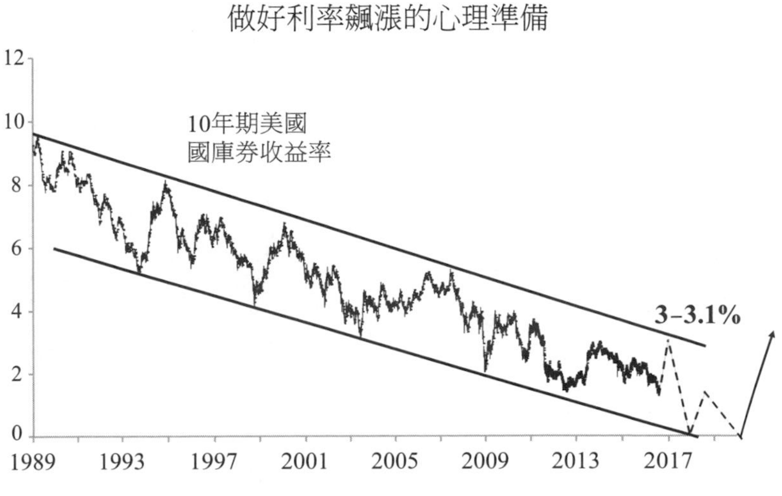

資料來源：雅虎財經

區間。

正如你所見，一九八九年以來，收益率一直穩步下降，主要原因是通貨膨脹的趨勢減緩（從那時起我就不停警告）。當這樣的收益率接近區間底部時，通常就會開始回升；而當它們接近頂部時，則會開始回降。一向以來都是這麼一致的模式。

二〇〇八年年底，收益率觸及二%，即為區間底部。

回顧當時，我們向電子報訂戶發出緊急賣出訊號，因為收益率上升就代表債券價格下跌。還好我們當時有這麼做！

再來我們就是在二〇一二年年底看到另一場下跌演出，最終的底部是一・三八%。

從那次之後，它們就一直斷斷續續地走揚，到了二〇一六年七月初就創下一・三六%的歷史新低點。目前的上升態勢很可能與我們在二〇一三年時所看到的削減恐慌（Taper Tantrum）[2]相符，當時收益率從降至一・三八%上升到二・九八%。所以我認為，未來幾個月我們非常有可能會看到收益率衝上區間的頂部，直逼三・〇%至三・一%。

為什麼會這樣？聯準會與中央銀行已經持續供應「白吃的午餐」，結果創造出一隻怪獸，利用短期零利率政策進行高槓桿交易、讓投機與槓桿買賣成本低廉，而且還藉由繼續購買自家主權債券，好壓低收益率、推升價值。避險基金與交易員不過是搶在它們之前先抬高期貨價格並且買進。

不過到了二〇一六年七月，精明的商品期貨投資交易員（商業交易商）創下放空紀錄，不夠靈光的資金則是大規模地停在淨多頭部位。這無異標示出一道未來幾個月利率將上升的主要轉變。

如果這種情況發生，將會同時引發股市與房地產更強烈的崩盤，十年間還會製造出我在二〇一五年年底以來不停預言的固定收益商品興起！[3]

下一個投資機會就是美元。

美元指數有機會飆高到一百二十

我看到，美元至少會一路強勢上漲到二〇一七年年中。圖21-7顯示，我預測的美元指數與美國六大主要貿易夥伴一籃子貨幣的比較。

2 這是指二〇一三年聯準會表示將開始縮減量化寬鬆規模，引爆全球市場湧現賣壓。

3 固定收益商品通常是指定存與債券這種固定時間領取利息，到期時則領取本金的商品。

搶賺這輩子最好的投資機會

危機初期階段請提高警覺。如果到了二〇一六年年底利率再度短暫上揚，請踩煞車，然後開始買進三十年期國庫券以及AAA級公司債。債券的期限愈長，通貨緊縮和下跌的零風險利率就會讓你收益愈高。

我已經把近期區間盤整的範圍標示出來。正如你所見，我預期，很可能從二〇一六年下半年開始就會突破這個區間，強力往上挺進。

就像我巨細靡遺地寫到，當全世界的債務與金融資產開始去槓桿化，美元就會走強，因為它就是通行全球的主要貨幣，在聯準會逐步縮減量化寬鬆規模、美國的平均經濟成長率比歐洲及日本更高的情形下，我們等於是有最好的房子，卻置身最差的社區裡。

隨著更多的美元被銷毀，更少的美元會在外流通，它們的價值就會上升。

在寫這段話的時候，美元已從二〇〇八年的低點飆漲高達四一%。這十年的投資機會期間，除了有可能短暫下滑之外，我沒看到任何走勢可能改變的徵兆。如果美元指數跌破九十二至一百的交易區間，那麼一旦跌至八十六，它應該就是絕佳買點；就算如果挺在九十二，也是個不錯的進場時機。

一旦我們看到指數升到一百二十，我看待美元的立場就會傾向中立，因為我們將會與其他貨幣重新取得平衡，從一九八五年到二〇〇八年年初，這些貨幣兌換美元的價值就大幅滑落。（但多數人都不曾留意）

黃金：一盎司七百美元指日可待

自二〇一一年以來，我一直預測金價將繼續疲軟，這是我預測的所有趨勢中最受到矚目與批評的一項，特別是被金蟲視為眼中釘。

財金網站Seeking Alpha一位分析師時常攻擊我，而我唱衰黃金會在二〇一七年年中左右跌至每盎司七百美元、甚至更低，而且在二〇二〇

圖21-7 美元指數和預測值

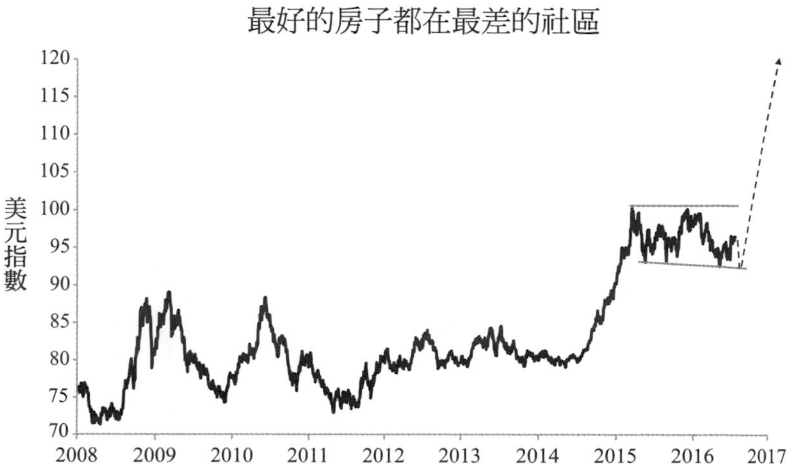

資料來源：彭博資訊

年年初原物料商品週期結束之前就暴跌至每盎司四百美元（最糟狀況會到兩百五十美元），他對這預期特別不以為然。他的評論不堪入耳，但不需要和他計較，因為至今黃金的走勢正如我預期在下跌。

還有就目前情況來說，我正要贏走與波特・史丹斯伯里（**Porter Stansberry**）打賭的一美元、與傑夫・克拉克（**Jeff Clark**）打賭的黃金雕鷹（**Gold Eagle**）。我不在此贅述細節，因為二〇一五年年底我就出版《黃金崩盤來襲，如何保命大賺一筆？》（*How to Survive (and Thrive) the Great Gold Bust Ahead*），你可以上網HarryDent.com/FreeGoldBook免費取得。

就現在來說，只要說二〇一三年年初黃金就已經跌破一段長期區間，每盎司從一千九百三十四美元掉至一千一百八十美元，這樣就很能夠充分證明了。

搶賺這輩子最好的投資機會

投資**PowerShares德銀美元指數基金**（PowerShares DB US Dollar Bullish ETF）押注美元，紐約交易所代碼是ＵＵＰ。

直到我們看到美元指數攀上一百二十為止。現在可以開始布局。

二〇一一年九月以來，黃金一直長期走跌，到了二〇一五年年底觸及一千零五十美元。正如我總是說：「趨勢不會一直走直線。」所以我也一直預測黃金會迎來一場超級寒冬，寒冬最終會從二〇一六年三月開始。我預期最高點會到一千四百美元，不過現在看起來可能七月初就會到高點一千三百七十三美元。在我預期二〇一七年年中會重挫到七百美元之前，現在正是脫手的最後機會！

前所未見的量化寬鬆政策帶來的衝擊並非金蟲先前所擔心的通貨膨脹，而是對抗通貨緊縮與債務去槓桿化。

量化寬鬆政策的結果，只不過是讓危機延後發生而已。

延後發生，**並不會**避免事情不會發生！

正當我們目睹先前我所描述全球金融戒除毒癮的時候，通貨緊縮將會不懷好意地捲土重來，而且黃金會開始崩盤。這是為什麼我說，除非黃金每盎司觸及四百美元，這可能會發生在二〇二〇年年初至二〇二二年年底；接下來，進入二〇三八年至二〇三九年時，三十年大宗原物料週期就會出現高峰，我告訴金蟲們，我們可以在這時看到他們的目標價五千美元，不過那時他們已經死了！

原油：二〇一七年年中至年底會跌到二十美元以下

多年來我一直大聲疾呼，油價將會出現大崩盤，最終會跌至每桶十美元至二十美元。有趣的是，多數人忽略我的警告，但一邊還想大作文章批評我的黃金預測。

也許「油鴨」（oil ducks）不像金蟲一樣常見，也不喜歡大聲嚷嚷。

搶賺這輩子最好的投資機會

既然金價很接近我預測二〇一六年七月初上看一千四百美元，投資人正迎來最後一次機會。你也可以選擇買進黃金賣權（put option），或買進德銀放空黃金基金（DGZ）這一類反向基金，約莫是二〇一七年年中或稍晚一段時間，第一次的目標價可設在每盎司七百美元。

幾年前許多人告訴我，這麼低的價位根本不可能出現。他們都說：「石油輸出國家組織（OPEC）與許多原油出口商根本不允許這種情形發生。」

然而，二〇一六年二月油價曾經重跌至每桶二十六美元。

在寫這本書的時候，全世界依舊不停地把原油汲出地表，儘管油價稍有回溫到五十美元，需求卻仍持續減緩。這種情形不會持續下去，因為重傷油價的禍首是需求更快速下跌，而非供給增加，這會製造出下一場危機。

我聽過許多分析師與記者都說，低油價對美國經濟是好事。如果低油價只是短期現象，這麼說的確沒錯，不過油價還是要高到讓石油企業撐得下去。

低油價對我們有害的地方在於，水力裂解技術開採業者與它們的垃圾債券將成為燙手山芋。這些業者手上握有多年來在人為低利率的環境下為了買進設備融資發行的垃圾債券。

但是水力裂解技術開採業者無法和沙烏地阿拉伯這種低成本產油國相提並論，甚至連伊朗都比不上。雖然它們可以機動生產，每天為全球增產五百萬桶原油，但它們的資金卻是濫發的貨幣。所以它們是在一個全球需求減緩的情況下過度產油。

但是水力裂解技術開採企業現在卻置身痛苦世界，只要油價低於每桶五十美元的時間愈長，在當前借款利率超過一二%，遠高於以往六%的情況下，它們能負擔新貸款的能力就愈低。（真是承蒙聯準會好意提出的零利率政策啊。）

水力裂解技術開採企業正步步邁向死亡。

它們將拖欠債務，當這個產值高達一兆美元的行業消失，將會撼動全美國，直達核心。隨著垃圾債券市場崩垮（在寫這本書的時候已經下挫一七％，能源產業的收益率也已經上飆到一二％），情況將只會變得更加不利股市和美國經濟！

我現在相信，原油是下一場全球金融危機的另一個引爆點，一如二〇〇八年的次級房貸。

每一次原油價格下跌到新低點時，股市就會跟著下跌。

我預計由於供貨合約到期，特別是美國，原油會在二〇一六年某個時點顯著反彈，不過終究是會再回跌，而且最終會崩跌，肯定會跌到每桶十八至二十美元；到了二〇二〇年年初至二〇二三年年初，更會下探每桶八至十美元。

搶賺這輩子最好的投資機會

看空油價或水力裂解技術開採企業，兩者皆然。

從寫這本書的時間開始算起，在二〇二〇年以前，原油可能會從五十美元水準再往下重跌六〇％至八〇％。其實距今也不到三年了！

跟著嬰兒潮走

更廣泛來說，隨著嬰兒潮世代年歲增長，他們會帶動無數商機，我們只要搶占這些領域就好。這些領域包括：

- 非急需的醫療保健產品，好比整形手術。
- 抗衰老產品，像是維生素、化妝品和抗皺乳霜等任何能幫助嬰兒潮世代消費者盡可能長時間抗拒老化的產品。
- 郵輪，因為當你不用再養家活口，也不用再朝九晚五，那就再也沒什麼事情會比花個幾天徜徉海上，有吃、有玩，還可放空更愜意了。
- 退休／度假（在下一次房地產崩盤後）和護理／支援性居家服務。

說真的，這張清單商機無窮大。不過你得等到我們看到下一場股票市場崩盤過後，大概是二〇一七年年底吧。

很難確切說明會在這些領域看到什麼大商機，應該是視崩盤強度而定。不過，請聚精會神地緊盯這些領域。它們將會是鑽石礦脈，而且正如我稍後所述，新興市場可以看到更多機會。

第二十二章
事業發展的獲利策略

正如我在這本書裡反覆提及，當前的經濟寒冬將持續至二〇二二年年底為止，期間股市崩盤、經濟衰退和蕭條最嚴重的幾個時段大約是二〇一七年年底、二〇一八年年中至二〇二〇年年初，最後是二〇二一年年中至二〇二二年年底。

在這些時段的空檔裡，經濟應該有利短期操作，下一個長期經濟盛世將在二〇二三年左右開始。

你的事業發展策略應該採取類似股市的思維。

搶賺這輩子最好的投資機會

現在就賣掉你的事業或暫時按兵不動，等看到某些產業深陷困境或即將破產，特別是你的競爭對手，那就代表這輩子最好的投資機會已經出現了，屆時再出手。

這正是建立長期市占率與獲利能力的大好時機，就像一九三〇年代大蕭條時期的通用汽車與奇異公司一樣。

考慮到經濟寒冬降臨，通常是最聚焦、主導性最強，而且最有效率的企業獨享市占率，你的主要目標就必須壓過對手，取得市占率。

此外，在困難重重的經濟時期你也要讓虧損降到最低，這時營收會下降，而且通貨緊縮會巨幅拖累你的售價與毛利。

這是一生一回、最適者生存的殊死戰！贏家未來將會通吃市場數十年，而非僅僅幾年。

廣泛的說，這裡列出未來幾年可以存活，而且最後可以主導市場的九大最重要原則：

一、**現金與現金流量至關重要**，這可以讓你在市場騷動不安中倖存下來，並保有資源可以在未來幾年內取得前所未見的金融資產談判優勢，特別是二〇二〇年左右。

全世界都有廉價大拍賣！當時局日益艱難，正適合熬出頭的企業大肆採購。

二、**找出你可以明顯占有優勢的產業**，或是需要更縮小聚焦範圍，然後賣掉或出清其他不重要的產業。你如果不願這麼做，經濟體系自然會幫你做，屆時只會更痛苦、獲利更少。

現在就賣出不具優勢的產品線或業務，現金落袋為安。這樣能幫你充實火藥庫，等到史上最划算的金融資產拍賣會登場，你就能取得買方優勢。如果你賣不掉，那麼就裁汰他們，削減固定成本，否則現金流量馬上就會枯竭，更別說未來情勢還會更艱難。

三、**針對客戶和他們的需求擬定明確定義**，以利你的公司規劃發展方向、目標與重點。所謂定義不是你看待自己在生產什麼，而是你的客戶想從你這裡買到什麼對他們有意義的產品；不是生產某樣產品或服務，而是幫顧客節省了多少時間與金錢。

你是否為他們的品牌增添價值？

是否能幫他們處理非策略性的功能，讓他們的更專注在本業上？

你是否能用你的彈性，好讓他們也能適應不斷變化的市場條件？

在這樣的時局中，盡一切可能建立起客戶忠誠度；爭取新客戶所花費的成本遠比守住舊客戶來得高很多。

四、**力求精簡**，特別是在二〇一八年至二〇一九年這段危險動盪的時期。削減固定成本與一般性的管理費用，當做好固定成本的配置後，再刪除任何可變動成本。

在配置固定成本時，請先找出當初產生固定成本的原因。對你的會計部門而言，交易可能就會帶來成本，所以要根據這個標準，將成本分散給不同產品。不要用多數會計師慣用的以銷售金額來配置成本。

接著要界定額外生產與出貨的直接或可變動成本，並將它從銷售收入中扣除。這樣會讓你提高毛利。

能貢獻較高毛利的產品，獲利成長能力較佳，也比較能夠在經濟衰退期間為你增加現金流量。

將固定成本削減到最低，並消除最糟糕的產品後，就可以知道涵蓋固定成本的損益兩平水準。如果低於這個水準會讓公司深陷麻煩、開始走下坡，請盡一切努力不要淪落到這樣的處境。

五、**延後重大資本支出**，像是工廠、倉庫、門市、主要電腦系統、房地產或辦公室採購，直到下一場嚴重的崩盤與經濟衰退，屆時你就可以用遠比現在低廉的金額，向深陷困境的競爭對手買進。

在下一場金融危機中，銀行將會有更多壞帳，如果你手上握有現金與現金流量的話，銀行會樂於將原本價值一美元，現在卻已跌到只剩二十多美分的資產轉移給和你企業規模差不多的公司。

六、**聚焦在可以提升銷售毛利或減少短期成本的短期投資**。這意味應該投資在可以幫助你降低行銷成本或生產成本的軟體應用程式；也意味著直接將行銷支出用在能讓和你事業相關的關鍵字排在Google關鍵字廣告的最上方，每次使用者點擊時才付費，但你很清楚只要有人點擊你就能賺進現金流量。

我再次聲明，若想存活並掌握以低廉價格收購資產的金融力量，提高現金與現金流量至關重要。

七、**賣出非策略性的房地產與租賃業務**，因為房地產市場很可能會出現損失，之後又會碰上好幾年，甚至幾十年，受通貨膨脹影響而賺不到錢的日子。

換句話說，如果你認為有些房地產對展現給客戶的成果、形象、客戶服務、交貨或其他系統來說至關重要，那麼，只要保有這些房地產就好。

在景氣還不錯時賣出房地產大賺一筆，可以讓增加你的財力，等未來景氣衰退時，你才能買進更多有價值的策略性資產。

請記住，房地產可能變得更沒流動性，情勢快速惡化。

八、**事先看出最脆弱的競爭對手**，並研究客戶、員工、業務資產、房地產、產品線與技術研發系統這些令人垂涎的資產，在他們破產或深陷困境，你會希望收購的資產。

預估收購可能需要多少現金。

當危機發生時，準備好迅速採取果斷行動。

九、**檢視員工，找出表現不好、業績不佳的人**。現在就請他們走路。不只是為了節省成本，更是趕在經濟衰退之前，好心提供他們更好的機會去找更好的工作。

只聘用能創造成果、注重追蹤客戶最終成果導向等已有實際成績的員工。如果在未來的不景氣時，他們能創造出好成績，務必獎勵他們，即使企業整體獲利下滑。

第二十三章
房地產投資的獲利策略

二〇一二年以來，大部分已開發國家的房地產市場已經反彈。雖然這種情形象徵二〇〇七年至二〇一一年崩盤以來的大反轉，但也誤導市場產生一種虛假的安全感。

這股反彈主要是來自於零利率，以及低於健全市場應有水準、只有二%的房貸利率。這個現象顯然對於房地產負擔能力造成很大差別，這正是聯準會出於好意提供的「免費午餐」。

但請注意，它供應的是壽司，而且很快就會走味發臭！

那些相信未來幾年將是房地產成長時代的人將會覺得吃驚與不愉快。我的研究顯示，令人沮喪的低潮期就在眼前，因此，本章就是要對未來發展釋出警告。

請記住，如果你想好好利用眼前即將出現這輩子最好的投資機會，就一定要先保護好自己，維護你的資產價值，並且盡可能創造足夠的現金與現金流量。

在上一次房地產崩盤時，美國住宅大跌三四%，商業不動產更重挫四三%。

然而，在大蕭條肆虐最嚴重的一九三三年，房價平均也才下滑二六%，這是因為當年那個時代投機不易，光是頭期款就得準備五〇%，而且還有所謂的五年期到期一次還本的房貸（balloon mortgage）。

千萬別搞錯了：脆弱的美國房地產市場現在已經醞釀成熟，就等著崩跌。

不過，不單只發生在美國。我們正處於全球房地產泡沫破滅的邊緣，影響遍及全球各地，從倫敦到巴黎、上海、孟買、雪梨和溫哥華等地。我只不過列出其中幾個城市而已。

我要讓你知道，眼前的泡沫將逃不了破滅的命運，住宅與商用不動產市場有可能同時破滅。

我強烈建議你，把這章當作工具書，用來衡量風險、為無可避免的未來預做準備。因為房地產市場所面臨的風險不像股票市場會全球連動，在不同城市與國家差異極為顯著。

風險最高的地區就是美國

美國二〇〇〇年至二〇〇六年的房地產泡沫不像一九八六年至一九九一年日本的房地產泡沫那

樣極端，在這六年中，日本房價瘋狂飆漲一六○%，相較之下，美國是一二七%。如果我們回顧日本的經驗，那二○一四年年底應該看到房價下跌四九%（見圖23-1）。

（請注意，雖然圖23-1預測低點落在二○一七年，但最後底部很有機會出現在二○二○年代初期。）

房價會因為地區不同出現巨大差異，我總是說，衡量下降風險的最好做法就是查看二○○○年一月當時的房地產價值。

這稱不上是完美的指標，但是，我發現這是我能找到最適合的比較基準，因為這個市場隨著時間變化，而且受影響程度比股市還劇烈。

當泡沫破滅時，可能正是房地產開始跌價

圖23-1 標準普爾／凱斯－席勒十大城市房價指數

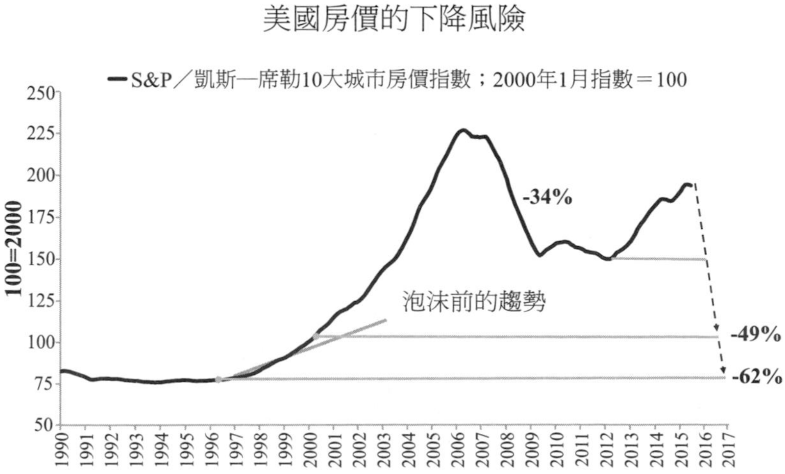

資料來源：S&P的凱斯—席勒全美10大城市房價指數（Standard & Poor's Case-Schiller U.S. 10-City Home Price Index）

的時刻，損失或許會達一〇%至二〇%。

你可以看看圖23-1，住宅市場的關鍵支撐點在二〇〇〇年一月，當時泡沫真的一路吹大，全拜當時網路泡沫破滅，投機風轉向房地產所致。

一般來說，泡沫總是會從高峰那一點開始消褪，直到跌回起漲點，甚至更低，正如我在本書開宗明義的解釋。

這形塑接下來幾年房價在下降趨勢下可能落在的區間範圍，屆時淨需求會至少暫時停止下修，而且下一場全球經濟繁榮期再度展開。

如果想完全去除二〇〇〇年一月起漲的泡沫，房價會從二〇〇六年年初高峰時期的價格下修五六%；若以最近二〇一六年年初的高點來算，則是修正是四九%。

假使房價會跌至一九九六年的前一波低點，那就意味著從高峰價格下修六七%、從最近的高點修正五九%。這樣的跌幅就更接近日本房價六〇%的修正幅度。商用不動產肯定會跌更多，走法就和前一波一樣。

這一切都意味著，你必須為未來預做準備，因為你的住宅及商用不動產，連同投資組合都可能受傷慘重，甚至比大衰退期間見到的慘狀與後果更糟。

而且不僅下一場衰退會更嚴重，還會蔓延全球。我預計，世界各地所有主要的房地產市場都會像爆米花爆開一樣加速崩盤。

在美國，最巨大的兩顆泡沫主要出現在沿岸地區。介於洛磯山脈與阿帕拉契山脈之間的房地產泡沫則沒那麼極端，甚至某些地方的泡沫可能很小顆。

像是德州的達拉斯、休士頓、密蘇里州的聖路易士與堪薩斯，二〇〇六年起漲的泡都還不算大。

更小的中心城市，好比內布拉斯加州的奧馬哈，泡沫就更小。

至於北達科他州、達拉斯與休士頓則是例外，全拜水力裂解技術開採業崛起；奧斯汀是德州新崛起的文青城市，大麻業盛行的丹佛則是科羅拉多州的首府。

表23-1顯示各個城市的房地產泡沫破滅會造

表23-1　真的會跌到這麼低嗎？

城市	跌至泡沫一開始會造成的損失	跌至下一個更低支撐點會造成的損失	城市	跌至泡沫一開始會造成的損失	跌至下一個更低支撐點會造成的損失
舊金山	–56%	–70%	達拉斯	–41%	–47%
波士頓	–55%	–66%	西雅圖	–40%	–61%
丹佛	–54%	–72%	夏洛特	–36%	–46%
紐約市	–50%	–60%	亞特蘭大	–34%	–45%
明尼亞波利	–50%	–43%	坦帕	–33%	–51%
洛杉磯	–47%	–69%	芝加哥	–31%	–47%
邁阿密	–45%	–62%	底特律	–27%	–44%
華盛頓特區	–45%	–58%	鳳凰城	–27%	–59%
聖地牙哥	–43%	–67%	拉斯維加斯	–20%	–44%
波特蘭	–42%	–52%	克里夫蘭	–17%	–38%

成的房價下跌風險，這些城市的起漲點通常出現在一九九七年至二○○二年間。

第三欄列出最糟糕的情況，那就是整個市場回到一九九六年水準，也就是價格跌到下一個更低的支撐點。我特別檢視每個城市跌到這個更低支撐點的跌幅。

有了這張表，你就可以衡量價格跌至泡沫起漲的水準或更低時可能面臨的風險。只有房價下降到第一個點時，你才會覺得再投資房地產的感覺會好一些；到了下跌到更低的支撐點時，你就真的會覺得情況很好，但千萬不要預期會看到強力反彈。

我會建議你，千萬不要因為外觀美麗，去擁有公共事業用途或出租讓未來可以產生現金流量的房地產。

舊金山也許是曼哈頓市中心之外最大的泡沫，它的自然下跌風險是五六％，在表23-1上列出的城市排名最高。但推估最糟狀況有可能下跌七○％，天呀！

下一顆大泡沫是波士頓，下跌風險是五五％，最糟狀況會下跌六六％。

再下一個城市是丹佛，有點出人意料之外，下跌風險是五四％，最糟狀況會下跌七二％，或許大麻業生意會抵消一些風險。

接著是紐約市，下跌風險是五○％，最糟狀況會下跌六○％；曼哈頓每平方英尺喊價五千多美元以上、高樓公寓一間高達上億美元，如果還附帶一個全新頂樓房間，動輒可以賣到二億五千美元！我們會看到曼哈頓房價會從高點重挫超過八〇％，而且二〇一五年年底至二〇一六年年初跡象就已經出現了。

其他高風險地區還包括洛杉磯和邁阿密，特別是邁阿密的南灘區與市中心。再往下看還有華盛頓特區，雖然下跌風險高，但是在這段時期裡，這裡會有比較充裕的政府支出，因此會有比較高的就業率。

接著你還可以看到中等風險的城市，像是聖地亞哥、波特蘭、達拉斯、西雅圖，最糟會下跌四〇％至六〇％之間。

夏洛特、亞特蘭大、坦帕和芝加哥雖然屬於風險較低的城市，不過下跌風險大約三〇％，其實還是算高，最糟則會下跌四〇％至五〇％之間。

最後，風險最低的城市則屬底特律、鳳凰城、拉斯維加斯和克里夫蘭，它們的房價先前都已經跌過了，而且恢復又比較慢。這些城市的下跌風險大約二〇％，即使是最糟的跌幅也只是稍高一些而已。

超級城市隕落

商用不動的警示燈號已經在全球各地亮個不停，舉例來說，整個二〇一五年，中國最有錢的家庭都在瘋狂拋售手中的商用不動產物件，但中國家庭不是唯一。

已開發國家中最明顯的最新趨勢是，超級富豪在全世界最富吸引力的大城市裡投資真正有賺錢機會的資產，特別是那些外國人可以讓兒女得到良好英語教育的城市。

這些城市包括倫敦、紐約、多倫多、邁阿密、洛杉磯、聖地亞哥、舊金山、溫哥華、新加坡、雪梨、墨爾本、布里斯本、奧克蘭和杜拜。

我將這些城市的下跌風險列在表23-2。

表23-2　全球主要泡沫與破滅預測

城市	跌至泡沫一開始會造成的損失	跌至下一個更低支撐點會造成的損失
里約熱內盧	–56%	–69%
孟買	–47%	–83%
杜拜	–47%	–67%
雪梨	–47%	–65%
倫敦	–45%	–76%
上海	–44%	–86%
多倫多	–42%	–56%
布里斯本	–39%	–69%
溫哥華	–36%	–64%
新加坡	–33%	–50%

這些城市也是住宅市場中最容易吹出泡沫的地區。

多數人認為，超級富豪總是會花錢購買這些理想的地區，但歷史證明不是如此，因為這些城市太容易就吹出最大的泡沫，因此也最容易跌到谷底。

超級富豪總是代表精明的投資人，當泡沫開始要破滅時，這個族群就會是第一個撤出的代表，但是對許多人來說，到了那時都已經太晚了。

這正是為什麼我會預測，全世界的超級城市崩盤時將會引發最嚴重災情。許多超級富豪就是催生房地產泡沫的推手，將會看到他們的財富在一夕之間消失無蹤，重蹈一九九一年日本泡沫吹到最頂峰的覆轍。富裕的日本人隨手從日本國內房地產市場賺來的財富在海外大肆收購，不過當日本泡沫破滅時，他們的財富人間蒸發，最終住宅價格會下跌六〇%，商用不動產則重挫八〇%，只好在國內與國外都反買為賣。

上海可能會面臨損失八一%至八六%的窘境，不過像深圳（這個香港外圍的工業城市）與北京因為價格更高，最終也會探底更深。

倫敦會是下一個崩盤的地方，可能下跌六二%至七二%，里約則是六〇%至七二%。即使是位於澳洲與新加坡這兩個下跌風險較低的城市，也可能跌價三七%至六七%。

這就是泡沫成形與破滅的過程。同一批投機客與趨勢吹大泡沫，最終也戳破泡沫。我看到這些超級城市最多會下跌超過七〇%。

全球房地產泡沫

全世界主要城市的房地產泡沫都比美國更極端，事實上，許多國際城市到現在還沒有達到最高點。

就從我最喜歡的城市開始看起。

雪梨：這裡的趨勢已經與墨爾本、布里斯本、溫哥華與多倫多等其他主要泡沫城市非常相似。在美國次級貸款危機以及二〇〇六年至二〇一二年的房地產崩盤後，雪梨的房價還在持續攀高。

在已開發國家中就屬澳洲擁有最漂亮的人口趨勢，主要全拜過去幾十年來移民的質量兼具。它算是極少數已開發國家中千禧世代人口遠多於嬰兒潮世代的代表。（其他國家尚包括以色列、瑞典、挪威、瑞士、新加坡和紐西蘭）。

與此同時，人口與強勁的出口也讓澳洲經濟欣欣向榮。

它也持續因為亞洲龐大的移民潮受益，特別是來自中國的富人階級。中國在海外投資的房地產中，美國最大，再來就是澳洲，所以中國人是持續推升雪梨房價與天比高的最大力量。同樣現象早已在墨爾本、布里斯本、溫哥華、洛杉磯、舊金山和多倫多發生過。

雪梨的房價大約在一九九八年年中開始起漲，然後二〇〇三年年初至二〇〇五年稍微修正，之後就飆漲九〇%。

若以當前的水準來看，房價的下修幅度可能會達四七%。

當二〇二五年起雪梨人口開始下降，房價就會跟著回跌到二〇〇〇年年初的水準，下跌幅度將有六五%。

未來幾年的下跌風險大致和墨爾本差不多，墨爾本的房地產預計會下跌四六%。

布里斯本則會下跌三八%。

現在來看圖23-2雪梨的歷史房價。

溫哥華：這個加拿大都會城市的房價如果要

圖23-2 雪梨房地產

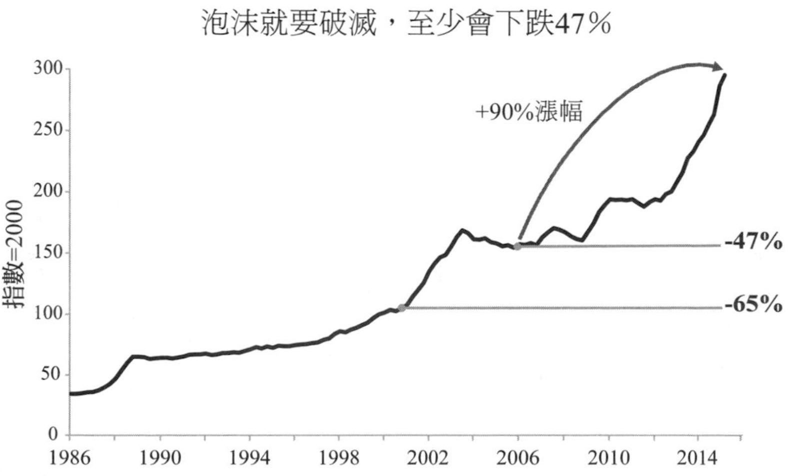

資料來源：澳洲統計局

徹底清除二〇〇九年以來的泡沫，將會下跌三六%，如果要跌回二〇〇〇年年初的水準，那要下跌六四%。

在加拿大，房地產下跌的走勢比美國糟糕，因為過去價格一直在上漲。

看一看圖23-3。

多倫多：因為加拿大人口趨勢減弱與高出口，對全球經濟衰退的感受將遠比美國還強。

照這樣看來，多倫多的房價恐會下跌四二%，抵銷二〇〇九年年中以來的泡沫；如果下跌五六%，那就是回到二〇〇〇年年初的水準。

倫敦：在全世界說英語的城市中，英國首都的房價是最被高估的地方，自二〇〇九年年中以來，它的泡沫脹大六五%，就意味著最少有四五%的下跌空間；如果要回到二〇〇〇年年初的

圖23-3　溫哥華房地產

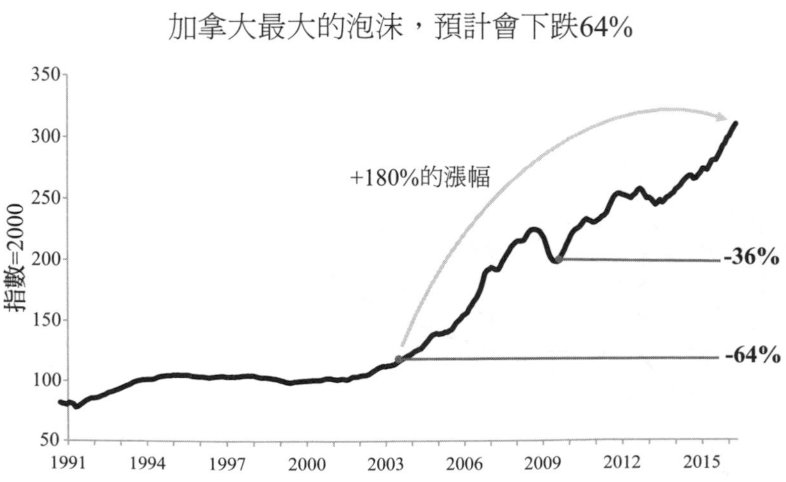

資料來源：地產網Teranet與加拿大國家銀行（National Bank of Canada）

水準，那潛在下跌幅度高達七六%。

倫敦是重要的全球金融中心，如果考慮到即將來襲的金融危機將重挫全球，特別是號稱金融重鎮的城市，我預期倫敦將會淪為全球最嚴重的災區。

巴黎和羅馬甚至要付出更高昂的代價。

新興國家的房地產泡沫

最後，新興國家的房地產泡沫將會吹出二〇〇〇年以來最極端的結果。

我一向非常關注上海以及前所未見的中國泡沫，這是我認為即將破滅的最大顆泡沫；我也認為這會是全球房地產市場的骨牌效應中反應最強烈的地區。這是因為，中國有錢人和一九八〇年

圖23-4　多倫多房地產

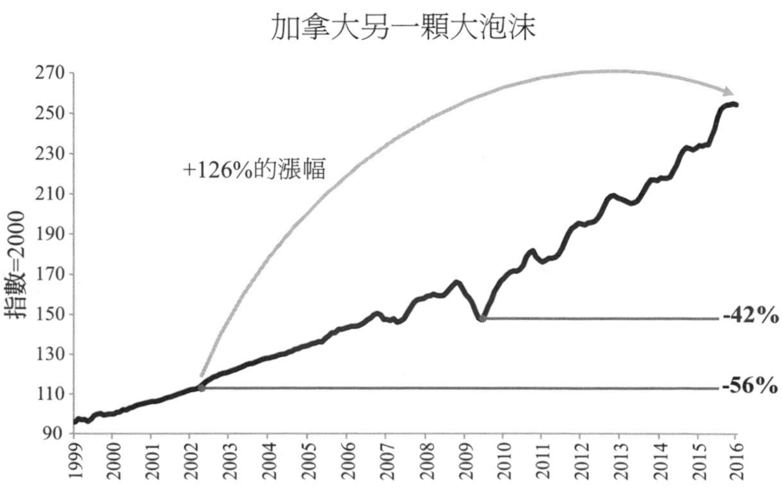

資料來源：地產網Teranet與加拿大國家銀行

代的日本有錢人一樣，在全世界重要的大城市投入最大賭注。

至於其他開發中國家，我會以孟買為例，因為它和上海及中國主要城市很像，都出現極端升值的情況。

孟買：二〇〇〇年年底以來，這個印度都會區的房地產至今上漲五〇〇%。和二〇〇〇年以來上海房價爆增五八七%不相上下。

孟買的巨大漲幅可以看圖23-6。

這種增加速度有很大一部分來自二〇一〇年年初，光是過去五年就增加八三%。

孟買的房價有兩個關鍵支持點。

如果跌回二〇一〇年年初泡沫的水準，那就會有有四七%跌幅。

如果是退回二〇〇六年年初水準，下跌幅度

圖23-5　倫敦房地產

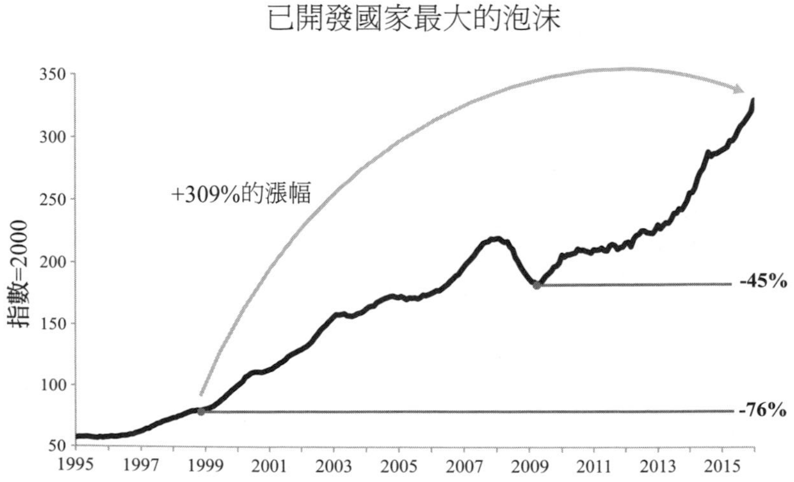

來源：英國土地註冊處（UK Land Registry）

是五九％。

如果是跌至二〇〇〇年年初水準，那就是暴跌八三％，和上海差不多。

昂貴的房地產和讓人抓狂的租金

在結束這一章之前，我讓你清楚看到主要城市的房地產已經過度高估，還有租金負擔能力有何差異。

就從表23-3開始。

請留意所得遠高於平均值額的華盛頓特區、紐約、聖荷西和舊金山，以及所得非常低的邁阿密和洛杉磯。

價值的極端分布出人意料之外，從超過十倍的舊金山、紐約和洛杉磯到低於三．五倍的鳳凰

圖23-6　孟買房地產

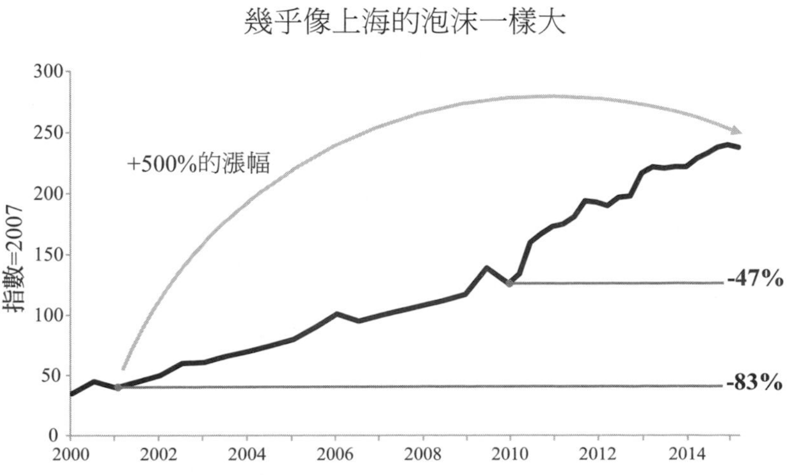

資料來源：國民住宅銀行（National Housing Bank）、印度銀行（Bank of India）

城、芝加哥、達拉斯和亞特蘭大，不同地區的房地產，差距很大。

最後表23-4顯示租金漲幅有多瘋狂。

租金占所得比重最極端的城市是邁阿密，因為當地居民是所有重要城市中，中價位所得最低的族群

接下來是舊金山的五七%，全拜超高房價所賜。

最負擔得起租金與購買房地產的城市就是鳳凰城，那是因為它曾是第一批泡沫中，泡沫吹得最大的城市之

表23-3 美國主要城市的房價預估水準

房價最貴的幾個城市

城市	房價所得比	房價中位數	家庭所得中位數
舊金山	11.4	$1,100,000	$96,900
紐約	11.0	$1,200,000	$109,000
洛杉磯	10.4	$653,000	$63,000
聖荷西	7.1	$750,000	$106,300
聖地牙哥	6.7	$490,000	$73,000
西雅圖	5.6	$500,000	$89,600
美國（平均）	5.3	$283,775	$53,657
邁阿密	5.0	$250,000	$49,900
華盛頓特區	4.7	$510,000	$109,400
丹佛	3.8	$300,000	$79,900
亞特蘭大	3.4	$240,000	$70,700
達拉斯	3.3	$235,000	$70,500
芝加哥	3.1	$240,000	$77,700
鳳凰城	2.9	$185,000	$64,000

資料來源：聯邦房屋與都市發展部（Housing and Urban Development）、美國房地產資訊網Trulia、租房及市場研究網站Zumper

一，而且房價已經重挫將近五〇%的緣故。

波士頓和華盛頓特區儘管價格很高，租金卻出人意料地落在可以接受的範圍內。你得感謝這兩個區域有比較高的所得。

再說一次我的忠告：

- 賣出所有非策略性的房地產，只留業務需要與自住的房地產。
- 在未來幾年，業務用的房地產，出租會比繼續持有來得有利。

表23-4　美國主要城市租金價格中位數

租金高到讓人抓狂！

城市	兩房公寓租金中價位占所得中位數的比例（%）
邁阿密	61%
舊金山	57%
紐約	42%
芝加哥	41%
洛杉磯	37%
波士頓	33%
聖地牙哥	32%
聖荷西	32%
華盛頓特區	31%
西雅圖	31%
亞特蘭大	27%
達拉斯	26%
丹佛	26%
鳳凰城	18%

資料來源：聯邦房屋與都市發展部、美國房地產資訊網Trulia、租房及市場研究網站Zumper

- 如果想要保留主要的房屋，前提是你已經計畫在這裡長住。如果你打算換比較小間的房子或搬家，那現在就趕快脫手！
- 一定要賣掉你沒那麼喜歡或是一年用不到幾個星期的渡假小屋。

第二十四章
新興市場投資的獲利策略

如果我沒有討論下一場大崩盤後如何在新興市場投資賺錢，那就是我的疏忽。

我看主流經濟學家不順眼早就不是祕密，因為他們大都天資聰穎，但經常被誤導。即使是十八世紀備受推崇的蘇格蘭道德哲學家兼現代經濟學之父亞當．斯密（Adam Smith）也常常看走眼。他的理論是，理性的自我利益與競爭就好比一隻「看不見的手」，導引自由市場和社會走向創新與經濟成長。這真是天才的神來之筆。這是一道革命性的創見，雖然可能打下資本主義的智慧財產權基礎，卻流於看不見大格局的缺陷。

真正的情況是，看不見的手不只一隻而已。第一隻是人口統計，它在混沌初開之際就形塑帝國和社會的興盛與衰亡，這就是為何它成為我的關鍵指標之一。

另一隻「看不見的手」就是城市化，這一點我已經在第十七章詳細討論。

這兩隻「看不見的手」才是導引一個開發中國家邁向泱泱大國的指標，也在崩盤後我的頭號投資選擇。

我說的國家就是印度。

其他的已開發國家和新興國家也會奮力從經濟大屠殺中振作起來，這讓我們可以得到這輩子最好的投資機會，但是，在下一場崩盤拖拖拉拉至二○二二年年底真正落底之前，印度可能搶在其他新興國家之前就能夠進場長期投資。

印度滿懷雄心壯志

已開發國家都已經城市化了，大約七○%到八○%的人口不是已經住進城市，就是住在城市周圍。因此，包括美國和西歐國家的城市化成長率已經減緩到幾乎為零。這些國家未來的成長完全依賴人口與生產力進步。

以英國為例。多虧一波新技術崛起，好比十八世紀顛覆紡織業的新式紡紗機珍妮機（the spinning Jenny）、蒸汽機、水力紡紗機與腳踏電動槌，英國享有世界上第一次工業革命之利，因此成為第一個快速城市化的國家。

它的財富和主導地位隨之提升。一七〇〇年，只有一二％英國人口住在城市裡；到了到一八七〇年，城市化比例已達四三％；一九三九年更是八〇％都城市化了。自此，英國的成長前景一直是溫和漸進，在美國大幅進步時，他們只是持續緩慢前進。

美國的城市化依循相似的軌跡。一八六〇年內戰之前，城市化比例僅二〇％；一九一九年，有五〇％人口住在城區；一九六〇年，七〇％人口不是已經住進城市，就是住在城市周圍；到了二〇〇〇年，城市化比例已經跳升到八〇％。美國就和英國如出一轍，自此全年經濟成長率只能勉力維持在二％或三％。

新興世界的領先者卻不是循這個路徑發展。多數開發中國家都是直到最近才展開城市化。中國直到一九八〇年代初期才真正出現城市化跡象，不過速度卻是近代史上最快，這也是為何大家會誤以為中國經濟發展造就一股勢不可擋的力量。中國至今城市化比例仍只有五六％。

印度的城市化進程甚至更晚到一九九〇年代早期才開始，不過它也進展神速。如今，城市化比例約為三三％。

相比之下，肯亞的城市化比例僅二六％，巴西卻有八六％人口居住在城市地區，這就是我沒把巴西納入未來投資清單的主要原因之一。

表24-1顯示十二個國家各不相同的城市化水準。

這種從農村移入城市的舉動與發生速度會造成缺乏高等教育或特殊技能的族群所得成長至少兩倍，甚至三倍的現象。一名稻農可以一夕之間就改行當計程車司機！等這名轉行當計程車司機的稻農賺到錢之後，就可以買進更多食物與消費品，在經濟成長的過程中發揮推力。

如今，中國的人均GDP是印度的三倍，但如果考慮到印度有較低的城市化比例、較少的基礎建設投資，它的表現算是相當出色。

這給印度帶來超凡潛力，特別是

表24-1　主要國家的城市化比例

哪些國家的城市化最高、哪些最低？

國家	城市化比例
巴西	86%
英國	83%
美國	82%
墨西哥	79%
德國	75%
馬來西亞	75%
俄羅斯	74%
南非	65%
中國	56%
菲律賓	44%
印度	33%
肯亞	26%

資料來源：聯合國人口司

因為它似乎更有能力進入比較高端的原物料商品或工業領域，使得在城市化比例一步步向上攀升時，人均GDP也成長更快。

除此之外，中國正在考慮投資印度的基礎建設，光是這項決定就像是憑空而降送給印度的禮物。在中國即將沒落之際，印度或許極有可能吸引龐大的外國投資，屆時，全世界下一場大事就是目睹它確立地位，這一點無庸置疑。

圖24-1清楚比較巴西、印度、中國這前三大新興國家的城市化比例和增加速度。正如你所見，它們都朝著更高的人均GDP與更高的城市化比例發展；菲律賓或肯亞等許多國家雖然也持續朝

圖24-1　中國，印度和巴西的城市化比例與人均GDP

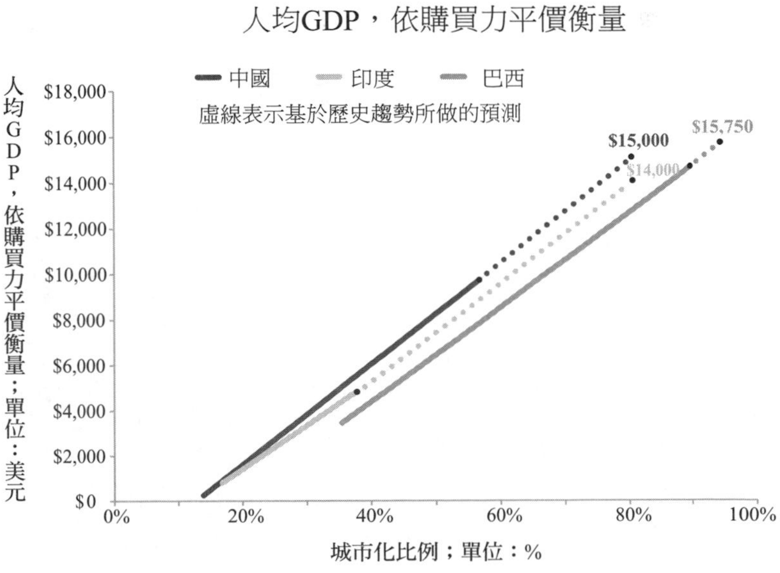

資料來源：聯合國世界都市化展望（United Nations World Urbanization Prospects）、世界大型企業研究會（The Conference Board）、鄧特研究公司

相同方向前進，但它們的上升的幅度跟速度都更慢。

我喜歡這張圖，因為它顯示城市化另一項重要因素，也告訴我，多數新興國家在城市化過程中歷經人均GDP直線成長的發展。

最大的例外是日本、台灣、新加坡和南韓，它們可以如蛙跳一般進入更高附加值的產業，創下人均GDP追上已開發國家的成就；它們是以指數成長速度或依據S曲線進展的方式成長，而非線性發展。

日本和南韓從新興國家進入已開發國家地位僅花了三年；馬來西亞是唯一另一隻最終達到已開發國家地位的「亞洲猛虎」，人均GDP已達兩萬六千美元，城市化比例則為七五%。

但我看不到其他新興國家做好準備，打算跨越人均GDP兩萬多美元門檻，直追已開發國家（比較典型的水準是四萬美元）。

由於城市化程度大不相同，新興國家的人均GDP差異相當大，在菲律賓或肯亞這類比較窮的國家，城市人均所得約在兩千美元至五千美元之間；在印尼這些所得中等的國家裡，所得大約是七千美元到一萬一千美元；對中國與印度這些比較高度發展的地區來說，所得差不多是一萬三千美元到一萬七千美元。（這些國家的生活水準較低，我已經調整過數據。）

簡而言之，印度的城市化趨勢正引領全國循著中國已經走過的成功之路前進。

印度還有更多優勢，那就是沒有政府火上加油催生而成的過度基礎建設泡沫。事實上，印度投資極為不足，因此，隨著愈來愈多的投資正陸續湧進，它已經具備一股能夠以前所未見的速度城市化的潛力。

印度的人口趨勢壓倒性勝過中國

除了擁有強勁的城市化趨勢外，印度還有結構良好、穩定的龐大人口。勞動力成長是新興國家人口趨勢的強力指標，就這方面而言，印度也壓倒性勝過中國（見圖24-2）。

顯然，中國的勞動力成長已經觸頂，二〇二五年後將開始緩緩下降。此後數十年，它的勞動力將會加速縮水。

圖24-2　中國、印度和巴西的勞動力成長及預測

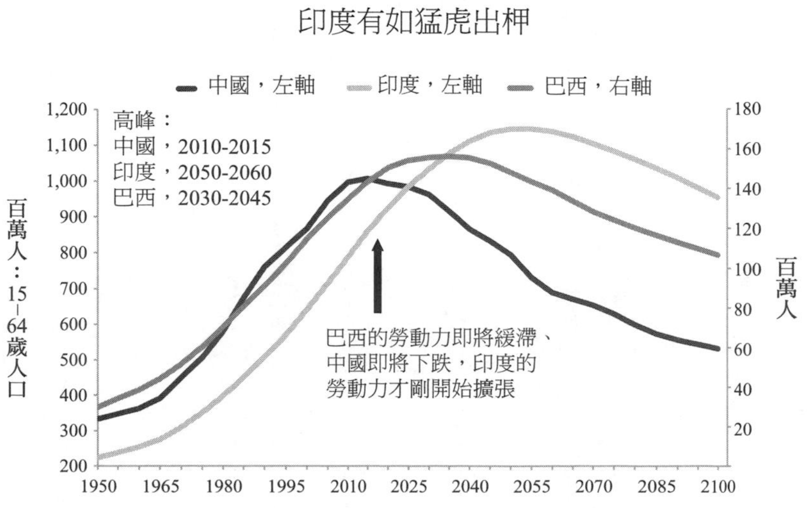

資料來源：聯合國人口司

不過，再來看看印度的勞動力成長，直到二〇五〇年至二〇六〇年之前都看不到高點！這意味著，它除了會是第一個迅速從下一次崩盤中恢復的新興國家，未來至少還有五十年會致力提升城市化比例越過八〇%門檻；人口趨勢成長約莫還有四十五年可期。

現在來談兩隻推動印度成長看不見的手！

印度比我想得更好。印度擁有龐大的人口規模，而且公民更具有強烈的創造與創新精神。二〇〇六年以來，我去過印度三趟，雖然我都住在豪華大飯店，還是親眼目睹藏汙納垢、貧窮破敗，牛隻成群上街走的景象；許多道路到處有坑坑洞洞，根本無法通行，但是人口會創新，他們克服這一切。

現在這個國家看起來更好了，因為它選出一位追求成長與資本主義導向的領導人：總理納倫德拉．莫迪（Narendra Modi）。

當我和印度重要商界人士談話，並提出我的人口與城市化主張，說明為何他們具備強大潛力，對方總是說：「但你不明白我們的官僚氣習與社會主義政府。」現在，印度在莫迪的領導下將掌握改變的契機！

先前我曾看過ＣＮＮ時事評論家法理德．札卡瑞亞（Fareed Zakaria）專訪莫迪。札卡瑞亞問莫迪是否想過中國所擁有的優勢，因為它不是民主國家，所以才能有效地由上而下推動經濟成長。

莫迪辯稱，印度最強大的優勢正是在於在新興國家裡，它具有源遠流長的民主制度，賦予它強大力量推動更堅實、永續的成長。

我也這麼想。不過，印度需要繼續加速投資近幾年才開展的基礎建設，也必須從中國、美國與歐洲等國家吸引更多外國直接投資。

如果能達成上述目標，將會為我們創造龐大機會。我們會看見一個很可能至少到二〇五五年都會急速成長的經濟體，但更可能的情況是到二〇六五年及二〇七〇年都還不會停下來。這一切都是人口與城市化這兩隻看不見的手推動。

印度的週期變化

除了城市化和人口，我看到另一道預言印度有優勢將崛起的關鍵週期：原物料商品。我在第九、第十與第十一章討論過已開發國家的週期，對開發中國家來說，我有一套稍微不同的分級週期理論。那就是：

一、城市化比例和人均ＧＤＰ成長的爬升坡度

二、三十年原物料商品週期

三、人口，但我是指勞動力成長，而不是消費潮

四、地緣政治週期，還有

五、景氣循環。

我在分析已開發與新興國家的分級時，原物料商品週期是關鍵區別指標，因為新興國家極度依賴原物料商品。

原物料商品占巴西出口總額的比例高達六三％！

沙烏地阿拉伯的出口更高達八九％！

由於大宗原物料是這些國家股市的重要組成成分，產品價格或需求只要下滑一點，全國就會受到嚴重衝擊。

但是對那些比較不依賴原物料商品價格和出口的國家影響也較小，好比墨西哥、泰國、印尼、柬埔寨、越南、緬甸、土耳其和印度。

印度的原物料商品出口僅占出口總額的三五％，這是另一個可以讓我理直氣壯稱它為下一場大事的原因，甚至會在下一回原物料商品蓬勃發展的週期來臨前，約莫是二〇二三年到二〇三九年。

這一切都可以解釋，為何即將來襲的全球崩盤之後，我將印度視為下一場大事……以及為何你應該將它納入雷達偵測範圍內，當作「這輩子最好的投資機會」的主要狩獵地！

我也看到，再下一個崛起的城市化、比其他新興國家擁有更高生產力與工作倫理的地區就是東南亞。泰國的人口趨勢正邁向成熟，所以簡單把最值得期待的國家排序，依序會是越南、柬埔寨、緬甸和印尼。

最後提醒

聽好了：二〇一六年至二〇二二年經濟會重開機，你需要知道的每一件事，哪些因素會觸發全球崩盤？情況會演變得多糟糕？最重要的是，眼前你會發現哪些機會？

這是這輩子最好的投資機會。

但唯有重開機開始後才會冒出頭。

我在第十三章提到的有識之士，好比政治家富蘭克林、金融家梅耶·阿姆謝爾·羅斯柴爾德與商業巨賈洛克菲勒（甚至黑手黨），他們好整以暇、主動積極利用這些大好良機，賺進可以養活好幾代子孫的財富。

此時此刻，正是你千載難逢的機會。

正如我一開始就說，我潛心研究經濟週期三十五年了，大有資格告訴各位，它們都具備相同的特點。

它們都有等級之別；

它們都有季節之分；

而且它們都在經濟衰退季節開始吹大泡沫，終結在一場可怕的凜冽寒冬。

我們正處於經濟寒冬期間，一個還在清除驚人崩盤、超強通貨緊縮之後滿地殘骸的時刻。

史上第一次，中央銀行印出堆積如山的大量鈔票，企圖拯救無可避免的金融危機與重開機，但如今正如常識所示，諸多徒勞、不負責任的努力正日益失效。

經濟崩盤之前吹脹的泡沫榮景季節製造出許多過剩物資，如今被經濟和市場一一掃除，滿地殘骸也正日漸清空，以便迎來生氣勃勃的創新與經濟新春。

咆哮的二十年代過後馬上就進入大蕭條時代。

繁榮或咆哮的二〇〇〇年代過後隨即迎來大衰退。

二〇〇九年至二〇一五年暴衝的多頭市場過後，我們將會看到一場比以往任何動盪都還要痛苦的大地震。

暮秋過後就是寒冬，從未改變。

我寫這本書的目標就是要你做好準備，以便提前保護你不受金融重開機所傷，而且不僅讓你得以全身而退，更讓你大發利市。

我們正在站在前端，目睹這場幾個世代以來最強的商機大爆發，這就是製造出百萬富翁甚至億萬富翁的力量。這本書讓你如虎添翼，很可能藉此成為下一個洛克菲勒，或另一位最富裕的美國實業家考尼列斯・范德堡（Cornelius Vanderbilt）。

我希望我已經成功讓你從根本改變投資組合、做生意與過生活之道的急迫性，而非單單只是漸進式的改變。這就是在一生一次重開機中創造「極端財富」的重要思維。

更重要的是，我希望**你**能成功。

扣上安全帶，我們正在坐上一班駛向地獄的列車。

祝你好運，也謝謝你的閱讀。

附錄

本書所討論的週期

我在整本書中提到了數十場週期。有些我詳盡說明，有些只是簡單描述，也有些我特別關注的週期都沒提到。以下是書中會看到週期清單，並附上簡短解釋，作為快速參考指南。

人類性反應週期（The Human Sexual Response Cycle）：研究人員威廉．馬斯特斯（William H. Masters）與維吉尼亞．強森（Virginia Johnson）發現，男性的感官被喚醒後，通常會逐步興奮直到觸及高潮顛峰，但高潮一過之後就會立刻「冷卻」；反之，女性通常在高潮期間會經歷三場高峰，然後才緩步回復正常。泡沫幾乎總是跟隨著兩套週期中其中一種而來。

八至十三年景氣循環，通常也稱為太陽黑子週期（8-13-Year Boom/Bust Cycle, AKA Sunspot Cycle）：當太陽黑子活動達到高峰或谷底時，就會伴隨著一場市場動盪，通常為時幾個月至一年。

三十年原物料商品週期（**30-Year Commodity Cycle**）：對新興國家而言，這場週期特別顯著，因為它們重度依賴原物料商品進出口。

三十四至三十六年地緣政治週期（**34-36-Year Geopolitical Cycle**）：這場週期有十七至十八年屬於正面，在這段期間，世界各地不至於出什麼混亂；然而，一旦週期轉為負面，政治緊張局勢加劇，內部動亂猖獗，通常風險和恐懼也會跟著升高。

三十九年世代消費潮（**39-Year Generational Spending Wave**）：每個世代都具有可預測的消費習慣，因為人們在養兒育女時會花費更多，等他們接近退休年齡時，就會多省一點、少花一點。

四十五年創新週期（**45-Year Innovation Cycle**）：在這段週期正向擺動波段中，突破性技術的群聚做法會被大量採用，而且會漸漸充斥整個市場。在這段過程中，它們會幫助我們在生產力和效率方面取得飛越式進展；在這段週期的中立波段中，這些技術會被加以調整，但是，對我們推展業務或生活進步不再具有任何重大影響。

過去五十年至六十年的康德拉捷夫長波（**Past 50-60-Year Kondratieff Wave**）：這個週期是蘇俄經濟學家尼古拉．康德拉捷夫（Nikolai Kondratieff）發展的理論，遵循經濟高成長與低成長之間的交叉間隔運行。

八十年四季新經濟週期（**80-Year Four-Season New Economic Cycle**）：這個週期包括兩回繁榮

與兩回蕭條，因為經濟會歷經各種景氣變化，在這段期間通貨膨脹會加溫或冷卻，就好比一整年的氣候週期。

一百六十五年東方與西方週期（165-Year East/ West Wave）：世界霸權平均每一百六十五年會從東方轉向西方。

兩百五十年革命週期（250-Year Revolution Cycle）：這個週期可看到社會與經濟、商業與政界產生驚人變革，而且這些變革如此重大，我們的生活、商業與投資幾乎都會天翻地覆，再也不復從前。

五百年超大創新週期，也稱為通貨膨脹／通貨緊縮週期（500-Year Mega Innovation Cycle，AKA Inflation/ Deflation）：通貨膨脹每五百年興起並到達高點。

五千年文明週期（5,000-Year Civilization Cycle）：這是鄉鎮演化成城市，再進化為大都會的發展週期。

十萬年冰河週期（100, 000-Year Glaciation Cycle）：代表地球可預測的加熱與冷卻所需時間，如今大約出現三輪可預測的週期。

十億年氣候週期（One-Billion-Year Climate Cycle）：自混沌之初確定地球出現生命的總體週期。

致謝

我要感謝鄧特研究公司出版商雪儂・珊茲（Shannon Sands）、本書編輯泰瑞莎・范登・巴瑟勒（Teresa van den Barselaar）、每日電子報《經濟與市場》（*Economy & Markets*）、每月電子報《泡沫與破滅》（*Boom & Bust*），以及另一份互補的每月電子報《投資最前線》（*The Leading Edge*）；珍妮佛・瓊格斯特（Jennifer Junggust）校對本書；珍妮佛・珊莫維爾（Jennifer Somerville）編輯此書；大衛・歐肯奎斯特（David Okenquist）協助研究（涵蓋本書以及我的所有出版品）；梅根・強森（Megan Johnson）包辦行銷工作；史黛芬妮・傑拉達特（Stephanie Gerardot）處理出版流程，還有我的鄧特研究公司夥伴洛尼・強森（Rodney Johnson）與哈利・柯尼流斯（Harry Cornelius）。

特別贈禮

免費獲得未收錄書中的章節〈第一套泡沫模型〉

每一次我們的股票、房地產、原物料商品甚至鬱金香市場大崩盤時，專家都會把它稱為「黑天鵝事件」，意指罕見、無可預測。

「是喔，這可是超過三個標準偏差的範圍了，」他們都會這麼說，或是總有類似的可笑評語。套一句外行人的話，這意味著他們根本不知道到底發生了什麼事！

你如果沒有先吹大一顆泡沫，哪來的泡沫破滅！沒錯，大崩盤很罕見，但它們並非完全無可預測。

這就是為何我會打造出史上第一套泡沫模型，為何我現在要與你分享。遺憾的是，我最多只能盡力做到這裡，並在本書付印之後寫下這一章。不過，我不希望你錯過這套泡沫模型，因為它讓我提早預測到大崩盤。甚至它更讓我知道崩盤速度會有多快，而且可能引發多嚴重的災害！

現在你就可以連上網站HarryDent.com/ freegift，下載〈加碼放送〉（Bonus Chapter）這章，你會從中發現：

- 泡沫的形成機制。
- 我調整模型後回溯測試的結果（無論好壞）。
- 這套模型可以分析房地產與原物料商品泡沫的變化情形。
- 這套模型可以預測未來股市、房地產、黃金與原油的結果！

今天就連上網站HarryDent.com/ freegift，下載〈加碼放送〉。

BW0634C

2017-2019投資大進擊
全球趨勢專家首次揭露一輩子一次的投資良機

原　書　名／The Sale of a Lifetime: How the Great Bubble Burst of 2017-2019 Can Make You Rich
作　　　者／哈利・鄧特二世（Harry S. Dent, Jr.）
譯　　　者／陳琇玲、劉道捷、吳慕書
編輯協力／彭子源
責任編輯／鄭凱達
企劃選書／陳美靜
版　　　權／黃淑敏
行銷業務／周佑潔、石一志

總　編　輯／陳美靜
總　經　理／彭之琬
發　行　人／何飛鵬
法律顧問／台英國際商務法律事務所　羅明通律師
出　　　版／商周出版
臺北市104民生東路二段141號9樓
電話：(02) 2500-7008　傳真：(02) 2500-7759
E-mail: bwp.service @ cite.com.tw
發　　　行／英屬蓋曼群島商家庭傳媒股份有限公司　城邦分公司
臺北市104民生東路二段141號2樓
讀者服務專線：0800-020-299　24小時傳真服務：(02) 2517-0999
讀者服務信箱E-mail: cs@cite.com.tw
劃撥帳號：19833503　戶名：英屬蓋曼群島商家庭傳媒股份有限公司城邦分公司
訂購服務／書虫股份有限公司客服專線：(02) 2500-7718；2500-7719
服務時間：週一至週五上午09:30-12:00；下午13:30-17:00
24小時傳真專線：(02) 2500-1990；2500-1991
劃撥帳號：19863813　戶名：書虫股份有限公司
E-mail: service@readingclub.com.tw
香港發行所／城邦（香港）出版集團有限公司
香港灣仔駱克道193號東超商業中心1樓
E-mail: hkcite@biznetvigator.com
電話：(852) 25086231　傳真：(852) 25789337
馬新發行所／城邦（馬新）出版集團
Cite (M) Sdn. Bhd.
41, Jalan Radin Anum, Bandar Baru Sri Petaling, 57000 Kuala Lumpur, Malaysia.
電話：(603) 9057-8822　傳真：(603) 9057-6622　E-mail: cite@cite.com.my

封面設計／黃聖文
印　　刷／鴻霖印刷傳媒股份有限公司
經　銷　商／聯合發行股份有限公司 電話：(02) 2917-8022　傳真：(02) 2911-0053
地址：新北市新店區寶橋路235巷6弄6號2樓

■2017年5月25日初版1刷
■2018年11月19日初版9刷
Printed in Taiwan

國家圖書館出版品預行編目（CIP）資料

2017-2019投資大進擊：全球趨勢專家首次揭露一輩子一次的投資良機／哈利・鄧特二世（Harry S. Dent, Jr.）著；陳琇玲、劉道捷、吳慕書譯. -- 初版. -- 臺北市：商周出版：家庭傳媒城邦分公司發行, 2017.05
面；　公分
譯自：The Sale of a Lifetime: How the Great Bubble Burst of 2017-2019 Can Make You Rich
ISBN 978-986-477-239-1（精裝）
1. 投資　2. 經濟預測
563.5　　106006615

定價480元
ISBN 978-986-477-239-1

城邦讀書花園
www.cite.com.tw